आचार्य शुक्ल : प्रतिनिधि निबंध

आचार्य शुक्ल

प्रतिनिधि निबंध

संपादक
सुधाकर पांडेय

राधाकृष्ण प्रकाशन

ISBN : 978-81-7119-542-8

आचार्य शुक्ल : प्रतिनिधि निबंध

प्रथम संस्करण : 2000
पहली आवृत्ति : 2024

मूल्य : ₹695

प्रकाशक
राधाकृष्ण प्रकाशन प्राइवेट लिमिटेड
जी-17, जगतपुरी, दिल्ली-110 051
शाखाएँ : अशोक राजपथ, साइंस कॉलेज के सामने, पटना-800 006
पहली मंजिल, दरबारी बिल्डिंग, महात्मा गांधी मार्ग, प्रयागराज-211 001
1, अनमोल सोराबजी संतुक लेन, धोबी तलाव, मरीन लाइंस, मुम्बई-400 002
वेबसाइट : www.radhakrishnaprakashan.com
ई-मेल : info@radhakrishnaprakashan.com

मुद्रक
राजकमल प्रकाशन प्रा. लि.
नई दिल्ली-110 002

ACHARYA SHUKLA : PRATINIDHI NIBANDHA
Edited by Sudhakar Pandey

क्रम

यह संकलन क्यों ९

निबंध ११

('हिन्दी साहित्य का इतिहास', १९२९, में लिखित एवं १९४० में संशोधित एवं परिवर्द्धित।)

वैचारिकी

उत्साह १५

('नागरी प्रचारिणी पत्रिका', फरवरी १९१५ में; परिवर्द्धित रूप में 'हिंदी निबंधमाला' में १९२२ में सभा से प्रकाशित।)

क्रोध २३

(सर्वप्रथम 'नागरी प्रचारिणी पत्रिका', जुलाई १९१२ में। सभा से परिवर्द्धित रूप में १९२२ में 'हिंदी निबंध-माला' में प्रकाशित।)

श्रद्धा भक्ति ३०

('नागरी प्रचारिणी पत्रिका', फरवरी १९१५ में। फिर 'हिंदी निबंधमाला' में परिवर्द्धित रूप में १९२२ में सभा से प्रकाशित।)

लज्जा और ग्लानि ४६

('नागरी प्रचारिणी पत्रिका', दिसम्बर १९१८। फिर 'हिंबी गिधबंमाल।' (सं० श्यामसुन्दर दास) में सभा से परिवर्द्धित, संशोधित रूप में १९२२ में प्रकाशित।)

भेद में अभेद दृष्टि ५५

('विश्व-प्रपंच' की भूमिका का अन्तिम अंश; १९२० में नागरी प्रचारिणी सभा से प्रकाशित।)

सैद्धांतिकी

भाव ६०

(१९३९ से पूर्व का। 'रस मीमांसा' में १९४९ में प्रकाशित।)

कविता क्या है ? ६५

('सरस्वती' में अक्तूबर १९०३ में सर्वप्रथम प्रकाशित

और 'हिंदी निबंधमाला' में १६२२ में सर्वप्रथम संकलित। बाद के अन्य संग्रहों में भी समाविष्ट।)

काव्यभाषा ७७
('बुद्धचरित की भूमिका' में सर्वप्रथम १६२२ में सभा से प्रकाशित। उसी का संक्षिप्त, संपादित रूप।)

काव्य का रूपविधान और कल्पना ६७
('रस मीमांसा' से।)

काव्य में लोक-मंगल और माधुर्य १०२
(सन् १६३३ के आसपास की रचना। 'रस मीमांसा' से।)

साधारणीकरण और व्यक्ति वैचित्र्यवाद ११६
('द्विवेदी अभिनन्दन ग्रन्थ' में १६३३ में सभा से प्रकाशित।)

व्यावहारिकी

श्री वल्लभाचार्य के दार्शनिक सिद्धांत १३०
('हिन्दी साहित्य का इतिहास', परिवर्द्धित संशोधित संस्करण १६४० से।)

सूरदास का श्रृंगार वर्णन १३५
(१६२४ में सर्वप्रथम 'नागरी प्रचारिणी पत्रिका' में प्रकाशित लेख का अंश। १६२५ में 'भ्रमरगीत सार की भूमिका' में भी संकलित और 'सूरदास' में सभा से प्रकाशित।)

तुलसी की भावुकता १४५
(१६२३ में 'तुलसी ग्रंथावली', भाग ३ की भूमिका के रूप में प्रस्तुत लेख का अंश। सभा से प्रकाशित 'गोस्वामी तुलसीदास' में समाविष्ट, १६३३ में। उसी से संकलित।)

भारतेंदु हरिश्चंद्र : परिचय १६४
(सन् १६२८ ई० में सर्वप्रथम प्रकाशित। 'भारतेंदु-संग्रह' की भूमिका से।)

कामायनी १७३
('हिंदी साहित्य का इतिहास', १६४० से।)

परिशिष्ट : १

हिंदी निबंध और शुक्ल जी १८१

परिशिष्ट : २

आचार्य रामचंद्र शुक्ल—जीवन सूत्र एवं कृतियाँ १६०

यह संकलन क्यों ?

आचार्य रामचंद्र शुक्ल हिंदी के अनन्य निबंधकार हैं। साहित्यिक, शास्त्रीय और शैक्षिक दृष्टि से उनके निबंधों का अध्ययन अनिवार्य है, पर उनके प्रतिनिधि निबंधों का एक भी संकलन ऐसा नहीं है जो उनकी विधायिनी प्रतिभा का सम्यक् परिचय दे सके। विचार वीथी (सन् १९३० ई०), चिंतामणि २ भाग, (पहला १९३९ ई० और दूसरा भाग १९४५ ई०) और त्रिवेणी उनके निबंधों के संग्रह हैं। विचार वीथी में नागरी प्रचारिणी पत्रिका में सन् १९१२-१८ ई० तक लिखे गए मनोविकार संबंधी निबंध—कविता क्या है? (सन् १९०३ ई०), भारतेंदु हरिश्चंद्र (सन् १९२८ ई०) और तुलसीदास का भक्ति मार्ग (सन् १९२३ ई०) संकलित हैं। चिंतामणि, भाग १ में विचार वीथी के निबंधों के अतिरिक्त मानस की धर्मभूमि, काव्य में लोकमंगल की साधना अवस्था, साधारणीकरण और व्यक्ति वैचित्र्यवाद (सन् १९३३ ई०), रसात्मक बोध के विविध रूप निबंध संकलित हैं। चिंतामणि, भाग २ में काव्य में प्राकृतिक दृश्य (सन् १९२२ ई०) काव्य में रहस्यवाद (सन् १९२९ ई०) काव्य में अभिव्यंजनावाद (सन् १९३५ ई०) संकलित हैं और इसका संपादन पं० विश्वनाथ प्रसाद मिश्र ने किया है। त्रिवेणी, जायसी, सूर और तुलसी पर लिखे गए प्रबंधों के अंशों का छात्रोपयोगी संकलन है। इस प्रकार एक भी निबंध संकलन ऐसा नहीं है जो शुक्ल जी के साहित्यिक निबंधों के सभी रूपों को प्रतिनिधि रूप में प्रस्तुत कर सके। इसलिए इस संग्रह को रूप प्रदान किया गया है। निबंधों की अनुक्रमणिका देखने से यह सहज ही स्पष्ट हो जायेगा कि यह उनकी प्राय: सभी उपलब्ध और अनुपलब्ध कृतियों का प्रतिनिधित्व करता है।

उनके प्रतिनिधि निबंधों को तीन वर्गों में बाँटा गया है—वैचारिक निबंध, सैद्धांतिक निबंध और व्यावहारिक निबंध। संकलन के आधार हैं—बुद्ध चरित, विश्व प्रपंच, नागरी प्रचारिणी पत्रिका, रस-मीमांसा, गोस्वामी तुलसीदास, हिंदी निबंध माला (विविध संस्करण), भारतेंदु साहित्य, हिंदी साहित्य का इतिहास, चिंतामणि, भाग २, और सूरदास आदि। संकलन का प्रारम्भिक निबंध उनके हिंदी साहित्य का इतिहास से संगृहीत है। यह लेख उन की दृष्टि से

निबंध का मानदंड प्रस्तुत करता है। इसे संग्रह की प्रस्तावना के रूप में ग्रहण किया जा सकता है। काल क्रम की दृष्टि से भी प्रारंभ से लेकर उनके जीवन के अंतिम समय तक लिखे गए निबंधों का इसमें समावेश हो जाता है। भाषा, साहित्य शास्त्र तथा हिंदी के भक्ति साहित्य से लेकर कामायनी तक इन निबंधों के विषय हैं। इसलिए उनकी व्यापक मान्यताओं और भेद में अभेद देखने वाली तत्त्वग्राही दृष्टि का सम्यक् संकेत ये निबंध देते हैं। इस दृष्टि से इनकी परिधि बड़ी व्यापक है।

शुक्ल जी का सर्वोत्तम लेखन नागरी प्रचारिणी सभा का प्रकाशन है और आजन्म वे उससे संबद्ध भी रहे। इसलिए सभा के वर्त्तनी सिद्धांत का ही व्यवहार किया गया है, यथा पंचम वर्ण के स्थान पर अनुस्वार का प्रयोग और दो से अधिक सामासिक शब्दों में ही समास चिह्न का प्रयोग। शुक्ल जी 'रखा' न लिखकर 'रक्खा' लिखते थे ताकि देवनागरी के उच्चारण की वैज्ञानिकता—जो लिखा जाय, वही पढ़ा जाय—सुरक्षित रह सके, उसका भी पालन किया गया है।

परिशिष्टों में आचार्य शुक्ल का जीवन वृत्त और कृतियों के संकेत सूत्र दे दिए गए हैं और उनके निबंधों का संक्षिप्त मूल्यांकन हिंदी निबंध परंपरा के परिवेश में कर दिया गया है।

उनके सुपुत्रों सर्वश्री केशवचंद्र शुक्ल और पं० गोकुलचंद्र शुक्ल ने इस महत्त्वपूर्ण कार्य में सब विधि योगदान किया है। इसीलिए यह संग्रह प्रकाश में आ सका है, एतदर्थ उन्हें धन्यवाद।

आशा है इससे एक कालव्यापी अभाव की पूर्ति होगी और हिंदी जगत इसका समुचित स्वागत करेगा—आपरितोषाद् विदुषां न साधु मन्ये प्रयोगविज्ञानम्।

नई दिल्ली, गुरु पूर्णिमा,
२०२८ वि०।

सुधाकर पांडेय

मातृभाषा प्रेमी, सर्जनशील,
निःस्वार्थ सेवक और गंभीर प्रशासक,
पं० उमाशंकर दीक्षित को
सादर

निबंध

यदि गद्य कवियों या लेखकों की कसौटी है तो निबंध गद्य की कसौटी है। भाषा की पूर्ण शक्ति का विकास निबंधों में ही सबसे अधिक संभव होता है। इसी लिये गद्यशैली के विवेचक उदाहरणों के लिये अधिकतर निबंध ही चुना करते हैं। निबंध या गद्यविधान कई प्रकार के हो सकते हैं—विचारात्मक, भावात्मक, वर्णनात्मक। प्रवीण लेखक प्रसंग के अनुसार इन विधानों का बड़ा सुंदर मेल भी करते हैं। लक्ष्यभेद से कई प्रकार की शैलियों का व्यवहार देखा जाता है। जैसे, विचारात्मक निबंधों में व्यास और समास की रीति, भावात्मक निबंधों में धारा, तरंग और विक्षेप की रीति। इसी विक्षेप के भीतर वह 'प्रलाप शैली' आएगी जिसका बंगला की देखा देखी कुछ दिनों से हिंदी में भी चलन बढ़ रहा है। शैलियों के अनुसार गुणदोष भी भिन्न भिन्न प्रकार के हो सकते हैं।

आधुनिक पाश्चात्य लक्षणों के अनुसार निबंध उसी को कहना चाहिए जिसमें व्यक्तित्व अर्थात् व्यक्तिगत विशेषता हो। बात तो ठीक है, यदि ठीक तरह से समझी जाय। व्यक्तिगत विशेषता का यह मतलब नहीं कि उसके प्रदर्शन के लिये विचारों की शृंखला रखी ही न जाय या जानबूझकर जगह जगह से तोड़ दी जाय, भावों की विचित्रता दिखाने के लिए ऐसी अर्थयोजना की जाय जो उनकी अनुभूति के प्रकृत या लोकसामान्य स्वरूप से कोई संबंध ही न रखे अथवा भाषा से सरकसवालों की सी कसरतें या हठयोगियों के से आसन कराए जायँ जिनका लक्ष्य तमाशा दिखाने के सिवा और कुछ न हो।

संसार की हर बात और सब बातों से संबद्ध है। अपने-अपने मानसिक संघटन के अनुसार किसी का मन किसी संबंधसूत्र पर दौड़ता है, किसी का किसी पर। ये संबंधसूत्र एक दूसरे से नथे हुए, पत्तों के भीतर की नसों के समान चारों ओर एक जाल के रूप में फैले हैं। तत्त्वचिंतक या दार्शनिक केवल अपने व्यापक सिद्धांतों के प्रतिपादन के लिये उपयोगी कुछ संबंधसूत्रों को पकड़कर किसी ओर सीधा चलता है और बीच के ब्योरे में कहीं नहीं फँसता। पर निबंध-लेखक अपने मन की प्रवृत्ति के अनुसार स्वच्छंद गति से इधर उधर फूटी हुई सूत्रशाखाओं पर विचरता चलता है। यही उसकी अर्थ संबंधी व्यक्तिगत विशेषता है। अर्थसंबंधसूत्र की टेढ़ीमेढ़ी रेखाएँ ही भिन्न भिन्न लेखकों का दृष्टिपथ निर्दिष्ट

करती हैं। एक ही बात को लेकर किसी का मन किसी संबंधसूत्र पर दौड़ता है, किसी का किसी पर। इसी का नाम है एक ही बात को भिन्न भिन्न दृष्टियों से देखना। व्यक्तिगत विशेषता का मूल आधार यही है।

तत्त्वचिंतक या वैज्ञानिक से निबंधलेखक की भिन्नता इस बात में भी है कि निबंधलेखक जिधर चलता है उधर अपनी संपूर्ण मानसिक सत्ता के साथ अर्थात् बुद्धि और भावात्मक हृदय दोनों लिए हुए। जो करुण प्रकृति हैं उनका मन किसी बात को लेकर, अर्थसंबंधसूत्र पकड़े हुए, करुण स्थलों की ओर झुकता और गंभीर वेदना का अनुभव करता चलता है। जो विनोदशील हैं उनकी दृष्टि उसी बात को लेकर उसके ऐसे पक्षों की ओर दौड़ती है जिन्हें सामने पाकर कोई हँसे बिना नहीं रह सकता है। इसी प्रकार कुछ बातों के संबंध में लोगों की बँधी हुई धारणाओं के विपरीत चलने में जिस लेखक को आनंद मिलेगा वह उन बातों के ऐसे पक्षों पर वैचित्र्य के साथ विचरेगा जो उन धारणाओं को व्यर्थ या अपूर्ण सिद्ध करते दिखाई देंगे। उदाहरण के लिये आलसियों और लोभियों को लीजिए, जिन्हें दुनिया बुरा कहती चली आ रही है। कोई लेखक अपने निबंध में उनके अनेक गुणों को विनोदपूर्वक सामने रखता हुआ उनकी प्रशंसा का वैचित्र्यपूर्ण आनंद ले और दे सकता है। इसी प्रकार वस्तु के नाना सूक्ष्म ब्योरों पर दृष्टि गड़ानेवाला लेखक किसी छोटी से छोटी, तुच्छ से तुच्छ बात को भी गंभीर विषय का सा रूप देकर, पांडित्यपूर्ण भाषा की पूरी नकल करता हुआ सामने रख सकता है। पर सब अवस्थाओं में कोई बात अवश्य चाहिए।

इस अर्थगत विशेषता के आधार पर ही भाषा और अभिव्यंजनप्रणाली की विशेषता—शैली की विशेषता—खड़ी हो सकती है। जहाँ नाना अर्थ-संबंधों का वैचित्र्य नहीं, जहाँ गतिशील अर्थ की परंपरा नहीं, वहाँ एक ही स्थान पर खड़ी तरह तरह की मुद्रा और उछलकूद दिखाती हुई भाषा केवल तमाशा करती हुई जान पड़ेगी।

भारतेंदुजी के समय से ही निबंधों की परंपरा हमारी भाषा में चल पड़ी थी जो उनके सहयोगी लेखकों में कुछ दिनों तक जारी रही। पर स्थायी विषयों पर निबंध लिखने की परंपरा बहुत जल्दी बंद हो गई। उसके साथ ही वर्णनात्मक निबंध पद्धति पर सामयिक घटनाओं, देश और समाज की जीवनचर्या, ऋतुचर्या आदि का चित्रण भी बहुत कम हो गया। वर्तमान काल के भीतर उत्तरोत्तर उच्चकोटि के स्थायी गद्य साहित्य का निर्माण जैसा होना चाहिए था, न हुआ। अधिकांश लेखक ऐसे ही कामों में लगे जिनमें बुद्धि को श्रम कम पड़े।

भारतेंदु के सहयोगी लेखक स्थायी विषयों के साथ साथ समाज की जीवन-चर्या, ऋतुचर्या, पर्व, त्यौहार आदि पर भी साहित्यिक निबंध लिखते आ रहे थे। उनके लेखों में देश की परंपरागत भावनाओं और उमंगों का प्रतिबिंब रहा करता था। होली, विजयादशमी, दीपावली, रामलीला इत्यादि पर उनके लिखे प्रबंधों में

जनता के जीवन का रंग पूरा पूरा रहता था। इसके लिए वे वर्णनात्मक और भावात्मक दोनों विधानों का बड़ा सुंदर मेल करते थे। यह सामाजिक सजीवता भी वर्तमान लेखकों में वैसी न रही।

इस शताब्दी के आरंभ में ही निबंध का रास्ता दिखानेवाले दो अनुवादग्रंथ प्रकाशित हुए—'बेकन-विचार रत्नावली' (अंगरेजी के बहुत पुराने क्या पहले निबंधलेखक लार्ड बेकन के कुछ निबंधों का अनुवाद) और 'निबंधमालादर्श' (चिपलूणकर के मराठी निबंधों का अनुवाद)। पहली पुस्तक पंडित महावीर प्रसादजी द्विवेदी की थी और दूसरी पंडित गंगाप्रसाद अग्निहोत्री की। उस समय आशा हुई थी कि इन अनुवादों के पीछे ये दोनों महाशय शायद उसी प्रकार के मौलिक निबंध लिखने में हाथ लगाएँ पर ऐसा न हुआ। मासिक पत्रिकाएँ इस काल के भीतर बहुत सी निकलीं पर उनमें अधिकतर लेख 'बातों का संग्रह' के रूप में ही रहते थे, लेखकों के अंतःप्रयास से निकली विचारधारा के रूप में नहीं।

विश्वविद्यालयों के उच्च शिक्षाक्रम के भीतर हिंदी साहित्य का समावेश हो जाने के कारण उत्कृष्ट कोटि के निबंधों की—ऐसे निबंधों की जिनकी असाधारण शैली या गहन विचारधारा पाठकों को मानसिक श्रमसाध्य नूतन उपलब्धि के रूप में जान पड़े—जितनी ही अधिक आवश्यकता है उतने ही कम वे हमारे सामने आ रहे हैं। निबंध की जो स्थिति हमें द्विवेदीजी के समय में दिखाई पड़ी प्रायः वही स्थिति इस वर्तमान काल में भी बनी हुई है। अर्थवैचित्र्य और भाषाशैली का नूतन विकास जैसा कहानियों के भीतर प्रकट हुआ है, वैसा निबंध के क्षेत्र में नहीं देखने में आ रहा है, जो उसका बहुत उपयुक्त स्थान है।

यदि किसी रूप में गद्य की कोई नई गतिविधि दिखाई पड़ी तो काव्यात्मक गद्यप्रबंधों के रूप में। पहले तो बंगभाषा के 'उद्भ्रांत प्रेम' (चंद्रशेखर मुखोपाध्याय कृत) को देख कुछ लोग उसी प्रकार की रचना की ओर झुके पीछे भावात्मक गद्य की कई शैलियों की ओर। 'उद्भ्रांत प्रेम' उस विक्षेप शैली पर लिखा गया था जिसमें भावावेश द्योतित करने के लिए भाषा बीच बीच में असंबद्ध अर्थात् उखड़ी हुई होती थी। कुछ दिनों तक तो उसी शैली पर प्रेमोद्गार के रूप में पत्रिकाओं में कुछ प्रबंध—यदि उन्हें प्रबंध कह सकें—निकले, जिनमें भावुकता की झलक यहाँ से वहाँ तक रहती थी। पीछे श्री चतुरसेन शास्त्री के 'अंतस्तल' में प्रेम के अतिरिक्त और दूसरे भावों की भी प्रबल व्यंजना अलग अलग प्रबंधों में की गई जिनमें कुछ दूर तक एक ढंग पर चलती धारा के बीच बीच में भाव का प्रबल उत्थान दिखाई पड़ता था। इस प्रकार इन प्रबंधों की भाषा तरंगवती धारा के रूप में चली थी अर्थात् उसमें 'धारा' और 'तरंग' दोनों का योग था। ये दोनों प्रकार के गद्य बंगाली थिएटरों की रंगभूमि के भाषणों के से प्रतीत हुए। पीछे रवींद्र बाबू के प्रभाव से कुछ रहस्योन्मुख आध्यात्मिकता का रंग लिए जिस भावात्मक गद्य का चलन हुआ वह विशेष अलंकृत होकर अन्योक्ति पद्धति पर चला।

परोक्ष आलंबन को प्रियतम मानकर उसके साथ संयोग और वियोग की अनेक दशाओं की कल्पना इस पद्धति की विशेषता है। रवींद्र बाबू की 'गीतांजलि' की रचना इसी पद्धति पर हुई। हिंदी में भी इस ढंग की रचनाएं हुईं।

यह तो हुई आध्यात्मिक या सांप्रदायिक क्षेत्र से गृहीत लाक्षणिक भावुकता, जो बहुत कुछ अभिनीत या अनुकृत होती है अर्थात् बहुत कम दशाओं में हृदय की स्वाभाविक पद्धति पर चलती है। कुछ भावात्मक प्रबंध लौकिक को लेकर भी मानसिक पत्रों में निकलते रहते हैं जिनमें चित्रविधान कम और कसक, टीस, वेदना अधिक रहती है।

अतीत के नाना खंडों में जाकर रमनेवाली भावुकता का मनुष्य की प्रकृति में एक विशेष स्थान है। मनुष्य की इस प्रकृतिस्थ भावुकता का अनुभव हम आप भी करते हैं और दूसरों को भी करते हुए पाते हैं, अतः यह मानवहृदय की एक सामान्य वृत्ति है।

गद्य साहित्य में भावात्मक और काव्यात्मक गद्य का भी एक विशेष स्थान है, यह तो मानना ही पड़ेगा। अतः उपयुक्त क्षेत्र में उसका आविर्भाव और प्रसार अवश्य प्रसन्नता की बात है। पर दूसरे क्षेत्रों में भी, जहाँ गंभीर विचार और व्यापक दृष्टि अपेक्षित है, उसे घसीटे जाते देख दुःख होता है। जो चिंतन के गूढ़ विषय हैं उनको भी लेकर कल्पना की क्रीड़ा दिखाना कभी उचित नहीं कहा जा सकता।

काव्य पर न जाने कितने ऐसे निबंध लिखे गए जिनमें सिवा इसके कि 'कविता अमरावती से गिरती हुई अमृत की धारा है', 'कविता हृदय कानन से खिली हुई कुसुममाला है', 'कविता देवलोक से मधुर संगीत की गूँज है', और कुछ भी न मिलेगा। यह कविता का ठीक ठीक स्वरूप बतलाना है कि उसकी विरुदावली बखानना? हमारे यहाँ के पुराने लोगों में भी 'जहाँ न जाय रवि, वहाँ जाय कवि' ऐसी ऐसी बहुत सी विरुदावलियाँ प्रचलित थीं, पर वे लक्षण या स्वरूप पूछने पर नहीं कही जाती थी। कविता भावमयी, रसमयी और चित्रमयी होती है, इससे यह आवश्यक नहीं कि उसके स्वरूप का निरूपण भी भावमय, रसमग्न और चित्रमय हो। 'कविता' के ही निरूपण तक भावात्मक प्रणाली का यह धावा रहता तो भी एक बात थी। कवियों की आलोचना तथा और और विषयों में भी इसका दखल हो रहा है, यह खटके की बात है। इससे हमारे साहित्य में घोर विचारशैथिल्य और बुद्धि का आलस्य फैलाने की आशंका है। जिन विषयों के निरूपण में सूक्ष्म और सुव्यवस्थित विचारपरंपरा अपेक्षित है, उन्हें भी इस हवाई शैली पर हवा बताना कहाँ तक ठीक होगा।

वैचारिकी

उत्साह

दु:ख के वर्ग में जो स्थान भय का है, वही स्थान आनंद वर्ग में उत्साह का है। भय में हम प्रस्तुत कठिन स्थिति के नियम से विशेष रूप में दुखी और कभी कभी उस स्थिति से अपने को दूर रखने के लिए प्रयत्नवान् भी होते हैं। उत्साह में हम आनेवाली कठिन स्थिति के भीतर साहस के अवसर के निश्चय द्वारा प्रस्तुत कर्म सुख की उमंग से अवश्य प्रयत्नवान् होते हैं। उत्साह में कष्ट या हानि सहने की दृढ़ता के साथ साथ कर्म में प्रवृत्ति होने के आनंद का योग रहता है। साहसपूर्ण आनंद की उमंग का नाम उत्साह है। कर्म सौंदर्य के उपासक ही सच्चे उत्साही कहलाते हैं।

जिन कर्मों में किसी प्रकार का कष्ट या हानि सहने का साहस अपेक्षित होता है उन सबके प्रति उत्कंठापूर्ण आनंद उत्साह के अंतर्गत लिया जाता है। कष्ट या हानि के भेद के अनुसार उत्साह के भी भेद हो जाते हैं। साहित्य मीमांसकों ने इसी दृष्टि से युद्ध-वीर, दान-वीर, दया-वीर इत्यादि भेद किये हैं। इनमें सबसे प्राचीन और प्रधान युद्ध वीरता है, जिसमें आघात, पीड़ा क्या मृत्यु तक की परवा नहीं रहती। इस प्रकार की वीरता का प्रयोजन अत्यंत प्राचीन काल से पड़ता चला आ रहा है, जिसमें साहस और प्रयत्न दोनों चरम उत्कर्ष पर पहुँचते हैं। पर केवल कष्ट या पीड़ा सहन करने के साहस में ही उत्साह का स्वरूप स्फुरित नहीं होता। उसके साथ आनंदपूर्ण प्रयत्न या उसकी उत्कंठा का योग चाहिए। बिना बेहोश हुए भारी फोड़ा चिराने को तैयार होना साहस कहा जायगा, पर उत्साह नहीं। इसी प्रकार चुपचाप, बिना हाथ पैर हिलाये, घोर प्रहार सहने के लिए तैयार रहना साहस और कठिन से कठिन प्रहार सहकर भी जगह से न हटना वीरता कही जायगी। ऐसे साहस और धीरता को उत्साह के अंतर्गत तभी ले सकते हैं जब कि साहसी या धीर उस काम को आनंद के साथ करता चला जायगा जिसके कारण उसे इतने प्रहार सहने पड़ते हैं। सारांश यह कि आनंदपूर्ण प्रयत्न या उसकी उत्कंठा में ही उत्साह का दर्शन होता है, केवल कष्ट सहने के निश्चेष्ट साहस में नहीं। धृति और साहस दोनों का उत्साह के बीच संचरण होता है।

दान-वीर में अर्थत्याग का साहस अर्थात् उसके कारण होनेवाले कष्ट या

कठिनता को सहने की क्षमता अंतर्हित रहती है। दानवीरता तभी कही जायगी जब दान के कारण दानी को अपने जीवन निर्वाह में किसी प्रकार का कष्ट या कठिनता दिखाई देगी। इसी कष्ट या कठिनता की मात्रा या संभावना जितनी ही अधिक होगी, दानवीरता उतनी ही ऊँची समझी जायगी। पर इस अर्थत्याग के साहस के साथ ही जब तक पूर्ण तत्परता और आनंद के चिह्न न दिखाई पड़ेंगे तब तक उत्साह का स्वरूप न खड़ा होगा।

युद्ध के अतिरिक्त संसार में और भी ऐसे विकट काम होते हैं जिनमें घोर शारीरिक कष्ट सहना पड़ता है और प्राण हानि तक की संभावना रहती है। अनुसंधान के लिए तुषारमंडित अभ्रभेदी अगम्य पर्वतों की चढ़ाई, ध्रुव देश या सहारा के रेगिस्तान का सफर; क्रूर, बर्बर जातियों के बीच अज्ञात घोर जंगलों में प्रवेश इत्यादि भी पूरी वीरता और पराक्रम के कर्म हैं। इनमें जिस आनंदपूर्ण तत्परता के साथ लोग प्रवृत्त हुए हैं वह भी उत्साह ही है।

मनुष्य शारीरिक कष्ट से ही पीछे हटनेवाला प्राणी नहीं है। मानसिक क्लेश की संभावना से भी बहुत से कर्मों की ओर प्रवृत्त होने का साहस उसे नहीं होता। जिन बातों से समाज के बीच उपहास, निंदा, अपमान इत्यादि का भय रहता है उन्हें अच्छी और कल्याणकारिणी समझते हुए भी बहुत से लोग उनसे दूर रहते हैं। प्रत्यक्ष हानि देखते हुए भी कुछ प्रथाओं का अनुसरण बड़े बड़े समझदार तक इसलिए करते चलते हैं कि उनके त्याग से वे बुरे कहे जायँगे, लोगों में उनका वैसा आदर संमान न रह जायगा। उसके लिए मानग्लानि का कष्ट सब शारीरिक क्लेशों से बढ़कर होता है। जो लोग मान अपमान का कुछ भी ध्यान न करके, निंदा स्तुति की कुछ भी परवा न करके किसी प्रचलित प्रथा के विरुद्ध पूर्ण तत्परता और प्रसन्नता के साथ कार्य करते जाते हैं वे एक ओर तो उत्साही और वीर कहलाते हैं दूसरी ओर भारी बेहया।

किसी शुभ परिणाम पर दृष्टि रखकर निंदा स्तुति, मान अपमान आदि की कुछ परवा न करके प्रचलित प्रथाओं का उल्लंघन करनेवाले वीर या उत्साही कहलाते हैं, यह देखकर बहुत से लोग केवल इस विरुद्धि के लोभ में ही अपनी उछलकूद दिखाया करते हैं। वे केवल उत्साही या साहसी कहे जाने के लिए ही चली आती हुई प्रथाओं को तोड़ने की धूम मचाया करते हैं। शुभ या अशुभ परिणाम से उनसे कोई मतलब नहीं, उनकी ओर उनका ध्यान लेशमात्र नहीं रहता। जिस पक्ष के बीच की सुख्याति का वे अधिक महत्त्व समझते हैं उसकी वाहवाही से उत्पन्न आनंद की चाह में वे दूसरे पक्ष के बीच की निंदा या अपमान की कुछ परवा नहीं करते। ऐसे ओछे लोगों के साहस या उत्साह की अपेक्षा उन लोगों के साहस—भाव की दृष्टि से—कहीं अधिक मूल्यवान् हैं जो किसी प्राचीन प्रथा की—चाहे वास्तव में हानिकारिणी ही हो—उपयोगिता का

सच्चा विश्वास रहते हुए प्रथा तोडनेवालों की निंदा, उपहास, अपमान आदि सहा करते हैं।

समाज सुधार के वर्तमान आंदोलनों के बीच जिस प्रकार सच्ची अनुभूति से प्रेरित उच्चाशय और गंभीर पुरुष पाये जाते हैं, उसी प्रकार तुच्छ मनोवृत्तियों द्वारा प्रेरित साहसी और दयावान् भी बहुत मिलते हैं। मैंने कई छिछोरों और लंपटों को विधवाओं की दशा पर दया दिखाते हुए उनके पापाचार के लंबे चौड़े दास्तान हर दम सुनते सुनाते पाया है। ऐसे लोग वास्तव में काम कथा के रूप में ऐसे वृत्तांतों का तन्मयता के साथ कथन और श्रवण करते हैं। इस ढाँचे के लोगों से सुधार के कार्य में कुछ सहायता पहुँचाने के स्थान पर बाधा पहुँचाने ही की संभावना रहती है।

उत्साह की गिनती अच्छे गुणों में होती है। किसी भाव के अच्छे या बुरे होने का निश्चय अधिकतर उसकी प्रवृत्ति के शुभ या अशुभ परिणाम के विचार से होता है। वहाँ उत्साह जो कर्त्तव्य कर्मों के प्रति इतना सुन्दर दिखाई पड़ता है, अकर्तव्य कर्मों की ओर होने पर वैसा श्लाघ्य नहीं प्रतीत होता। आत्मरक्षा, पर-रक्षा, देशरक्षा आदि के निमित्त साहस की जो उमंग देखी जाती है उसके सौंदर्य को परपीड़न, डकैती आदि कर्मों का साहस कभी नहीं पहुँच सकता। यह बात होते हुए भी विशुद्ध उत्साह या साहस की प्रशंसा संसार में थोड़ी बहुत होती ही है। अत्याचारियों या डाकुओं के शौर्य और साहस की कथाएँ भी लोग तारीफ करते हुए सुनते हैं।

अब तक उत्साह का प्रधान रूप ही हमारे सामने रहा, जिसमें साहस का पूरा योग रहता है। पर कर्ममात्र के संपादन में जो तत्परतापूर्ण आनंद देखा जाता है वह उत्साह ही कहा जाता है। सब कामों में साहस अपेक्षित नहीं होता, पर थोड़ा बहुत आराम, विश्राम, सुभीते इत्यादि का त्याग सबमें करना पड़ता है, और कुछ नहीं तो उठकर बैठना, खड़ा होना या दस पाँच कदम चलना ही पड़ता है। जब तब आनंद का लगाव किसी क्रिया, व्यापार या उसकी भावना के साथ नहीं दिखाई पड़ता तब तक उसे 'उत्साह' की संज्ञा प्राप्त नहीं होती। प्रयत्न और कर्म संकल्प उत्साह नामक आनंद के नित्य लक्षण हैं।

प्रत्येक कर्म में थोड़ा या बहुत बुद्धि का योग भी रहता है। कुछ कर्मों में तो बुद्धि की तत्परता और शरीर की तत्परता दोनों बराबर साथ-साथ चलती हैं। उत्साह की उमंग जिस प्रकार हाथ पैर चलवाती है उसी प्रकार बुद्धि से भी काम कराती है। ऐसे उत्साहवाले वीर को कर्मवीर कहना चाहिए या बुद्धिवीर? यह प्रश्न मुद्राराक्षस नाटक बहुत अच्छी तरह हमारे सामने लाता है। चाणक्य और राक्षस के बीच चोटें चली हैं, वे नीति की हैं, शस्त्र की नहीं। अत: विचार करने की बात यह है कि उत्साह की अभिव्यक्ति बुद्धि व्यापार के अवसर पर होती है अथवा बुद्धि द्वारा निश्चित उद्योग में तत्पर होने की दशा में? हमारे देखने में तो

उद्योग की तत्परता में ही उत्साह की अभिव्यक्ति होती है; अतः कर्मवीर ही कहना ठीक है।

बुद्धि वीर का दृष्टान्त कभी कभी हमारे पुराने ढंग के शास्त्रार्थों में देखने को मिल जाते हैं। जिस समय किसी भारी शास्त्रार्थी पंडित से भिड़ने के लिए कोई विद्यार्थी आनंद के साथ सभा में आगे आता है उस समय उसके बुद्धि साहस की प्रशंसा अवश्य होती है। वह जीते या हारे, बुद्धि वीर समझा ही जाता है। इस ज़माने में वीरता का प्रसंग उठाकर वाग्वीर का उल्लेख आदि न हो तो बात अधूरी ही समझी जायगी। ये वाग्वीर आजकल बड़ी बड़ी सभाओं के मंचों पर से लेकर स्त्रियों के उठाये हुए पारिवारिक प्रपंचों तक में पाये जाते हैं और काफी तादाद में।

थोड़ा यह भी देखना चाहिए कि उत्साह में ध्यान किस पर रहता है। कर्म पर, उसके फल पर अथवा व्यक्ति या वस्तु पर? हमारे विचार में उत्साही वीर का ध्यान आदि से अंत तक पूरी कर्म शृंखला पर से होता हुआ उसकी सफलता रूपी समाप्ति तक फैला रहता है। इसी ध्यान से जो आनंद की तरंगें उठती हैं वे ही सारे प्रयत्न को आनंदमय कर देती हैं। युद्धवीर में विजेतव्य को आलंबन कहा गया है उसका अभिप्राय यही है कि विजेतव्य कर्म प्रेरक के रूप में वीर के ध्यान में स्थिर रहता है, वह कर्म स्वरूप का भी निर्धारण करता है। पर आनंद और साहस के मिश्रित भाव का सीधा लगाव उसके साथ नहीं रहता। सच पूछिए तो वीर के उत्साह का विषय विजय विधायक कर्म या युद्ध ही रहता है। दानवीर और धर्मवीर पर विचार करने से यह बात स्पष्ट हो जाती है। दान दयावश, श्रद्धावश या कीर्तिलोभवश दिया जाता है। यदि श्रद्धावश दान दिया जा रहा है तो दानपात्र वास्तव में श्रद्धा का और यदि दयावश दिया जा रहा है तो पीड़ित यथार्थ में दया का विषय या आलंबन ठहरता है। अतः उस श्रद्धा या दया की प्रेरणा से जिस कठिन या दुस्साध्य कर्म की प्रवृत्ति होती है उसी की ओर उत्साही का साहसपूर्ण आनंद उन्मुख कहा जा सकता है। अतः और रसों में आलंबन का स्वरूप जैसा निर्दिष्ट रहता है वैसा वीररस में नहीं। बात यह है कि उत्साह एक यौगिक भाव है जिसमें साहस और आनंद का मेल रहता है।

जिस व्यक्ति या वस्तु पर प्रभाव डालने के लिए वीरता दिखाई जाती है उसकी ओर उन्मुख कर्म होता है और कर्म की ओर उन्मुख उत्साह नामक भाव होता है। सारांश यह कि किसी व्यक्ति या वस्तु के साथ उत्साह का सीधा लगाव नहीं होता। समुद्र लाँघने के लिए जिस उत्साह के साथ हनुमान उठे हैं उसका कारण समुद्र नहीं, समुद्र लाँघने का विकट कर्म है। कर्म भावना ही उत्साह उत्पन्न करती है, वस्तु या व्यक्ति की भावना नहीं।

किसी कर्म के संबंध में जहां आनंदपूर्ण तत्परता दिखाई पड़ी कि हम उसे उत्साह कह देते हैं। कर्म के अनुष्ठान में जो आनंद होता है उसका विधान तीन

रूपों में दिखाई पड़ता है—

१. कर्म भावना से उत्पन्न, २. फल भावना से उत्पन्न और ३. आगंतुक, अर्थात् विषयांतर से प्राप्त।

इनमें कर्म-भावना-प्रसूत आनंद को ही सच्चे वीरों का आनंद समझना चाहिए, जिसमें साहस का योग प्रायः बहुत अधिक रहा करता है। सच्चा वीर जिस समय मैदान में उतरता है उसी समय उसमें उतना आनंद भरा रहता है जितना औरों को विजय या सफलता प्राप्त करने पर होता है। उसके सामने कर्म और फल के बीच या तो कोई अंतर होता ही नहीं या बहुत सिमटा हुआ होता है। इसी से कर्म की ओर यह उसी झोंक से लपकता है जिस झोंक से साधारण लोग फल की ओर लपका करते हैं। इसी कर्म प्रवर्त्तक आनंद की मात्रा के हिसाब से शौर्य और साहस का स्फुरण होता है।

फल की भावना से उत्पन्न आनंद भी साधक कर्मों की ओर हर्ष और तत्परता के साथ प्रवृत्त करता है। पर फल का लोभ जहाँ प्रधान रहता है वहाँ कर्म विषयक आनंद उसी फल की भावना की तीव्रता और मंदता पर अवलंबित रहता है। उद्योग के प्रभाव के बीच जब फल की भावना मंद पड़ती है, उसकी आशा कुछ धुँधली पड़ जाती है, तब तब आनंद की उमंग गिर जाती है और उसी के साथ उद्योग में भी शिथिलता आ जाती है। पर कर्म-भावना-प्रधान उत्साही बराबर एकरस रहता है। फलासक्त उत्साही असफल होने पर खिन्न और दुखी होता है, पर कर्मासक्त उत्साही केवल कर्मानुष्ठान के पूर्व की अवस्था में हो जाता है। अतः हम कह सकते हैं कि कर्म-भावना-प्रधान उत्साह ही सच्चा उत्साह है। फल-भावना-प्रधान उत्साह तो लोभ ही का एक प्रच्छन्न रूप है।

उत्साह वास्तव में कर्म और फल की मिलीजुली अनुभूति है जिसकी प्रेरणा से तत्परता आती है। यदि फल दूर ही पर दिखाई पड़े, उसकी भावना के साथ हो, उसका लेशमात्र भी कर्म या प्रयत्न के साथ लगाव न मालूम हो तो हमारे हाथ पाँव कभी न उठें और उस फल के साथ हमारा संयोग ही न हो। इससे कर्म शृंखला की पहली कड़ी पकड़ते ही फल के आनंद की भी कुछ अनुभूति होने लगती है। यदि हमें यह निश्चय हो जाय कि अमुक स्थान पर जाने से हमें किसी प्रिय व्यक्ति का दर्शन होगा तो उस निश्चय के प्रभाव से हमारी यात्रा भी अत्यंत प्रिय हो जायगी। हम चल पड़ेंगे और हमारे अंगों की प्रत्येक गति में प्रफुल्लता दिखाई देगी। यही प्रफुल्लता कठिन से कठिन कर्मों के साधन में भी देखी जाती है। वे कर्म भी प्रिय हो जाते हैं और अच्छे लगने लगते हैं। जब तक फल तक पहुँचानेवाला कर्मपथ अच्छा न लगेगा तब तक केवल फल का अच्छा लगना कुछ नहीं। फल की इच्छा मात्र हृदय में रखकर जो प्रयत्न किया जायगा वह अभावमय और आनंदशून्य होने के कारण निर्जीव सा होगा।

कर्म-रुचि-शून्य प्रयत्न में कभी कभी इतनी उतावली और आकुलता होती है

कि मनुष्य साधना के उत्तरोत्तर क्रम का निर्वाह न कर सकने के कारण बीच ही में चूक जाता है। मान लीजिए कि एक ऊँचे पर्वत के शिखर पर विचरते हुए किसी व्यक्ति को नीचे बहुत दूर तक गई हुई सीढ़ियाँ दिखाई दीं और यह मालूम हुआ कि नीचे उतरने पर सोने का ढेर मिलेगा। यदि उसमें इतनी सजीवता है कि उक्त सूचना के साथ ही वह उस स्वर्णराशि के साथ एक प्रकार के मानसिक संयोग का अनुभव करने लगा तथा उसका चित्त प्रफुल्ल और अंग सचेष्ट हो गये, उसे एक एक सीढ़ी स्वर्णमयी दिखाई देगी, एक एक क्षण उसे सुख से बीता हुआ जान पड़ेगा और वह प्रसन्नता के साथ स्वर्णराशि तक पहुँचेगा। इस प्रकार उसके प्रयत्न काल को भी फल प्राप्ति काल के अंतर्गत ही समझना चाहिए। इसके विरुद्ध यदि उसका हृदय दुर्बल होगा और उसमें इच्छामात्र ही उत्पन्न होकर रह जायगी; तो अभाव के बोध के कारण उसके चित्त में यही होगा कि कैसे झट से नीचे पहुँच जायँ। उसे एक एक सीढ़ी उतरना बुरा मालूम होगा और आश्चर्य नहीं कि वह या तो हारकर बैठ जाय या लड़खड़ाकर मुँह के बल गिर पड़े।

फल की विशेष आसक्ति से कर्म के लाघव की वासना उत्पन्न होती है; चित्त में यही आता है कि कर्म बहुत सरल करना पड़े और फल बहुत सा मिल जाय। श्रीकृष्ण ने कर्ममार्ग से फलासक्ति की प्रबलता हटाने का बहुत ही स्पष्ट उपदेश दिया; पर उनके समझाने पर भी भारतवासी इस वासना से ग्रस्त होकर कर्म से तो उदास हो बैठे और फल के इतने पीछे पड़े कि गरमी में ब्राह्मण को एक पेठा देकर पुत्र की आशा करने लगे; चार आने रोज का अनुष्ठान कराके व्यापार में लाभ, शत्रु पर विजय, रोग से मुक्ति, धनधान्य की वृद्धि तथा और भी न जाने क्या क्या चाहने लगे। आसक्ति प्रस्तुत या उपस्थित वस्तु में ठीक कही जा सकती है। कर्म सामने उपस्थित रहता है। इससे आसक्ति उसी में चाहिए, फल दूर रहता है, इससे उसकी ओर कर्म का लक्ष्य काफी है। जिस आनंद से कर्म की उत्तेजना होती है और जो आनंद कर्म करते समय तक बराबर चला चलता है उसी का नाम उत्साह है।

कर्म के मार्ग पर आनंदपूर्वक चलता हुआ उत्साही मनुष्य यदि अंतिम फल तक न भी पहुँचे तो भी उसकी दशा कर्म न करनेवाले की अपेक्षा अधिकतर अवस्थाओं में अच्छी रहेगी; क्योंकि एक तो कर्मकाल में उसका जीवन बीता, वह संतोष या आनंद में बीता, उसके उपरांत फल की अप्राप्ति पर भी उसे यह पछतावा न रहा कि मैंने प्रयत्न नहीं किया। फल पहले से कोई बना बनाया पदार्थ नहीं होता। अनुकूल प्रयत्न कर्म के अनुसार, उसके एक एक अंग की योजना होती है। बुद्धि द्वारा पूर्ण रूप से निश्चित की हुई व्यापार परंपरा का नाम ही प्रयत्न है। किसी मनुष्य के घर का कोई प्राणी बीमार है। वह वैद्यों के यहाँ से जब तक औषधि ला लाकर रोगी को देता जाता है और इधर उधर दौड़ धूप करता जाता है तब तक उसके चित्त में जो संतोष रहता है—प्रत्येक नये उपचार के साथ जो

आनंद का उन्मेष होता रहता है—वह उसे कदापि न प्राप्त होता, यदि वह रोता हुआ बैठा रहता। प्रयत्न की अवस्था में उसके जीवन का जितना अंश संतोष, आशा और उत्साह में बीता, अप्रयत्न की दशा में उतना ही अंश केवल शोक और दुःख में कटता। इसके अतिरिक्त रोगी के न अच्छे होने की दशा में भी वह आत्म-ग्लानि के उस कठोर दुःख से बचा रहेगा जो उसे जीवन भर यह सोच सोचकर होता कि मैंने पूरा प्रयत्न नहीं किया।

कर्म में आनंद अनुभव करनेवालों ही का नाम कर्मण्य है। धर्म और उदारता के उच्च कर्मों के विधान में ही एक ऐसा दिव्य आनंद भरा रहता है कि कर्त्ता को वे कर्म ही फलस्वरूप लगते हैं। अत्याचार का दमन और क्लेश का शमन करते हुए चित्त में जो उल्लास और तुष्टि होती है वही लोकोपकारी कर्मवीर का सच्चा सुख है। उसके लिए सुख तब तक के लिए रुका नहीं रहता जब तक कि फल प्राप्त न हो जाय; बल्कि उस समय से थोड़ा थोड़ा करके मिलने लगता है जब से वह कर्म की ओर हाथ बढ़ाता है।

कभी कभी आनंद का मूल विषय तो कुछ और रहता है, पर उस आनंद के कारण एक ऐसी स्फूर्ति उत्पन्न होती है जो बहुत से कामों की ओर हर्ष के साथ अग्रसर करती है। इसी प्रसन्नता और तत्परता को देख लोग कहते हैं कि वे काम बड़े उत्साह से किये जा रहे हैं। यदि किसी मनुष्य को बहुत सा लाभ हो जाता है या उसकी कोई बड़ी भारी कामना पूर्ण हो जाती है तो जो काम उसके सामने आते हैं उन सबको वह बड़े हर्ष और तत्परता के साथ करता है। उसके इस हर्ष और तत्परता को भी लोग उत्साह ही कहते हैं। इसी प्रकार किसी उत्तम फल या सुख-प्राप्ति की आशा या निश्चय से उत्पन्न आनंद, फलोन्मुख प्रयत्नों के अतिरिक्त और दूसरे व्यापारों के साथ संलग्न होकर, उत्साह के रूप में दिखाई पड़ता है। यदि हम किसी ऐसे उद्योग में लगे हैं जिससे आगे चलकर हमें बहुत लाभ या सुख की आशा है तो हम उस उद्योग को तो उत्साह के साथ करते ही हैं, अन्य कार्यों में भी प्रायः अपना उत्साह दिखा देते हैं।

यह बात उत्साह में नहीं, अन्य मनोविकारों में भी बराबर पाई जाती है। यदि हम किसी बात पर क्रुद्ध बैठे हैं और इसी बीच में कोई दूसरा आकर हमसे कोई बात सीधी तरह भी पूछता है तो भी हम उस पर झुँझला उठते हैं। इस झुँझलाहट का न तो कोई निर्दिष्ट कारण होता है, न उद्देश्य। यह केवल क्रोध की स्थिति व्याघात को रोकने की क्रिया है, क्रोध की रक्षा का प्रयत्न है। इस झुँझलाहट द्वारा हम यह प्रकट करते हैं कि हम क्रोध में हैं और क्रोध में ही रहना चाहते हैं। क्रोध को बनाये रखने के लिए हम उन बातों से भी क्रोध ही संचित करते हैं जिनसे दूसरी अवस्था में हम विपरीत भाग प्राप्त करते। इसी प्रकार यदि हमारा चित्त किसी विषय में उत्साहित रहता है तो हम अन्य विषयों में भी अपना

उत्साह दिखा देते हैं। यदि हमारा मन बढ़ा हुआ रहता है तो हम बहुत से काम प्रसन्नतापूर्वक करने के लिए तैयार हो जाते हैं। इसी बात का विचार करके सलामसाधक लोग हाकिमों से मुलाकात करने के पहले अर्दलियों से उनका मिज़ाज पूछ लिया करते हैं।

क्रोध

क्रोध दुःख के चेतन कारण के साक्षात्कार या अनुमान से उत्पन्न होता है। साक्षात्कार के समय दुःख और उसके कारण के संबंध का परिज्ञान आवश्यक है। तीन चार महीने के बच्चे को कोई हाथ उठाकर मार दे, तो उसने हाथ उठाते तो देखा है पर अपनी पीड़ा और उस हाथ उठाने से क्या संबंध है, यह वह नहीं जानता है। अतः वह केवल रोकर अपना दुःख मात्र प्रकट कर देता है। दुःख के कारण की स्पष्ट धारणा के बिना क्रोध का उदय नहीं होता। दुःख के सज्ञान कारण पर प्रबल प्रभाव डालने में प्रवृत्त करनेवाला मनोविकार होने के कारण क्रोध का आविर्भाव बहुत पहले देखा जाता है। शिशु अपनी माता की आकृति से परिचित हो जाने पर ज्योंही यह जान जाता है कि दूध इसी से मिलता है, भूख होने पर वह उसे देखते ही अपने रोने में कुछ क्रोध का आभास देने लगता है।

सामाजिक जीवन में क्रोध की जरूरत बराबर पड़ती है। यदि क्रोध न हो तो मनुष्य दूसरों के द्वारा पहुँचाए जानेवाले बहुत से कष्टों की चिरनिवृत्ति का उपाय ही न कर सके। कोई मनुष्य किसी दुष्ट के नित्य दो चार प्रहार सहा करता है। यदि उसमें क्रोध का विकास नहीं हुआ है तो वह केवल आह ऊह करेगा जिसका उस दुष्ट पर कोई प्रभाव नहीं। उस दुष्ट के हृदय में विवेक, दया आदि उत्पन्न करने में बहुत समय लगेगा। संसार किसी को इतना समय ऐसे छोटे छोटे कामों के लिए नहीं दे सकता। भयभीत होकर प्राणी अपनी रक्षा कभी कभी कर लेता है; पर समाज में इस प्रकार प्राप्त दुःखनिवृत्ति चिरस्थायिनी नहीं होती। हमारे कहने का अभिप्राय यह नहीं है कि क्रोध करनेवाले के मन में सदा भावी कष्ट से बचने का उद्देश्य रहा करता है। कहने का तात्पर्य केवल इतना ही है कि चेतन सृष्टि के भीतर क्रोध का विधान इसीलिए है।

जिससे एक बार दुःख पहुँचा, पर उसके दुहराए जाने की संभावना कुछ भी नहीं है, जो कष्ट पहुँचाया जाता है वह प्रतिकार मात्र है; उसमें रक्षा की भावना कुछ भी नहीं रहती। अधिकतर क्रोध इसी रूप में देखा जाता है। एक दूसरे से अपरिचित दो आदमी रेल पर चले जा रहे हैं। इनमें से एक को आगे ही के स्टेशन पर उतरना है। स्टेशन तक पहुँचते पहुँचते बात ही बात में एक ने दूसरे को एक तमाचा जड़ दिया और उतरने की तैयारी करने लगा। अब दूसरा

मनुष्य भी यदि उतरते उतरते उसे एक तमाचा लगा दे तो यह उसका बदला या प्रतिकार ही कहा जायगा, क्योंकि उसे फिर उसी व्यक्ति से तमाचे खाने का कुछ भी निश्चय नहीं था। जहाँ और दुःख पहुँचाने की कुछ भी संभावना होगी, वहाँ शुद्ध प्रतिकार न होगा, उसमें स्वरक्षा की भावना भी मिली होगी।

हमारा पड़ोसी कई दिनों से नित्य आकर हमें दो चार टेढ़ी सीधी सुना जाता है, यदि हम एक दिन उसे पकड़कर पीट दें तो हमारा यह कर्म शुद्ध प्रतिकार न कहलाएगा, क्योंकि हमारी दृष्टि नित्य गालियाँ सहने के दुःख से बचने के परिणाम की ओर भी समझी जायगी। इन दोनों दृष्टांतों को ध्यानपूर्वक देखने से पता लगेगा कि दुःख से उद्विग्न होकर दुःखदाता को कष्ट पहुँचाने की प्रवृत्ति दोनों में है; पर एक में वह परिणाम आदि का विचार बिलकुल छोड़े हुए है और दूसरे में कुछ लिए हुए। इनमें से पहले दृष्टांत का क्रोध उपयोगी नहीं दिखाई पड़ता। पर क्रोध करनेवाले के पक्ष में उसका उपयोग चाहे न हो पर लोक के भीतर वह बिलकुल खाली नहीं जाता। दुःख पहुँचाने वाले से हमें फिर दुःख पहुँचने का डर न सही, पर समाज को तो है। इससे उसे उचित दंड दे देने से पहले तो उसी की शिक्षा या भलाई हो जाती है फिर समाज के और लोगों के बचाव का बीज भी बो दिया जाता है। यहाँ पर भी वही बात है कि क्रोध के समय लोगों के मन में लोककल्याण की यह व्यापक भावना सदा नहीं रहा करती। अधिकतर तो ऐसा क्रोध प्रतिकार के रूप में ही होता है।

यह कहा जा चुका है कि क्रोध दुःख के चेतन कारण के साक्षात्कार या परिज्ञान में होता है, अतः एक तो जहाँ कार्य कारण के संबंध ज्ञान में त्रुटि या भूल होती है, वहाँ क्रोध धोखा देता है। दूसरी बात यह है कि क्रोध करनेवाला जिस ओर से दुःख आता है उसी ओर देखता है, अपनी ओर नहीं। जिसने दुःख पहुँचाया है उसका नाश हो या उसे दुःख पहुँचे, क्रुद्ध का यही लक्ष्य होता है। न तो वह यह देखता है कि मैंने भी कुछ किया है या नहीं, और न इस बात का ध्यान करता है कि क्रोध के वेग में मैंने जो कुछ करूँगा उसका परिणाम क्या होगा। यही क्रोध का अंधापन है। इसी से एक तो मनोविकार ही एक दूसरे को परिमित किया करते हैं, ऊपर से बुद्धि या विवेक भी उन पर अंकुश रखता है। यदि क्रोध इतना उग्र हुआ कि मन में दुःखदाता की शक्ति के रूप और परिणाम के निश्चय, दया, भय आदि और भावों के संचार तथा उचित अनुचित के विचार के लिये जगह ही न रही तो बड़ा अनर्थ खड़ा हो जाता है जैसे यदि कोई सुने कि उसका शत्रु बीस पचीस आदमी लेकर उसे मारने आ रहा है और वह चट क्रोध से व्याकुल होकर बिना शत्रु की शक्ति का विचार और अपनी रक्षा का पूरा प्रबंध किये उसे मारने के लिए अकेले दौड़ पड़े, तो उसके मारे जाने में बहुत कम संदेह समझा जायगा। अतः कारण के यथार्थ निश्चय के उपरांत, उसका उद्देश्य अच्छी तरह समझ लेने पर ही आवश्यक मात्रा और उपयुक्त स्थिति में ही क्रोध वह काम दे सकता

है जिसके लिये उसका विकास होता है।

क्रोध की उग्र चेष्टाओं का लक्ष्य हानि या पीड़ा पहुँचाने के पहले आलंबन में भय का संचार करना रहता है। जिस पर क्रोध प्रकट किया जाता है वह यदि डर जाता है और नम्र होकर पश्चात्ताप करता है तो क्षमा का अवसर सामने आता है। क्रोध का गर्जन तर्जन क्रोधपात्र के लिए भावी दुष्परिणाम की सूचना है, जिससे कभी कभी उद्देश्य की पूर्ति हो जाती है और दुष्परिणाम की नौबत नहीं आती। एक की उग्र आकृति देख दूसरा किसी अनिष्ट व्यापार से विरत हो जाता है या नम्र होकर पूर्वकृत दुर्व्यवहार के लिए क्षमा चाहता है। बहुत से स्थलों पर क्रोध पर क्रोध का लक्ष्य किसी का गर्व चूर्ण करना मात्र रहता है अर्थात् दुःख का विषय केवल दूसरे का गर्व या अहंकार होता है। अभिमान दूसरों के मन में या उसकी भावना में बाधा डालता है, उससे वह बहुत से लोगों को यों ही खटका करता है। लोग जिस तरह हो सके—अपराध द्वारा, हानि द्वारा—अभिमानी को नम्र करना चाहते हैं। अभिमान पर जो रोष होता है उसकी प्रवृत्ति अभिमानी को केवल नम्र करने की रहती है; उसको हानि या पीड़ा पहुँचाने का उद्देश्य नहीं होता। संसार में बहुत से अभिमान का उपचार अपमान द्वारा ही हो जाता है।

कभी कभी लोग अपने कुटुंबियों या स्नेहियों से झगड़कर क्रोध में अपना ही सिर पटक देते हैं। यह सिर पटकना अपने को दुःख पहुँचाने के अभिप्राय से नहीं होता, क्योंकि बिलकुल बेगानों के साथ कोई ऐसा नहीं करता। जब किसी को क्रोध में अपना ही सिर पटकते या अंगभंग करते देखे तब समझ लेना चाहिए कि उसका क्रोध ऐसे व्यक्ति के ऊपर है जिसे उसके सिर पटकने की परवा है अर्थात् जिसे उसका सिर फूटने से उस समय नहीं तो आगे चलकर दुःख पहुँचेगा।

क्रोध का वेग इतना प्रबल होता है कि कभी कभी मनुष्य यह भी विचार नहीं करता कि जिसने दुःख पहुँचाया है, उसमें दुःख पहुँचाने की इच्छा थी या नहीं। इसी से कभी तो यह अचानक पैर कुचल जाने पर किसी को मार बैठता है और कभी ठोकर खाकर कंकड़ पत्थर तोड़ने लगता है। चाणक्य ब्राह्मण अपना विवाह करने जाता था। मार्ग में कुश उसके पैर में चुभे। वह चट मट्ठा और कुदाली लेकर पहुँचा और कुशों को उखाड़कर उनकी जड़ों में मट्ठा देने लगा। एक बार मैंने देखा कि एक ब्राह्मण देवता चूल्हा फूंकते फूंकते थक गये। जब आग न जली तब उस पर क्रोध करके चूल्हे में पानी डाल किनारे हो गये। इस प्रकार का क्रोध अपरिष्कृत है। यात्रियों ने बहुत से ऐसे जंगलियों का हाल लिखा है जो रास्ते में पत्थर की ठोकर लगने पर बिना उसको चूर चूर किये आगे नहीं बढ़ते। अधिक अभ्यास के कारण यदि कोई मनोविकार बहुत प्रबल पड़ जाता है, तो वह अंतःप्रकृति में अव्यवस्था उत्पन्न कर मनुष्य को बचपन से मिलती जुलती अवस्था में ले जाकर पटक देता है।

क्रोध सब मनोविकारों से फुर्तीला है, इसी से अवसर पड़ने पर यह और मनोविकारों का भी साथ देकर उनकी तुष्टि का साधक होता है। कभी वह दया के साथ कूदता है, कभी घृणा के। एक क्रूर कुमार्गी किसी अनाथ अबला पर अत्याचार कर रहा है। हमारे हृदय में उस अनाथ अबला के प्रति दया उमड़ रही है। पर दया की अपनी शक्ति तो त्याग और कोमल व्यवहार तक होती है। यदि वह स्त्री अर्थकष्ट में होती तो उसे कुछ देकर हम अपनी दया के वेग को शांत कर लेते। पर यहाँ तो उस अबला के दुःख का कारण मूर्तिमान् तथा अपने विरुद्ध प्रयत्नों को ज्ञानपूर्वक रोकने की शक्ति रखनेवाला है। ऐसी अवस्था में क्रोध ही उस अत्याचारी के दमन के लिए उत्तेजित करता है जिसके बिना हमारी दया ही व्यर्थ जाती। क्रोध अपनी इस सहायता के बदले में दया की वाहवाही को नहीं बँटाता। काम क्रोध करता है, पर नाम दया ही का होता है। लोग यही कहते हैं कि "उसने दया करके बचा लिया" यह कोई नहीं कहता कि "क्रोध करके बचा लिया।" ऐसे अवसरों पर यदि क्रोध दया का साथ न दे तो दया अपनी प्रवृत्ति के अनुसार परिणाम उपस्थित ही नहीं कर सकती।

क्रोध शांति भंग करने वाला मनोविकार है। एक का क्रोध दूसरे में भी क्रोध का संचार करता है। जिसके प्रति क्रोध प्रदर्शन होता है वह तत्काल अपमान का अनुभव करता है और इस दुःख पर उसकी भी त्योरी चढ़ जाती है। यह विचार करनेवाले बहुत थोड़े निकलते हैं कि हम पर जो क्रोध प्रकट किया जा रहा है, वह उचित है या अनुचित। इसी से धर्म, नीति और शिष्टाचार तीनों में क्रोध के निरोध का उपदेश पाया जाता है। संत लोग तो खलों के वचन सहते ही हैं, दुनियादार लोग भी न जाने कितनी ऊँची नीची पचाते रहते हैं। सभ्यता के व्यवहार में भी क्रोध नहीं तो क्रोध के चिह्न दबाये जाते हैं। इस प्रकार का प्रतिबंध समाज की सुख शांति के लिए बहुत आवश्यक है। पर इस प्रतिबंध की भी सीमा है। यह परपीड़कोन्मुख क्रोध तक नहीं पहुँचता।

क्रोध के निरोध का उपदेश अर्थपरायण और धर्मपरायण दोनों देते हैं। पर दोनों में जिसे अति से अधिक सावधान रहना चाहिए वही कुछ भी नहीं रहता। बाकी रुपया वसूल करने का ढंग बतानेवाला चाहे कड़े पड़ने की शिक्षा दे भी दे, पर धज के साथ धर्म की ध्वजा लेकर चलनेवाला धोखे में भी क्रोध को पाप का बाप ही कहेगा। क्रोध रोकने का अभ्यास ठगों और स्वार्थियों को सिद्धों और साधकों से कम नहीं होता। जिससे कुछ स्वार्थ निकालना रहता है, जिसे बातों में फँसा कर ठगना रहता है, उसकी कठोर और अनुचित बातों पर न जाने कितने लोग ज़रा भी क्रोध नहीं करते, पर उसका यह अक्रोध न धर्म का लक्षण है, न साधन।

क्रोध के प्रेरक दो प्रकार के दुःख हो सकते हैं, अपना दुःख और पराया दुःख। जिस क्रोध के त्याग का उपदेश दिया जाता है वह पहले प्रकार के दुःख से

उत्पन्न क्रोध है। दूसरे के दुःख पर उत्पन्न क्रोध बुराई की हद के बाहर समझा जाता है। क्रोधोत्तेजक दुःख जितना ही अपने संपर्क से दूर होगा, उतना ही लोक में क्रोध का स्वरूप सुंदर और मनोहर दिखाई देगा। दुःख से आगे बढ़ने पर भी कुछ दूर तक क्रोध का कारण थोड़ा बहुत अपना ही दुःख कहा जा सकता है; जैसे, अपने या आत्मीय परिजन का दुःख, इष्ट-मित्र का दुःख। इसके आगे भी जहाँ तक दुःख की भावना के साथ कुछ ऐसी विशेषता लगी रहेगी कि जिसे कष्ट पहुँचाया जा रहा है वह हमारे ग्राम, पुर, देश का रहनेवाला है, वहाँ तक हमारे क्रोध से सौंदर्य की पूर्णता में कुछ कसर रहेगी। जहाँ उक्त भावना निर्विशेष रहेगी वहीं सच्ची परदुःखकातरता मानी जायगी, वहीं क्रोध के स्वरूप को पूर्ण सौंदर्य प्राप्त होगा; ऐसा सौंदर्य जो काव्यक्षेत्र के बीच भी जगमगाता आया है।

यह क्रोध करुणा के आज्ञाकारी सेवक रूप में हमारे सामने आता है। स्वामी से सेवक कुछ कठिन होते ही हैं, उनमें कुछ अधिक कठोरता रहती ही है। पर यह कठोरता ऐसी कठोरता को भंग करने के लिए होती है जो पिघलनेवाली नहीं होती। क्रौंच के वध पर वाल्मीकि मुनि के करुण क्रोध का सौंदर्य एक महाकाव्य का सौंदर्य हुआ। उक्त सौंदर्य का कारण है निर्विशेषता। वाल्मीकि के क्रोध के भीतर प्राणिमात्र के दुःख की सहानुभूति छिपी है—राम के क्रोध के भीतर संपूर्ण लोक के दुःख का क्षोभ समाया हुआ है। क्षमा जहाँ से श्रीहत हो जाती है, वहीं से क्रोध के सौंदर्य का आरंभ होता है। शिशुपाल की बहुत सी बुराइयों तक जब श्रीकृष्ण की क्षमा पहुँच चुकी तब जाकर उसका लौकिक लावण्य फीका पड़ने लगा और क्रोध की समीचीनता का सूत्रपात हुआ। अपने ही दुःख पर उत्पन्न क्रोध तो प्रायः समीचीनता ही तक रह जाता है, सौंदर्य दशा तक नहीं पहुँचता। दूसरे के दुःख पर उत्पन्न क्रोध में या तो हमें तत्काल क्षमा का अवसर या अधिकार ही नहीं रहता अथवा वह अपना प्रभाव खो चुकी रहती है।

बहुत दूर तक और बहुत काल से पीड़ा पहुँचाते चले आते हुए किसी घोर अत्याचारी का बना रहना ही लोक की क्षमा की सीमा है। इनके आगे क्षमा न दिखाई देगी—नैराश्य, कायरता और शिथिलता ही छाई दिखाई पड़ेगी। ऐसी गहरी उदासी की छाया के बीच आशा, उत्साह और तत्परता की प्रभा जिस क्रोधाग्नि के साथ फूटती दिखाई पड़ेगी, उसके सौंदर्य का अनुभव सारा लोक करेगा। राम का कालाग्नि-सदृश क्रोध ऐसा ही है। वह सात्विक तेज है; तामस ताप नहीं।

दंड कोप का ही एक विधान है। राजदंड राजकोप है, और लोककोप धर्म-कोप है। जहाँ राजकोप धर्मकोप से एकदम भिन्न दिखाई पड़े, वहाँ उसे राजकोप न समझकर कुछ विशेष मनुष्यों का कोप समझना चाहिए। ऐसा कोप राजकोप के महत्त्व और पवित्रता का अधिकारी नहीं हो सकता। उसका संमान जनता अपने लिए आवश्यक नहीं समझ सकती।

वैर क्रोध का अचार या मुरब्बा है। जिससे हमें दुःख पहुँचा है उस पर यदि हमने क्रोध किया और यह क्रोध हमारे हृदय में बहुत दिनों तक टिका रहा तो वह वैर कहलाता है। इस स्थायी रूप में टिक जाने के कारण क्रोध का वेग और उग्रता तो धीमी पड़ जाती है; पर लक्ष्य को पीड़ित करने की प्रेरणा बराबर बहुत काल तक हुआ करती है। क्रोध अपना बचाव करते हुए शत्रु को पीड़ित करने की युक्ति आदि सोचने का समय प्रायः नहीं देता, पर वैर उसके लिए बहुत समय देता है। पूछिए तो क्रोध और वैर का भेद केवल कालकृत है। दुःख पहुँचाने के साथ ही दुःखदाता को पीड़ित करने की प्रेरणा करनेवाला मनोविकार क्रोध और कुछ काल बीत जाने पर प्रेरणा करनेवाला भाव वैर है। किसी ने आपको गाली दी। यदि आपने उसी समय उसे मार दिया तो आपने क्रोध किया। मान लीजिए कि वह गाली देकर भाग गया और दो महीने बाद आपको कहीं मिला। अब यदि आपने उससे बिना फिर गाली सुने मिलने के साथ ही उसे मार दिया तो यह आपका वैर निकालना हुआ। इस विवरण से स्पष्ट है कि वैर उन्हीं प्राणियों में होता है जिनमें धारणा अर्थात् भावों के संचय की शक्ति होती है। पशु और बच्चे किसी से वैर नहीं मानते। चूहे और बिल्ली के संबंध का 'वैर' नाम आलंकरिक है। आदमी का न आम अंगूर से कुछ वैर है न भेड़ बकरे से। पशु और बच्चे दोनों क्रोध करते हैं और थोड़ी देर के बाद भूल जाते हैं।

क्रोध का एक हलका रूप है चिड़चिड़ाहट, जिसकी व्यंजना प्रायः शब्दों ही तक रहती है। इसका कारण भी वैसा उग्र नहीं होता। कभी कभी चित्त व्यग्र रहने, किसी प्रवृत्ति में बाधा पड़ने या किसी बात का ठीक सुभीता न बैठने के कारण ही लोग चिड़चिड़ा उठते हैं। ऐसे सामान्य कारणों के अवसर बहुत अधिक आते रहते हैं इससे चिड़चिड़ाहट स्वभावगत होने की संभावना बहुत अधिक रहती है। किसी मत, संप्रदाय या संस्था के भीतर निरूपित आदर्शों पर ही अनन्य दृष्टि रखनेवाले बाहर की दुनिया देख देखकर अपने जीवन भर चिड़चिड़ाते चले जाते हैं। जिधर निकलते हैं, रास्ते भर मुंह बिगड़ा रहता है। चिड़चिड़ाहट एक प्रकार की मानसिक दुर्बलता है, इसी से रोगियों और बुड्ढों में अधिक पाई जाती है। इसका स्वरूप उग्र और भयंकर न होने से यह बहुतों के—विशेषतः बालकों के—विनोद की एक सामग्री भी हो जाती है। बालकों को चिड़चिड़े बुड्ढों को चिढ़ाने में बहुत आनंद आता है और कुछ विनोदी बुड्ढे भी चिढ़ने की नकल किया करते हैं। कोई 'राधाकृष्ण' कहने से, कोई 'सीताराम' पुकारने से और कोई 'करेले' का नाम लेने से चिढ़ता है और अपने पीछे लड़कों की एक खासी भीड़ लगाए फिरता है। जिस प्रकार लोगों को हँसाने के लिए कुछ लोग मूर्ख या बेवकूफ बनाते हैं उसी प्रकार चिड़चिड़े भी। मूर्खता मूर्ख को चाहे रुलाए पर दुनिया को तो हँसाती ही है। मूर्ख हास्यरस के बड़े प्राचीन आलंबन हैं। न जाने कब से इस संसार की रुखाई के बीच हास का विकास कराते चले आ रहे हैं। आज भी दुनिया

को हँसाने का हौसला बहुत कुछ उन्हीं की बरकत से हुआ करता है।

किसी बात का बुरा लगना, उसकी असह्यता का क्षोभयुक्त और आवेगपूर्ण अनुभव होना, अमर्ष कहलाता है। पूर्ण क्रोध की अवस्था में मनुष्य दुःख पहुँचाने वाले पात्र की ओर ही उन्मुख रहता है, उसी को भयभीत या पीड़ित करने की चेष्टा में प्रवृत्त रहता है। अमर्ष में दुःख पहुंचाने वाली बात के ब्यौरों पर और उसकी असह्यता पर विशेष ध्यान रहता है। इसकी ठीक व्यंजना ऐसे वाक्यों में समझनी चाहिए—"तुमने मेरे साथ यह किया, वह किया, अब तक तो मैं सहता आया, अब नहीं सह सकता।" इसके आगे बढ़कर जब कोई दाँत पीसता और गरजता हुआ यह कहने लगे कि "मैं तुम्हें धूल में मिला दूंगा, तुम्हारा घर खोद-कर फेंक दूंगा" तब क्रोध का पूर्ण स्वरूप समझना चाहिए।

श्रद्धा भक्ति

किसी मनुष्य में जनसाधारण से विशेष गुण वा शक्ति का विकास देख उसके संबंध में जो एक स्थायी आनंद पद्धति हृदय में स्थापित हो जाती है उसे श्रद्धा कहते हैं। श्रद्धा महत् की आनंदपूर्ण स्वीकृति के साथ साथ पूज्य बुद्धि का संचार है। यदि हमें निश्चय हो जायगा कि कोई मनुष्य बड़ा वीर, बड़ा सज्जन, बड़ा गुणी, बड़ा दानी, बड़ा विद्वान, बड़ा परोपकारी वा बड़ा धर्मात्मा है तो वह हमारे आनंद का एक विषय हो जायगा। हम उसका नाम आने पर प्रशंसा करने लगेंगे, उसे सामने देख आदर से सिर नवायेंगे; किसी प्रकार का स्वार्थ न रहने पर भी हम सदा उसका भला चाहेंगे, उसकी बढ़ती से प्रसन्न होंगे और अपनी पोषित आनंद पद्धति में व्याघात पहुँचने के कारण उनकी निंदा न सह सकेंगे। इससे सिद्ध होता है कि जिन कर्मों के प्रति श्रद्धा होती है उनका होना संसार को वांछित है। यही विश्वकामना श्रद्धा की प्रेरणा का मूल है।

प्रेम और श्रद्धा में अंतर यह है कि प्रेम स्वाधीन कार्यों पर उतना निर्भर नहीं, कभी-कभी किसी का रूप मात्र, जिसमें उसका कुछ भी हाथ नहीं, उसके प्रति प्रेम उत्पन्न होने का कारण होता है, पर श्रद्धा ऐसी नहीं है। किसी की सुंदर आँख या नाक देखकर उसके प्रति श्रद्धा नहीं उत्पन्न होगी, प्रीति उत्पन्न हो सकती है। प्रेम के लिए इतना ही बस है कि कोई मनुष्य हमें अच्छा लगे, पर श्रद्धा के लिए आवश्यक यह है कि कोई मनुष्य किसी बात में बढ़ा हुआ होने के कारण हमारे सम्मान का पात्र हो। श्रद्धा का व्यापार स्थल विस्तृत है, प्रेम का एकांत। प्रेम में घनत्व अधिक है और श्रद्धा में विस्तार। किसी मनुष्य से प्रेम रखनेवाले दो ही एक मिलेंगे, पर उस पर श्रद्धा रखनेवाले सैकड़ों, हजारों, लाखों क्या करोड़ों मिल सकते हैं। सच पूछिए तो इसी श्रद्धा के आश्रय से उन कर्मों के महत्त्व का भाव दृढ़ होता रहता है जिन्हें धर्म कहते हैं और जिनमें मनुष्य समाज की स्थिति है। कर्त्ता से बढ़कर कर्म का स्मारक दूसरा नहीं। कर्म की क्षमता प्राप्त करने के लिए बार बार कर्त्ता ही की ओर आँख उठती है। कर्मों से कर्त्ता की स्थिति को जो मनोहरता प्राप्त हो जाती है उस पर मुग्ध होकर बहुत से प्राणी उन कर्मों की ओर प्रेरित होते हैं। कर्त्ता अपने सत्कर्म द्वारा एक विस्तृत क्षेत्र में मनुष्य की सद्वृत्तियों के आकर्षण का एक शक्तिकेंद्र हो जाता है। जिस समाज में किसी

ज्योतिष्मान् शक्ति केंद्र का उदय होता है उस समाज में भिन्न भिन्न हृदयों से शुभ भावनाएँ मेघ खंडों के समान उठकर तथा एक ओर और एक साथ अग्रसर होने के कारण परस्पर मिलकर, इतनी घनी हो जाती हैं कि उनकी घटा सी उमड़ पड़ती है और मंगल की ऐसी वर्षा होती है कि सारे दुःख और क्लेश बह जाते हैं।

हमारे अंतःकरण में प्रिय के आदर्श रूप का संघटन उसके शरीर या व्यक्ति मात्र के आश्रय से हो सकता है पर श्रद्धेय के आदर्श रूप का संघटन उसके फैलाये हुए कर्मतंतु के उपादान से होता है। प्रिय का चिंतन हम आँख मूँदे हुए, संसार को भुलाकर, करते हैं, पर श्रद्धेय का चिंतन हम आँख खोले हुए, संसार का कुछ अंश सामने रखकर करते हैं। यदि प्रेम स्वप्न है तो श्रद्धा जागरण है। प्रेम प्रिय को अपने लिए और अपने को प्रिय के लिए संसार से अलग करना चाहता है। प्रेम में केवल दो पक्ष होते हैं, श्रद्धा में तीन। प्रेम में कोई मध्यस्थ नहीं, पर श्रद्धा में मध्यस्थ अपेक्षित है। इस बात का स्मरण रखने से यह पहचानना उतना कठिन न रह जायगा कि किसी के प्रति किसी का कोई आनंदांतर्गत भाव प्रेम है या श्रद्धा। यदि किसी कवि का काव्य बहुत अच्छा लगा; किसी चित्रकार का बनाया चित्र बहुत सुंदर जँचा और हमारे चित्त में उस कवि या चित्रकार के प्रति एक सुहृद्भाव उत्पन्न हुआ तो वह श्रद्धा है; क्योंकि यह काव्य का चित्ररूप मध्यस्थ द्वारा प्राप्त हुआ है।

प्रेम के कारण बहुत कुछ अनिर्दिष्ट और अज्ञात होता है; पर श्रद्धा का कारण निर्दिष्ट और ज्ञात होता है। प्रेमी प्रिय के संपूर्ण जीवन क्रम के सतत साक्षात्कार का अभिलाषी होता है। वह उसका उठना, बैठना, चलना, फिरना, सोना, खाना, पीना सब कुछ देखना चाहता है। प्रेमी प्रिय के जीवन को अपने जीवन से मिलाकर एक निराला मिश्रण तैयार करना चाहता है। वह दो से एक करना चाहता है। सारांश यह कि श्रद्धा में दृष्टि पहले कर्मों पर से होती हुई श्रद्धेय तक पहुँचती है और प्रीति में प्रिय पर से होती हुई उसके कर्मों आदि पर आ जाती है। एक में व्यक्ति को कर्मों द्वारा मनोहरता प्राप्त होती है, दूसरी में कर्मों को व्यक्ति द्वारा। एक में कर्म प्रधान है, दूसरी में व्यक्ति।

प्रेम एकमात्र अपने ही अनुभव पर निर्भर रहता है; पर श्रद्धा अपनी सामाजिक विशेषता के कारण दूसरों के अनुभव पर भी जगती है। रूप की भावना का बहुत कुछ संबंध व्यक्तिगत रुचि से होता है। अतः किसी के रूप और हमारे बीच यदि तीसरा व्यक्ति आया तो इस व्यापार में सामाजिकता आ गई; क्योंकि हमें उस समय यह ध्यान हुआ कि उस रूप से एक तीसरे व्यक्ति को आनंद या सुख मिला और हमें भी मिल सकता है। जब तक हम किसी के रूप का बखान सुनकर 'वाह वाह' करते जायँगे तब तक हम एक प्रकार के लोभी अथवा रीझनेवाले या कद्रदान ही कहलाएँगे, पर जब हम उसके दर्शन के लिए आकुल होंगे, उसे बराबर अपने सामने ही रखना चाहेंगे; तब प्रेम का सूत्रपात समझा जायगा।

श्रद्धाभाजन पर श्रद्धावान् अपना किसी प्रकार का अधिकार नहीं चाहता है, पर प्रेमी प्रिय के हृदय पर अपना अधिकार चाहता है।

श्रद्धा एक सामाजिक भाव है, इससे अपनी श्रद्धा के बदले में हम श्रद्धेय से अपने लिए कोई बात नहीं चाहते। श्रद्धा धारण करते हुए हम अपने को उस समाज में समझते हैं जिसके किसी अंश पर चाहे हम व्यष्टि रूप में उसके अंतर्गत न भी हों; जानबूझकर उसने कोई शुभ प्रभाव डाला। श्रद्धा स्वयं ऐसे कामों के प्रतिकार में होती है जिनका शुभ प्रभाव अकेले हम पर भी नहीं बल्कि सारे मनुष्य समाज पर पड़ सकता है। श्रद्धा एक ऐसी आनंदपूर्ण कृतज्ञता है जिसे हम केवल समाज के प्रतिनिधि रूप में प्रकट करते हैं। सदाचार पर श्रद्धा और अत्याचार पर क्रोध या घृणा प्रकट करने के लिए समाज ने प्रत्येक व्यक्ति को प्रतिनिधित्व प्रदान कर रक्खा है। यह काम उसने इतना भारी समझा है कि उसका भार सारे मनुष्यों को बाँट दिया है, दो चार माननीय लोगों के ही सिर पर नहीं छोड़ रक्खा है। जिस समाज में सदाचार पर श्रद्धा और अत्याचार पर क्रोध प्रकट करने के लिए जितने ही अधिक लोग तत्पर पाये जायेंगे उतना ही वह समाज जाग्रत समझा जायगा। श्रद्धा की सामाजिक विशेषता एक इसी बात से समझ लीजिए कि जिस पर हम श्रद्धा रखते हैं उस पर चाहते हैं कि और लोग भी श्रद्धा रक्खें, पर जिस पर हमारा प्रेम होता है उससे और दस पाँच आदमी प्रेम रक्खें; इसकी हमें परवा क्या इच्छा ही नहीं होती; क्योंकि हम प्रिय पर लोभवश एक प्रकार का अनन्य अधिकार या इजारा चाहते हैं। श्रद्धालु अपने भाव में औरों को भी सम्मिलित करना चाहता है, पर प्रेमी नहीं।

जब तक समष्टि रूप में हमें संसार के लक्ष्य का बोध नहीं होता और हमारे अंतःकरण में सामान्य आदर्शों की स्थापना नहीं होती तब तक हमें श्रद्धा का अनुभव नहीं होता। अपने साथ या किसी विशेष मनुष्य के साथ किए जानेवाले व्यवहार के लिए जो कृतज्ञता होती है, वह श्रद्धा नहीं है। श्रद्धालु की दृष्टि सामान्य की ओर होनी चाहिए, विशेष की ओर नहीं। अपने संबंधी के प्रति किसी को कोई उपकार करते देख यदि हम कहें कि उस पर हमारी श्रद्धा हो गई है तो यह हमारा पाखंड है, हम झूठ मूठ अपने को ऐसे उच्च भाव का धारणकर्त्ता प्रकट करते हैं। पर उसी सज्जन को दस पाँच और ऐसे आदमियों के साथ जब हम उपकार करते देखें जिन्हें हम जानते तक नहीं और इस प्रकार हमारी दृष्टि विशेष से सामान्य की ओर हो जाय, तब यदि हमारे चित्त में उसके प्रति पहले से कहीं अधिक कृतज्ञता या पूज्य बुद्धि का उदय हो तो हम श्रद्धालु की उच्च पद के अधिकारी हो सकते हैं।

श्रद्धा का मूलतत्त्व है दूसरे का महत्त्व स्वीकार। अतः जिनकी स्वार्थबद्ध दृष्टि अपने से आगे नहीं जा सकती अथवा अभिमान के कारण जिन्हें अपनी ही बड़ाई के अनुभव की लत लग गई है, उनकी इतनी समाई नहीं कि वे श्रद्धा ऐसे

पवित्र भाव को धारण करें। स्वार्थियों और अभिमानियों के हृदय में श्रद्धा नहीं टिक सकती। उनका अंत:करण इतना संकुचित और मलिन होता है कि वे दूसरों की कृति का यथार्थ मूल्य नहीं परख सकते।

स्थूल रूप से श्रद्धा तीन प्रकार की कही जा सकती है—

१. प्रतिभा संबंधिनी, २. शील संबंधिनी और, ३. साधन संपत्ति संबंधिनी।

प्रतिभा से मेरा अभिप्राय अंत:करण की उस उद्भाविका क्रिया से है जिसके द्वारा कला, विज्ञान आदि नाना क्षेत्रों में नई नई बातें या कृतियाँ उपस्थित की जाती हैं। यह ग्रहण और धारणा शक्ति से भिन्न है, जिसके द्वारा इधर उधर से प्राप्त ज्ञान (विद्वत्ता) संचित किया जाता है। कला संबंधिनी श्रद्धा के लिए श्रद्धालु में भी थोड़ी बहुत मार्मिक निपुणता चाहिए, इससे उसका अभाव कोई भारी त्रुटि नहीं, वह क्षम्य है। यदि किसी उत्तम काव्य या चित्र की विशेषता न समझने के कारण हम कवि या चित्रकार पर श्रद्धा न कर सकें तो यह हमारा अनाड़ीपन है; हमारे रुचि संस्कार की त्रुटि है। इसका उपाय यही है कि समाज कला संबंधिनी मर्मज्ञता के प्रचार की व्यवस्था करे, जिससे विविध कलाओं के सामान्य आदर्श की स्थापना जन समूह में हो जाय। पर इतना होने पर भी कला संबंधिनी रुचि की विभिन्नता थोड़ी बहुत अवश्य रहेगी। अश्रद्धालु रुचि का नाम लेकर ईर्ष्या या अहंकार के दोषारोपण से बच जाया करेंगे।

शील संबंधिनी श्रद्धा प्रत्येक व्यक्ति का कर्त्तव्य है। शील या धर्म के सामान्य लक्षण संसार के प्रत्येक सभ्य जनसमुदाय में प्रतिष्ठित हैं। धर्म ही से मनुष्य समाज की स्थिति है, अत: उसके संबंध में किसी प्रकार का रुचिभेद, मतभेद आदि नहीं। सदाचारी के प्रति यदि हम श्रद्धा नहीं रखते तो समाज के प्रति अपने कर्त्तव्य का पालन नहीं करते। किसी कर्म में प्रवृत्त होने से पहले यह स्वीकार करना आवश्यक होता है कि वह कर्म या तो हमारे लिए या समाज के लिए अच्छा है। इस प्रकार की स्वीकृति कर्म की पहली तैयारी है। श्रद्धा द्वारा हम यह आनंदपूर्वक स्वीकार करते हैं कि कर्म के अमुक अमुक दृष्टांत धर्म के हैं, अत: श्रद्धा धर्म की पहली सीढ़ी है। धर्म के इस प्रथम सोपान पर प्रत्येक मनुष्य को रहना चाहिए, जिसमें जब कभी अवसर आए तब यह कर्मरूपी दूसरे सोपान पर हो जाय।

अब रह गई साधन-संपत्ति-संबंधिनी श्रद्धा की बात। यहाँ पर साधन-संपन्नता का ठीक ठीक भाव समझ लेना आवश्यक है। साधनसंपत्ति का अनुपयोग भी हो सकता है; सदुपयोग भी हो सकता है और दुरुपयोग भी हो सकता है। किसी को पद्य रचने की अच्छी अभ्यास संपन्नता है। यदि शिक्षा द्वारा उसके भाव उन्नत हैं, वह सहृदय है तो वह अपनी इस संपन्नता का उपयोग मनोहर उच्चभावपूर्ण काव्य प्रस्तुत करने में कर सकता है; यदि उसकी अवस्था ऐसी

नहीं है तो वह या तो साधारण, भाव-शून्य गद्य को गीतिका, शिखरिणी आदि नाना छंदों में परिणत करेगा या अपनी भद्दी और कुरुचिपूर्ण भावनाओं को छंदोबद्ध करेगा। उसके इस कृत्य पर श्रद्धा रखनेवाले भी बहुत मिल जायँगे। ऐसे व्यक्ति के प्रति जो श्रद्धा होती है वह साधन संपन्नता पर ही होती है, साध्य की पूर्णता पर नहीं।

देशी कारीगरी, चित्रकारी, संगीत आदि में नियमपालन के अभ्यास द्वारा प्राप्त इस साधनसंपन्नता ही पर इधर बहुत दिनों से अधिक ध्यान दिया जाने लगा था और मानव हृदय पर इन मनोहारिणी कलाओं के प्रभाव का बहुत कम विचार होने लगा था। बहुत से पुराने मकानों की कारीगरी देखिए तो उनमें बहुत सा काम गिचपिच किया हुआ दिखाई देगा, ऐसे महीन वेलबूटों की भिन्न भिन्न पटरियाँ दीवारों में जमाई हुई मिलेंगी जो विना आँख को पास ले जाकर सटाये स्पष्ट न जान पड़ेंगे। सारे मकान को एक बार में देखने से इन सबकों संमिलित प्रभाव दृष्टि और मन पर क्या पड़ेगा, इसका कुछ भी विचार बनानेवालों ने नहीं किया, यह स्पष्ट दिखाई पड़ेगा। ऐसे कामों में अभ्यास का तथा समय और श्रम के व्यय (या अपव्यय) का पूरा परिचय मिलता है, पर विचार और सहृदयता-पूर्वक उनके उपयोग का बहुत कम। चित्रकारी की दशा भी इसी प्रकार की हो गई थी। ऐसी रचनाओं के प्रति श्रद्धा प्रकट की जाएगी तो वह अभ्यास, श्रम और बारीकी अर्थात् साधनसंपन्नता के विचार से होगी, साध्य की पूर्णता अर्थात् कला के विचार से नहीं जिसका उद्देश्य मानवहृदय पर मधुर प्रभाव डालता है। संगीत के पेंच पाँच देखकर भी हठयोग याद आता है। जो संगीत नाद की मधुर गति द्वारा मन में माधुर्य का संचार करने के लिए था वह इन पक्के लोगों के हाथ में पड़कर केवल स्वरग्राम की लंबी चौड़ी कवायद हो गया। श्रद्धालुओं के अंतः-करण की मार्मिकता इतनी स्तब्ध हो गई कि एक खरश्वान के गले से भी इस लंबी कवायत को ठीक उतरते देख उसके मुँह से 'वाह, वाह' 'ओहो हो' निकलने लगा। काव्य पर शब्दालंकार आदि का इतना बोझ लादा गया कि उसका सारा रूप ही छिप गया। वात यह हुई कि इन विविध कलाओं के जितने अभ्यास गम्य और श्रमसाध्य अंग थे वे तो हद से बाहर घसीटे गये और जितने सहृदयता से संबंध रखनेवाले थे उन पर ध्यान ही न रहा। यदि ये कलाएँ मूर्तिमान् रूप धारण करके सामने आतीं तो दिखाई पड़ता कि किसी को जलोदर हुआ है, किसी को पीलपाँव ! इनकी दशा सोने और रत्नों से जड़ी गुठलीधार तलवार की सी हो गई।

किसी मनुष्य में बहुत अधिक शारीरिक बल देख उस पर जनसाधारण की श्रद्धा होती है और होनी चाहिए। प्रो० राममूर्ति को मोटर रोकते, लोहे के मोटे-मोटे सीकड़ तोड़ते, छाती पर चालीस मन का पत्थर रखते, हाथी खड़ा करते और गाड़ी दौड़ाते देख उनके शारीरिक वल के कारण उन पर श्रद्धा होती है। अब

इस संपन्नता का वे सदुपयोग भी कर सकते हैं, दुरुपयोग भी कर सकते हैं और अनुपयोग भी कर सकते हैं। वे इसके द्वारा किसी भारी संकट से अपनी या दूसरे की रक्षा भी कर सकते हैं और किसी निरपराध को पीड़ित भी कर सकते हैं, पर हमारी श्रद्धा बिना सदुपयोग या दुरुपयोग की संभावना की कल्पना किये शुभ साधनसंपन्नता ही पर होती है। कोरे विद्वानों के प्रति जो श्रद्धा होती है वह भी साधनसम्पन्नता ही के संबंध में होती है, उसके उपयोग की निपुणता या प्रतिभा पर निर्भर नहीं होती। विद्वत्ता किसी विषय की बहुत सी बातों की जानकारी का नाम है, जिसका संचय बहुत कष्ट, श्रम और धारणा से होता है। यह बात विद्वान् की प्रतिभा पर निर्भर है कि वह ज्ञान का भण्डारी और उपयोग कर्त्ता दोनों हो—अर्थात् वह उत्तम चिंतक, वक्ता, लेखक, अन्वेषक या कवि भी होकर उस संचित साधन का उपयोग करे और अपने मूल विचारों का प्रभावपूर्ण प्रकाश करे। यदि विद्वान् में यह प्रतिभा नहीं है, यह शक्ति नहीं है, तो वह अपनी संचित जानकारी को कलाकुशल और प्रतिभाशाली लेखकों या तत्वान्वेषकों के सामने रख दे कि वे उससे आवश्यकतानुसार काम लें। इस रीति से उसकी विद्वत्ता सामाजिक उपयोग में आ जायगी।

भिन्न भिन्न मानसिक संस्कार के लोगों में किसी विषय से संबंध रखने वाली श्रद्धा भिन्न भिन्न मात्रा की हुआ करती है। यदि किसी को शारीरिक बल, साहस या चतुराई पर अत्यंत अधिक श्रद्धा है तो वह इनका दुरुपयोग देख कर भी बनी रह सकती है। अत्याचारियों के बल, डाकुओं के साहस और लंपटों की चालाकी की तारीफ संसार में थोड़ी बहुत होती ही है। एक बात और है। यदि किसी पर किसी एक विषय में अत्यंत अधिक श्रद्धा है तो उसकी अन्य विषयों की त्रुटियों पर ध्यान नहीं जाता और कभी ध्यान भी जाता है तो वे भी सुहावनी लगती हैं। बात यह है कि मनुष्य का अंतःकरण एक है। उसकी एक साथ दो परस्पर विरुद्ध स्थितियाँ नहीं हो सकतीं। इस प्रकार की मानसिक स्तब्धता को श्रद्धांधता कह सकते हैं। यद्यपि श्रद्धांध समाज में उतना अनर्थकारी नहीं हो सकता, उतना अपराधी नहीं ठहराया जा सकता, जितना मदांध, क्रोधांध या ईर्ष्यांध; पर उसकी श्रद्धा के बढ़ते बढ़ते क्रियमाण रूप धारण करने पर और शीलसंबंधिनी चेतना को बिलकुल जवाब मिल जाने पर समाज के अनिष्ट में व्याज से सहायता पहुँच सकती है।

यदि किसी अपव्ययी और मद्यप कवि पर अत्यंत श्रद्धालु होकर कोई उसकी आर्थिक सहायता करता जाता है तो वह उस अन्याय और उपद्रव का थोड़ा बहुत उत्तरदाता अवश्य होता है जो कविजी अपने सहवासियों के बीच करने में समर्थ होते हैं। यदि किसी पहलवान के बल पर प्रसन्न होकर कोई उसे हलवा पूरी खाने के लिए कुछ महीना बाँधता है तो उसके गुण्डेपन के कारण लोगों को पहुँची हुई पीड़ा के दोष का वह कम से कम उतना भाग अवश्य पा सकता है जितना

इन्द्रकृत हत्या की बँटाई के समय बहुतों को मिला था। उद्देश्य के बल से यद्यपि इन दोनों श्रद्धालुओं पर दोष उतना सटीक नहीं लग सकता, पर समाज की दृष्टि में वे दान के पात्रता संबंधी अविवेक के अभियोग से नहीं बच सकते।

जनसाधारण के लिए शील का ही सबसे पहले ध्यान होना स्वाभाविक है; क्योंकि उसका संबंध मनुष्य मात्र की सामान्य स्थिति रक्षा से है। इसके अभाव में समाज या उस आधार की स्थिति ही नहीं रह सकती जिसमें कलाओं की उपयोगिता या मनोहारिता का प्रसार और साधन सम्पत्ति की प्रचुरता का वितरण और व्यवहार होता है।

दूसरों की श्रद्धा संसार में एक अत्यंत वांछनीय वस्तु है, क्योंकि वह एक प्रकार का ऐसा परकीय निश्चय या विश्वास है जिसके सहारे स्वकीय कार्य सुगम होता है, जीवन की कठिनता कम होती है। जिस पर लोगों की अश्रद्धा होती है—उसके लिए व्यवहार के सब सीधे और सुगम मार्ग बंद हो जाते हैं, उसे या तो काँटों पर या ढाई कोस नौ दिन में चलना पड़ता है। पर जो किसी प्रकार दूसरों की श्रद्धा संपादित कर लेता है, उसके पैर रखने के लिए फूलों की पंखड़ियाँ—आजकल लाल बनातें—बिछाई जाती हैं। समाज में ये वस्तुएँ सच्चे गुणियों और परोपकारियों के लिए हैं, पर इन्हें छीनने और चुराने की ताक में बहुत से चोर, चाईं और लुटेरे रहते हैं जो इनके द्वारा स्वार्थसाधन करना या अपनी तुच्छ मानसिक वृत्तियों को तृप्त करना चाहते हैं। इनसे समाज को हर घड़ी सावधान रहना चाहिए। इन्हें सामाजिक दण्ड देने के लिए उसे सदा सन्नद्ध रहना चाहिये।

मनुष्य किसी ओर तीन प्रकार से प्रवृत्त होता है; मन से, वचन से और कर्म से। इनमें से मन तो देखने दिखाने की चीज नहीं। वाणी और कार्यप्रणाली की नकल की जाती है और बड़ी सफाई से की जाती है। हितोपदेश के गदहे ने तो बाघ की खाल ही ओढ़ी थी, पर ये लोग बाघ की बोली भी बोल लेते हैं। कहीं कहीं केवल वचन ही से काम निकल जाता है। एक दिन मैं काशी की एक गली से जा रहा था। एक ठठेरे की दुकान पर कुछ परदेशी यात्री किसी बरतन का मोल भाव कर रहे थे और कह रहे थे कि इतना नहीं, इतना लो तो लो। इतने ही में सौभाग्यवश दूकानदार जी को ब्रह्मज्ञानियों के वाक्य याद आ गये और उन्होंने चट कहा—"माया छोड़ो और इसे ले लो।" सोचिए तो, काशी ऐसा पुण्य-क्षेत्र ! वहाँ न माया छोड़ी जायगी तो कहाँ छोड़ी जायगी ! थोड़े दिन हुए, किसी लेखक ने कहीं पढ़ा कि प्रतिभाशाली लोग कुछ उग्रता और पागलपन लिये होते हैं। तब से वे बराबर अपने में इन दोनों शुभ लक्षणों की स्थापना के यत्न में लगे रहते हैं। सुनते हैं कि पहले में वे कुछ कृतकार्य भी हुए हैं पर पागलपन की नकल करना कुछ हँसी खेल नहीं, भूल चूक से कुछ समझदारी की बातें मुँह से निकल ही जाती हैं।

जैसे और सब विद्याओं की वैसी ही परश्रद्धाकर्षण की विद्या की भी आज कल खूब उन्नति हुई है। आश्चर्य नहीं कि इसके लिए कुछ दिनों में एक अलग विद्यालय खुले। श्रद्धा के यथार्थ कारण का जितना ही अभाव हो आकर्षक को अपनी विद्या में उतना ही दक्ष समझना चाहिए। परश्रद्धा के सहारे कार्य में सुगमता आती है, अत: किसी कार्य साधना के लिए जो लोग प्रयत्न द्वारा दूसरों के हृदय में श्रद्धा उत्पन्न करते हैं वे उस कार्य के अनुसार चतुर, नीतिकुशल, धूर्त या पाखंडी कहे जाते हैं। पर संसार में बहुत ऐसे लोग भी होते हैं जिन्हें अपने ऊपर पराई श्रद्धा के चिंतन से जो एक प्रकार का आनंद मिलता है उसकी लत पड़ जाती है। वे परश्रद्धा को मनोरंजन या मानसिक भोग विलास की एक सामग्री समझते हैं। वे पराई श्रद्धा केवल इसी निमित्त चाहते हैं, और किसी उद्देश्य से नहीं। ऐसे परश्रद्धाभिलाषियों को मानसिक दुर्व्यसन रहता है और वे उसी प्रकार दुर्व्यसनी कहे जा सकते हैं जिस प्रकार शराबी, गँजेड़ी और चंडूबाज़ आदि। पर समाज की श्रद्धा ऐसे अपव्यय के लिए नहीं है, प्रयोजन के लिए है। ऐसे लोग अपनी धुन में कभी कभी बड़े बड़े सार्वजनिक कार्य भी छोड़ बैठते हैं जिनका होना उन्हें इतना अभीष्ट नहीं होता जितना अपने द्वारा होना। ये लोग पहचाने इस प्रकार जाते हैं कि वे उन कार्यों से अपने नाम का वियोग घड़ी भर भी नहीं सह सकते, यहाँ तक कि यदि वे दूसरों को कोई ऐसा कार्य हाथ में लेते देखते हैं जिसमें समाज के साधुवाद की संभावना होती है तो इनका पेट फूलने लगता है और ये या तो गुप्त रूप से उसमें विघ्न की व्यवस्था करते हैं या कम से कम उसके महत्त्व को बहुत कम करके दिखाया करते हैं। दूसरी पहचान यह है कि वे लोग ऐसे ही काम ठानते हैं जिनका नाम और आडंबर बड़ा होता है।

श्रद्धावान् श्रद्धेय को प्रसन्न करने की इच्छा कर सकता है, पर उस प्रसन्नता से आप कोई लाभ उठाने की नहीं। श्रद्धा न्याय बुद्धि के पलड़े पर तुली हुई एक वस्तु है जो दूसरे पलड़े पर रखे हुए श्रद्धेय के गुण, कर्म आदि के हिसाब से होती है। श्रद्धा सत्कर्म या सद्गुण ही का मूल्य है जिससे और किसी प्रकार का सौदा नहीं हो सकता। पर जब कि इस व्यापारयुग में ज्ञान बिकता है, न्याय बिकता है, धर्म बिकता है, तब श्रद्धा ऐसे भाव क्यों न बिकें ? पर असली भाव तो इस लेन देन के व्यवहार के लिए उपस्थित नहीं किए जा सकते। खैर, नकली सही। एक भाव पर दूसरे भाव की कलई करके हम बाजार में क्यों न जायँ। अपनी भीरुता या चापलूसी को हम 'श्रद्धा श्रद्धा' कहकर गलियों और संवादपत्रों में क्यों न पुकारें ? ऐसे झूठे श्रद्धा पात्रों को क्यों न मात करें, जब कि आजकल झूठे मोती सच्चे मोतियों को मात करते हैं ?

कलाकुशल या सदाचारी अपने चारों ओर प्रसन्नता देखना चाहता है, अत: अपनी श्रद्धा द्वारा हम उसे अपनी प्रसन्नता का निश्चय मात्र कराते हैं। हमारी प्रसन्नता से उसे अपनी सामर्थ्य का बोध हो जाता है और उसका उत्साह बढ़ता

है। इस प्रकार अपनी श्रद्धा द्वारा हम भी समाज का मंगल साधन करते हैं। दूसरे की श्रद्धा का श्रद्धेय पर इतना ही प्रभाव पड़ना चाहिए, इससे अधिक नहीं। यदि हमारी श्रद्धा के कारण वह हमें किसी प्रकार का लाभ पहुँचाना चाहता है तो वह हमारी श्रद्धा को खुशामद समझता है और हमारा अपमान करता है। श्रद्धा में याचकता का भाव लेशमात्र भी नहीं है। श्रद्धा द्वारा हम अपने हृदय का परिचय मात्र देते हैं कि उसमें मार्मिकता या धर्मभाव है, सात्विक आचरण या प्रतिभा की कला से प्रसन्न होने की क्षमता है। यदि हमें किसी सुलेखक पर श्रद्धा है और वह हमसे रुष्ट है तो भी हम उसका सच्चा चित्र और चरित्र छाप सकते हैं। इसका स्वत्व हमें समाज द्वारा प्राप्त है; इसका हक हमें कानूनन हासिल है, पर वही यदि हम उस सुलेखक से प्रेम करने चलें, उसके साथ साथ लगे फिरें और हरदम उसे घेरे रहें तो वह हमें हटा सकता है। श्रद्धा प्रदर्शित करने का जितना विस्तृत सामाजिक अधिकार हमें प्राप्त है उतना उसके विपरीत भाव अश्रद्धा या घृणा प्रकट करने का नहीं, क्योंकि श्रद्धा यदि हमने भूल से या स्वार्थवश प्रकट की तो किसी को उतनी हानि नहीं, पर यदि घृणा भूल से या द्वेषवश प्रकट की तो व्यर्थ का असंतोष और दुख फैल सकता है।

शील या धर्म से समाज की स्थिति, प्रतिभा से रंजन, और साधन संपत्ति से शील साधन और प्रतिभा विकास दोनों की संभावना है। श्रद्धेय समाज की स्थिति या सुख का विधान करता है और समाज उसकी स्थिति और सुख का विधान करता है। समाज अपने श्रद्धालु प्रतिनिधियों को कभी तो उसे आपत्ति से बचाने लिए भेजता है, कभी कुछ भेंट उसके सामने रखने के लिए। श्रद्धावश जो दान दिया जाता है वह उसी प्रकार की भेंट है। सच्चा दान दो प्रकार का होता है एक वह जो श्रद्धावश दिया जाता है, दूसरा वह जो दयावश दिया जाता है। पंडितों, विद्वानों और धार्मिकों को जो दान दिया जाता है वह श्रद्धावश दिया जाता है; अंधों, लूलों और लँगड़ों को जो दान दिया जाता है वह दयावश दिया जाता है; श्रद्धा सामर्थ्य के प्रति होती है और दया असामर्थ्य के प्रति। जन-साधारण अपनी दया द्वारा केवल असामर्थ्य के उपस्थित परिणामों का, कुछ स्थान के बीच और कुछ काल तक के लिए निवारण कर सकते हैं; अतः श्रद्धा द्वारा वे ऐसे असाधारण जनों को अपने वित्तानुसार थोड़ी थोड़ी शक्ति दान करते हैं जो असामर्थ्य के कारणों के निराकरण में समर्थ होते हैं।

श्रद्धावश दान में उपयोगिता का तत्त्व छिपा हुआ है। स्मृतियों में श्रद्धावश दान पर बड़ा जोर दिया गया है और ऐसे दान के विषय में पात्रापात्र का विचार भी खूब किया गया है। विद्यादान में रत विद्वानों को, परोपकार में रत कर्म-वीरों को, मानवज्ञान की वृद्धि में तत्पर तत्त्वान्वेषकों को जो अभाव हो उसे हमें समाज की भूख समझनी चाहिए। इन्हें जो कुछ हम श्रद्धावश देते हैं वह ठीक समाज के दुरुस्त पेट में जाता है, जहाँ से रस रूप में उसका संचार अंग अंग में

होता है। इसके विरुद्ध स्वार्थियों, अन्यायियों, आदि को जो कुछ दिया जाता है वह समाज के अंग में उसी प्रकार नहीं लगता जिस प्रकार अतिसार या संग्रहणी वाले को खिलाया हुआ अन्न। भारतवर्ष में श्रद्धा का संबंध दान के साथ इतना गहरा समझा जाता है कि अश्रद्धापूर्वक दिया हुआ दान निष्फल माना जाता है। इसी से शुष्क प्रथानुसरण के रूप में भी यदि कुछ दिया जाता है तो श्रद्धा का नाम ले लिया जाता है। मनोविकार के उपयुक्त विषयों के निश्चय में कभी कभी बुद्धि की भी थोड़ी बहुत आवश्यकता होती है। क्योंकि एक ही व्यक्ति के प्रति किसी को श्रद्धा होती है और किसी को अश्रद्धा। इसका कारण घृणा के अन्तर्गत अच्छी तरह दिखाया गया है।

श्रद्धा और प्रेम के योग का नाम भक्ति है। जब पूज्यभाव की वृद्धि के साथ श्रद्धाभाजन के सामीप्य लाभ की प्रवृत्ति हो, उसकी सत्ता के कई रूपों के साक्षात्कार की वासना हो, तब हृदय में भक्ति का प्रादुर्भाव समझना चाहिए। जब श्रद्धेय के दर्शन, श्रवण, कीर्तन, ध्यान आदि में आनंद का अनुभव होने लगे, जब उससे संबंध रखनेवाले श्रद्धा के विषयों के अतिरिक्त बातों की ओर भी मन आकर्षित होने लगे, तब भक्ति रस का संचार समझना चाहिए। जब श्रद्धेय का उठना, बैठना, चलना, फिरना, हँसना, बोलना, क्रोध करना आदि भी हमें अच्छा लगने लगे तब हम समझ लें कि हम उसके भक्त हो गए। भक्ति की अवस्था प्राप्त होने पर हम अपने जीवनक्रम का थोड़ा या बहुत अंग उसे अर्पित करने को प्रस्तुत होते हैं और उसके जीवनक्रम पर भी अपना कुछ प्रभाव रखना चाहते हैं। कभी हम अर्पण करते हैं और कभी याचना करते हैं। सारांश यह कि भक्ति द्वारा हम भक्ति भाजन से विशेष घनिष्ट संबंध स्थापित करते हैं, उनकी सत्ता में विशेष रूप से योग देना चाहते हैं। किसी के प्रति श्रद्धा धारण करके हम बहुत करेंगे तो समय समय पर उसकी प्रशंसा करेंगे, उसकी निंदा करनेवालों से झगड़ा करेंगे या कभी कुछ उपहार लेकर उपस्थित होंगे, पर जिसके प्रति हमारी अनन्य भक्ति हो जायगी वह अपने जीवन के बहुत से अवसरों पर हमें अपने साथ देख सकता है, वह अपने बहुत से उद्योगों में हमारा योगदान पा सकता है। भक्त वे कहला सकते हैं जो अपने जीवन का बहुत अंश स्वार्थ (परिवार वा शारीरिक सुख आदि) से विभक्त करके किसी के आश्रय से किसी ओर लगा सकते हैं। इसी का नाम है आत्मनिवेदना।

महात्माओं के ऊपर श्रद्धा मात्र करके हम उन्हें जीवन शक्ति द्वारा उपार्जित कोई फल अर्पित कर सकते हैं; पर उनके भक्त होकर हम उन्हें अपने जीवन ही के कुछ अंश को अर्पित कर देते हैं। किसी वीरव्रती महात्मा पर बहुत श्रद्धालु होकर हम आर्थिक सहायता द्वारा उसके लिए कुछ सुभीता कर सकते हैं, अपने वचनों से उसे प्रसन्न और उत्साहित कर सकते हैं, पर उसके भक्त बनकर हम अपने शारीरिक बल को उसका शारीरिक बल बनाएँगे, अपनी जानकारी और

चतुराई को उसकी जानकारी और चतुराई बनाएँगे, अपनी वाग्मिता को उसकी वाग्मिता बनाएँगे, अपनी तत्परता को उसकी तत्परता बनाएँगे, यहाँ तक कि जो कुछ हमसे होगा उसे हम उसका कर डालेंगे और इसी प्रकार उसके जीवन में अपने जीवन का योग देकर उसके सामाजिक महत्त्व या प्रभाव को बढाएँगे और उसके थोड़े बहुत हम भी भागी होंगे। श्रद्धा द्वारा हम दूसरे के महत्त्व के किसी अंश के अधिकारी नहीं हो सकते, पर भक्ति द्वारा हो सकते हैं, यहाँ तक कि दूसरे की भक्ति करके हम तीसरे की भक्ति के अधिकारी हो सकते हैं। राम पर अनन्य भक्ति करके हनुमान्, अन्य राम भक्तों की भक्ति के अधिकारी हुए।

श्रद्धालु, महत्त्व को स्वीकार करता है, पर भक्त महत्त्व की ओर अग्रसर होता है। श्रद्धालु अपने जीवनक्रम को ज्यों का त्यों छोड़ता है; पर भक्त उसकी काट छाँट में लग जाता है। अपने आचरण द्वारा दूसरों की भक्ति के अधिकारी होकर ही संसार के बड़े बड़े माहत्मा समाज के कल्याण साधन में समर्थ हुए हैं। गुरु गोविन्दसिंह को यदि केवल दण्डवत् करनेवाले और गद्दी पर भेंट चढ़ानेवाले श्रद्धालु ही मिलते, दिन रात साथ रहनेवाले, अपने सारे जीवन को अर्पित करने वाले, भक्त न मिलते तो वे अन्याय दमन में कभी समर्थ न होते। इससे भक्ति के सामाजिक महत्त्व को, इसकी लोकहितकारिणी शक्ति को स्वीकार करने में किसी को आगा पीछा नहीं हो सकता। सामाजिक महत्त्व के लिए आवश्यक है कि या तो आकर्षित करो या आकर्षित हो। जैसे इस आकर्षण विधान के बिना अणुओं द्वारा व्यक्त पिंडों का आविर्भाव नहीं हो सकता, वैसे ही मानव जीवन की विशद अभिव्यक्ति भी नहीं हो सकती।

भक्ति में किसी ऐसे सान्निध्य की प्रवृत्ति होती है जिसके द्वारा हमारी महत्त्व के अनुकूल गति का प्रसार और प्रतिकूल गति का संकोच होता है। इस प्रकार का सामीप्य लाभ करके हम अपने ऊपर पहरा बिठा देते हैं, अपने को ऐसे स्वच्छ आदर्श के सामने कर देते हैं जिसमें हमारे कर्मों का प्रतिबिंब ठीक ठीक दिखाई पड़ता है। जिसे अपनी वास्तविक क्षुद्रता का परिज्ञान अरुचिकर होगा वह सापेक्षिकता के भय से ऐसे महत्त्वादर्श का सामीप्य कभी न चाहेगा, दूर दूर भागा फिरेगा। भक्ति के लिए दैन्य अर्थात् दूसरे के महत्त्व के साथ अपने लघुत्व की भावना को जब हम मुक्त हृदय से मुग्ध होकर धारण करेंगे और दूसरे पर श्रद्धा कर लेंगे, तब हम उसके महत्त्व के सतत साक्षात्कार के लिए—अपने रूपों में परिचय के लिए—उसके सामीप्य की इच्छा करते हुए उस श्रद्धा में प्रेम का भी मिश्रण करेंगे और अपने बहुत से क्रिया कलाप को अपने पूज्य प्रेम पात्र के अधीन करके स्वयं महत्त्व के अभ्यास में प्रवृत्त होंगे। जनसाधारण के लिए इस प्रकार के आश्रय द्वारा महत्त्वप्राप्ति सुगम होती है। जो उच्च पथ पहले कष्टकर और श्रमसाध्य जान पड़ता है वही भक्ति के बल से मनोहर लगने लगता है।

व्यक्ति संबंध हीन सिद्धांत मार्ग निश्चयात्मिका बुद्धि को चाहे व्यक्त हो, पर

प्रवर्त्तक मन को अव्यक्त रहते हैं। वे मनोरंजनकारी तभी लगते हैं, जब किसी व्यक्ति के जीवनक्रम के रूप में देखे जाते हैं। शील की विभूतियाँ अनंत रूपों में दिखाई पड़ती हैं। मनुष्य जाति ने जब से होश सँभाला, तब से वह इन अनंत रूपों को महात्माओं के आचरणों तथा आख्यानों और चरित्र संबंधी पुस्तकों में देखती चली आ रही है। जब इन रूपों पर मनुष्य मोहित होता है, तब सात्त्विक शील की ओर आप से आप आकर्षित होता है। शून्य सिद्धांत वाक्यों में कोई आकर्षण-शक्ति या प्रवृत्तिकारिणी क्षमता नहीं होती। गुण प्रत्यक्ष नहीं होता, उसके आश्रय और परिणाम प्रत्यक्ष होते हैं। अनुभावात्मक मन को आकर्षित करनेवाले आश्रय और परिणाम हैं, गुण नहीं। ये ही अनुभूति के विषय हैं। अनुभूति पर प्रवृत्ति और निवृत्ति निर्भर हैं। अनुभूति मन की पहली क्रिया है, संकल्प विकल्प दूसरी। अत: सिद्धांत पथों के संबंध में जो आनंदानुभव करने की बातें हैं जो अच्छा लगने की बातें हैं, वे पथिकों में तथा उनके चारों ओर पाई जायँगी। सत्पथ के दीपक उन्हीं के हाथ में हैं, या वे ही सत्पथ के दीपक हैं। सत्वोन्मुख प्राणियों के लिए ऐसे पथिकों के सामीप्य लाभ की कामना करना स्वाभाविक ही है।

सामीप्य से अभिप्राय केवल किसी के साथ साथ लगा रहना नहीं है। श्रवण, कीर्तन और स्मरण आदि भी सामीप्य ही के विधान हैं। बाह्य और आभ्यंतर दोनों प्रयत्नों से सामीप्य की सिद्धि होती है। स्मरण द्वारा हम अपने आराध्य को, उसके कर्मक्षेत्र को अपने अंत:करण के सामने उपस्थित करते हैं। यहाँ पर यह कहा जा सकता है कि जब हम इष्ट के कर्मक्षेत्र को सामने लाते हैं तब उसमें ऐसे लोग भी तो आ जाते हैं जिन पर हमारी कुछ भी भक्ति नहीं। हाँ, आते अवश्य हैं। इनके द्वारा हमारे इष्ट के स्वरूप का पूर्ण विकास दिखाई पड़ता है—इनके बीच उनका (इष्ट का) रंग और खुल पड़ता है। यदि राम हमारे काम के हैं तो रावण भी हमारे काम का है। एक में हम अपने लिए प्रवृत्ति का क्रम पाते हैं, दूसरे में निवृत्ति का। जीवन में निवृत्ति और प्रवृत्ति का प्रवाह साथ साथ चलता है। दुराचारी भी यदि अपने दुराचार का फल संसार के सामने पूर्ण रूप से भोग लेता है तो समाज के लिए उपयोगी ठहर जाता है। राम के हाथ से मारे जाने से रावण का जीवन भी सार्थक हो गया। यदि पापी अपने पाप का फल एकांत में या आत्मा में ही भोगकर चला जाता है तो वह अपनी जीवन की सामाजिक उपयोगिता की एकमात्र संभावना को भी नष्ट कर देता है। इसी से बहुत से प्रायश्चित्तों के विधान में किए हुए पापों का सबके समक्ष कथन आवश्यक होता है।

पाप का फल छिपानेवाला पाप छिपानेवाले से अधिक अपराधी है। पर ऐसे बहुत से लोग होते हैं जो किसी का घर जलाते हाथ जलता है तो कहते हैं कि होम करते जला है। दुराचारियों के जीवन का सामाजिक उपयोग करने के लिए ही संसार में धर्म की मर्यादा स्थापित करने के लिए ही श्रीकृष्ण ने अर्जुन को युद्ध में

प्रवृत्त किया। यदि अधर्म में तत्पर कौरवों का नाश न होता और पांडव जीवन भर मारे मारे ही फिरते तो संसार में अन्याय और अधर्म की ऐसी लीक खिंच जाती जो मिटाये न मिटती। जिस समाज में सुख और वैभव के रंग में रंगी अधर्म की ऐसी लीक दिखाई पड़े उसमें रक्षा करनेवाली आत्मा का अभाव तथा विश्वात्मा की विशेष कला के अवतार की आवश्यकता समझनी चाहिए, क्योंकि भगवान् श्रीकृष्ण ने कहा है—

यदा यदा हि धर्मस्य ग्लानिर्भवति भारत।
अभ्युत्थानमधर्मस्य तदात्मानं सृजाम्यहम्॥

यदि कहीं पाप है, अन्याय है, अत्याचार है तो उनका आशु फल उत्पन्न करना और संसार के समक्ष रखना, लोकरक्षा का कार्य है। अपने ऊपर किये जानेवाले अत्याचार और अन्याय का फल ईश्वर के ऊपर छोड़ना व्यक्तिगत आत्मोन्नति के लिए चाहे श्रेष्ठ हो; पर यदि अन्यायी या अत्याचारी अपना हाथ नहीं खींचता है तो लोक संग्रह की दृष्टि से वह उसी प्रकार आलस्य या कायरपन है जिस प्रकार अपने ऊपर किये हुए उपकार का कुछ भी बदला न देना कृतघ्नता है।

अब भगवद्भक्ति को लीजिए। मनुष्य विश्व विधान का एक क्षुद्र चेतन अंश है; उसमें धर्म, अधर्म, दया, निष्ठुरता आदि के भाव विश्व के उतने ही अंश से संबंध रखते हैं जितने के भीतर उसे कार्य करना है। यह कार्य और कुछ नहीं, अपनी समष्टिस्थिति और सुख संतोष का प्रयत्न मात्र है। अपने कार्यक्षेत्र के बाहर यदि वह अपने इन भावों का सामंजस्य ढूँढ़ता है तो नहीं पाता है। कहीं उसे 'जीवो जीवस्य जीवनम्' का सिद्धांत चलता दिखाई पड़ता है, कहीं लाठी और भैंस का। वह सोचता है कि इन बातों का अनुसरण मनुष्य समाज में भी जानबूझकर क्यों न किया जाय, यह नहीं सोचता कि मनुष्य जाति की स्थिति इन अवस्थाओं से बहुत आगे बढ़ी है और चेतना की श्रेणी में उससे आगे की ओर से कोई भूमि दिखाई नहीं पड़ रही है। वह दया को निरर्थक समझ अपने अंतःकरण का एक अंग ही खंडित करना चाहता है। वह किसी को काना देखकर अपनी एक आँख फोड़ने चलता है। कुछ दिन पहले की सभ्यता मनुष्य जीवन को देव तुल्य बनाने में थी; अब मर्कट तुल्य और मत्स्य तुल्य बनाने में समझी जाने लगी है। पर यह सभ्यता जड़त्व और नाश की ओर ले जानेवाली है। जब हृदय की कुछ उदात्त प्रवृत्तियाँ बोझ मालूम होने लगी हैं तब और प्राणियों की अपेक्षा अपने अंतःकरण की पूर्णता का गर्व मनुष्य जाति कब तक कर सकती है? उसके मार्मिक अंग की व्यापकता के ह्रास और स्तब्धता की वृद्धि के भयंकर परिणाम का आभास योरप दे रहा हैं। अंतःकरण की जितनी वृत्तियाँ हैं उनमें से कोई निरर्थक नहीं, सबका उपयोग है। यदि मनुष्य इनमें से किसी को निष्क्रिय करने का

अभ्यास डालेगा तो अपनी पूर्णता को खोएगा और अपनी स्थिति को जोखिम में डालेगा।

मिट्टी के ढेले, गुलाब के पौधे, कुत्ते और बिल्ली की अपेक्षा मनुष्य अपने में उन सर्वात्मा का अधिक अंश समझता है, विश्व विधान जिसकी नित्य क्रिया है अतःस्थिति रक्षा विधान की जो जो बातें अपने में हैं उनका अभाव उससे अंशों या सर्व में मानते नहीं बनता। दया, दाक्षिण्य, प्रेम, क्रोध आदि अपनी अंशात्मा में देखते हुए सर्वात्मा में उनके अभाव की धारणा मनुष्य करे तो कैसे करे? अतः ज्ञान क्षेत्र में ईश्वर की खोज हम उतने ही घेरे में करेंगे जितने में इन्द्रियों की सहायता लेकर बुद्धि पहुँचती है और कर्म क्षेत्र में उसकी भावना हम उसे उतने ही भावों से परिमित करके करेंगे जितने की हमारे मन में जगह है। हम हैं, हम समझते हैं कि हम हैं और हम चाहते हैं कि हम रहें, ऐसी अवस्था में हम अपने स्थिति रक्षा संबंधी भावों को परमावस्था पर पहुँचाकर ही उस परम भावमय की भावना करेंगे। हम उसे धर्ममय, दयामय, प्रेममय मानेंगे और यह प्रेम उसी रूप का होगा जिस रूप में उसका व्यवहार मनुष्य जाति में दिखाई पड़ता है, जिस रूप में मनुष्य जाति को उसकी आवश्यकता पड़ती है। अत्याचारी से पीड़ित होकर मनुष्य उसके कोप का आह्वान करता है, आपद्ग्रस्त होकर उसकी दया का भिखारी होता है, सुख से संपन्न होकर उसके धन्यवाद के लिए हाथ उठाता है, भक्ति से पूर्ण होकर उसके आश्रय की कांक्षा करता है। ये ही व्यवहार वह मनुष्यों के साथ भी करता है।

अपने व्यवहारपथ में आश्रयप्राप्ति के निमित्त मनुष्य के लिए ईश्वर की स्वानुरूप भावना ही संभव है। स्वानुभूमि ही द्वारा वह उस परमानुभूति की धारणा कर सकता है। इसी से भर्तृहरि ने 'स्वानुभूत्यैकमानय' कहकर नमस्कार किया है। यदि चिन्मय में अपनी इतनी अनुभूति का भी निश्चय मनुष्य को न हो तो वह प्रार्थना आदि क्यों करने जाय? कुत्ते प्रार्थना क्यों नहीं करते? उनमें धर्म की प्रतिष्ठा नहीं है, अर्थात् वे चेतना की उस भूमि तक नहीं पहुँचे हैं जिसमें समष्टि स्थिति की रक्षा से संबंध रखनेवाले भावों का संचार होता है। वे यह नहीं जानते कि एक दूसरे को काटने दौड़ने से कुक्कुर समाज की उन्नति और वृद्धि नहीं हो सकती। समष्टि रक्षा या धर्म की ओर प्रवृत्त करने वाले दया आदि भाव उन्हें प्राप्त नहीं हैं। उनमें स्वार्थ का भाव है, परमार्थ का भाव नहीं। 'धर्मो रक्षति रक्षितः' की धारणा उन्हें नहीं होती। जहाँ धर्म भाव है वहीं ईश्वर की भावना है। जिन प्राणियों में जिन भावों का विकास नहीं हुआ है उनमें उनकी चरितार्थता की आवश्यकता प्रकृति नहीं समझती।

भक्ति का स्थान मानव हृदय है, वहीं श्रद्धा और प्रेम के संयोग से उसका प्रादुर्भाव होता है। अतः मनुष्य की श्रद्धा के जो विषय ऊपर कहे जा चुके हैं उन्हीं को परमात्मा में अत्यंत विशद रूप में देखकर उसका मन खिंचता है और वह उस

विशद रूप विशिष्ट का सामीप्य चाहता है, उसके हृदय में जो सौंदर्य का भाव है, जो शील का भाव है, जो उदारता है, जो शक्ति का भाव है उसे वह अत्यंत पूर्ण रूप में परमात्मा में देखता है और ऐसे पूर्ण पुरुष की भावना से उसका हृदय गद्‌गद हो जाता है और उसका धर्म पथ आनंद से जगमगा उठता है। धर्म क्षेत्र या व्यवहार पथ में वह अपने मतलब भर ही ईश्वर से प्रयोजन रखता है। राम, कृष्ण आदि अवतारों में परमात्मा की विशेष कला देख एक हिन्दू के हृदय की सारी शुभ और आनंदमयी वृत्तियाँ उनकी ओर दौड़ पड़ती हैं, उसके प्रेम, श्रद्धा आदि को बड़ा भारी अवलंब मिल जाता है। उसके सारे जीवन में एक अपूर्व माधुय और बल का संचार हो जाता है। उसके सामीप्य का आनंद लेने के लिए कभी वह उनके अलौकिक रूप सौंदर्य की भावना करता है, कभी उनकी बाल लीला के चिंतन से विनोद प्राप्त करता है, कभी धर्म बलपूर्ण उनके निर्मल चरित का गान करता है, कभी सिर झुकाकर वन्दना करता है, यहाँ तक कि जब जी में आता है, प्रेम से भरा उलाहना भी देता है। भक्ति हृदय द्वारा अर्थात् आनंद अनुभव करते हुए धर्म में प्रवृत्त होने का सुगम मार्ग है। भक्ति हृदय से की जाती है। बुद्धि से भक्ति करना ऐसा ही है जैसा नाक से खाना और कान से सूँघना। हमारे यहाँ भक्ति विधान के अंतर्गत श्रवण, कीर्तन, स्मरण, सेवा, अर्चन, वन्दन, दास्य, सख्य और आत्मनिवेदन ये नौ बातें ली गई हैं। जैसा कि ऊपर कहा जा चुका है, कोरी श्रद्धा में याचकता का भाव नहीं है, जब प्रेम के साथ उसका संयोग होता है तभी इस भाव की प्राप्ति होती है। श्रद्धावान् श्रद्धेय पर अपने निमित्त किसी प्रकार का प्रभाव डालना नहीं चाहता, पर भक्त दाक्षिण्य चाहता है।

रामलीला, कृष्णलीला आदि सामीप्य सिद्धि के विधान हैं। हिंदू जाति इन्हीं की भक्ति के बल से इनकी प्रतिकूल अवस्थाओं के बीच अपना स्वतंत्र अस्तित्व बचाती चलती चली आई है, इन्हीं की अद्‌भुत आकर्षणशक्ति से वह इधर उधर ढलने नहीं पायी है। राम और कृष्ण को बिना आँसू बहाये छोड़ना हिंदू जाति के लिए सहज नहीं था, क्योंकि ये अवतार अलग टीले पर खड़े होकर उपदेश देनेवाले नहीं थे, बल्कि मानव जीवन में पूर्ण रूप में संमिलित होकर उसके एक एक अंग को मनोहरता दिखानेवाले थे। मंगल के अवसरों पर उनके गीत गाये जाते हैं। विमाताओं की कुटिलता की, बड़ों के आदर की, दुष्टों के दमन की, जीवन के कष्ट की, घर की, वन की, संपद की, विपद की जहाँ चर्चा होती है वहाँ इसका स्मरण किया जाता है।

संसार से तटस्थ रहकर शान्ति सुखपूर्वक लोक व्यवहार संबंधी उपदेश देने वालों का उतना अधिक महत्त्व हिंदू धर्म में नहीं है जितना संसार के भीतर घुसकर उसके व्यवहारों के बीच सात्त्विक विभूति की ज्योति जगानेवालों का है। हमारे यहाँ उपदेशक ईश्वर के अवतार नहीं माने गए हैं। अपने जीवन द्वारा कर्म

सौंदर्य संघटित करनेवाले ही अवतार कहे गये हैं। कर्म सौंदर्य के योग से उनके स्वरूप में इतना माधुर्य आ गया है कि हमारा हृदय आप से आप उनकी ओर खिंच पड़ता है। वे हमें दूर से रास्ता दिखानेवाले नहीं हैं, आप रास्ते में चलकर हमें अपने पीछे लगाने क्या खींचने वाले हैं। जो उनके स्वरूप पर मोहित न हो वह निस्संदेह जड़ है।

जो उनका नाम सुनकर पुलकित होता है, जो उनके स्वरूप पर मोहित होता है उसके सुधारने की बहुत कुछ आशा हो सकती है। जो संसार या मनुष्यत्व का सर्वथा त्याग न कर दे, उसके लिए शुद्ध सात्त्विक जीवन का यही मार्ग है। रागों के संपूर्ण दमन की अपेक्षा रागों का परिष्कार ज्यादा काम में आने वाली बात है। निर्लिप्त रहकर दूसरों का गला काटनेवालों से लिप्त होकर दूसरों की भलाई करनेवाले लोक कल्याण के विचार से कहीं अच्छे हैं।

जनता के संपूर्ण जीवन को स्पर्श करने वाला क्षात्र धर्म है। क्षात्र-धर्म के इसी व्यापकत्व के कारण हमारे मुख्य अवतार राम और कृष्ण क्षत्रिय हैं। क्षात्र धर्म ऐकांतिक नहीं है। उसका संबंध लोक रक्षा से है। कर्म सौंदर्य की योजना क्षात्र जीवन में जितने रूप में संभव है, उतने रूपों में और किसी जीवन में नहीं। शक्ति के साथ क्षमा, वैभव के साथ विनय, पराक्रम के साथ रूप माधुर्य, तेज के साथ कोमलता, सुख भोग के साथ पर:दुखकातरता, प्रताप के साथ कठिन धर्मपथ का अवलंबन इत्यादि कर्म सौंदर्य के इतने अधिक प्रकार के उत्कर्ष योग और कहाँ घट सकते हैं? इसी से क्षात्र धर्म के सौंदर्य में जो मधुर आकर्षण है वह अधिक व्यापक, अधिक मर्मस्पर्शी और अधिक स्पष्ट है। मनुष्य की संपूर्ण रागात्मिका वृत्तियों को उत्कर्ष पर ले जाने और विशुद्ध करने की सामर्थ्य उसमें है।

संसार में मनुष्य मात्र की समान वृत्ति कभी नहीं हो सकती। इस बात को भूलकर जो उपदेश दिये जाया करते हैं वे पाखंड के अंतर्गत आते हैं। वृत्तियों की भिन्नता के बीच से जो मार्ग निकल सकेगा वही लोक रक्षा का मार्ग होगा, वही धर्म का चलता हुआ मार्ग होगा। जिसमें शिष्टों के प्रति आदर, दीनों पर दया, दुष्टों के दमन आदि जीवन के अनेक रूपों का सौंदर्य दिखाई पड़ेगा, वही सर्वांग पूर्ण लोक धर्म का मार्ग होगा। क्षात्र धर्म पालन की आवश्यकता संसार में सब दिन बनी रहेगी। कोई व्यापार युग उसे नहीं हटा सकता। किसी अनाथ अबला पर अत्याचार करने पर एक क्रूर पिशाच को हम उद्यत देख रहे हैं। समझाना बुझाना या तो व्यर्थ है अथवा उसका समय ही नहीं है। ऐसी दशा में यदि उस अबला की रक्षा इष्ट है, तो हमें चटपट उस कर्म में प्रवृत्त होना होगा जिससे उस दुष्ट को बाधा पहुँचे। उस समय का हमारा क्रोध कितना सुंदर और अक्रोध कितना गर्हित होगा!

लज्जा और ग्लानि

हम जिन लोगों के बीच रहते हैं अपने विषय में उनकी धारणा का जितना ही अधिक ध्यान रखते हैं उतना ही अधिक प्रतिबंध अपने आचरण पर रखते हैं। जो हमारी बुराई, मूर्खता या तुच्छता के प्रमाण पा चुके रहते हैं, उनके सामने हम उसी धड़ाके के साथ नहीं जाते जिस धड़ाके के साथ औरों के सामने जाते हैं। यही तक नही, जिन्हें इस प्रकार का प्रमाण नहीं भी मिला रहता है उनके आगे भी कोई काम करते हुए यह सोचकर कुछ आगा पीछा होता है कि कहीं इस प्रकार का प्रमाण उन्हें मिल न रहा हो। दूसरों के चित्त में अपने विषय में बुरी या तुच्छ धारणा होने के निश्चय या आशंका मात्र से वृत्तियों का जो संकोच होता है, उनकी स्वच्छंदता के विघात का जो अनुभव होता है उसे लज्जा कहते हैं। इस मनोवेग के मारे लोग सिर ऊँचा नहीं करते, मुँह नहीं दिखाते, सामने नहीं आते, साफ साफ कहते नहीं, और भी न जाने क्या क्या नहीं करते। 'हम बुरे न समझे जायँ' यह स्थायी भावना जिसमें जितनी ही अधिक होगी, वह उतना ही लज्जाशील होगा। 'कोई बुरा कहे चाहे भला' इसकी परवा करके जो काम किया करते हैं वे ही निर्लज्ज कहलाते हैं।

जिस समाज में हम कोई बुराई करते हैं, जिस समाज में हम अपनी मूर्खता, धृष्टता आदि का प्रमाण दे चुके रहते हैं, उसके अंग होने का स्वत्व हम जता नहीं सकते, अत: उसके सामने अपनी सजीवता के लक्षणों को उपस्थित करते या रखते नहीं बनता, यह प्रकट करते नहीं बनता कि हम भी इस संसार में हैं। जिसके साथ हमने कोई बुराई की होती है उसे देखते ही हमारी क्या दशा होती है? हमारी चेष्टाएँ मंद पड़ जाती हैं। हमारे ऊपर घड़ों पानी पड़ जाता है, हम गड़ जाते हैं या चाहते हैं कि धरती फट जाती और हम उसमें समा जाते। सारांश यह कि यदि हम कुछ देर के लिए मर नहीं जाते तो कम से कम अपने जीने के प्रमाण अवश्य समेट लेते हैं।

लज्जा का कारण अपनी बुराई, त्रुटि या दोष और हमारा अपना निश्चय नहीं, दूसरे के निश्चय का निश्चय या अनुमान है, जो हम बिना किसी प्रकार का प्रमाण पाये केवल अपने आचरण या परिस्थिति विशेष पर दृष्टि रखकर ही कभी कभी कर लिया करते हैं। हम अपने को दोषी समझें यह आवश्यक नहीं;

दूसरे हमें दोषी या बुरा समझें यह भी आवश्यक नहीं, आवश्यक है हमारा यह समझना कि दूसरा हमें दोषी या बुरा समझता है या समझता होगा। जो आचरण लोगों को बुरा लगा करता है, जिस अवस्था का लोग उपहास किया करते हैं, जिस बात से लोग घृणा किया करते हैं, यदि हम समझते हैं कि लज्जित होने के लिए लोगों के देखने में आचरण हमसे हो गया, उस अवस्था में हम पड़ गए या वह बात हमसे बन पड़ी, तो हम लज्जित होने के लिए इनका आसरा न देखेंगे कि जिन लोगों के सामने ऐसी बात हुई है वे निंदा करें, उपहास करें या छिः छिः करें। वे निंदा करें, या न करें, उपहास करें या न करें, घृणा प्रकट करें या न करें, पर हम समझते हैं कि मधुशाला उनके पास है, वे उसका उपयोग करें या न करें। यह अवश्य है कि उपयोग होने पर हमारी लज्जा का वेग या भार बहुत बढ़ जाता है, पर कभी कभी इसका उलटा भी होता है। जिसके साथ हमने कोई भारी बुराई की होती है वह यदि दस आदमियों के सामने मिलने पर मौन रहे, हमारा गुणानुवाद करने लगे, हमसे प्रेम जताने लगे या हमारा उपकार करने चले, तो शायद हम अपने डूबने के लिए चुल्लू भर पानी ढूंढने लगेंगे। वन से लौटने पर रामचन्द्र कैकेयी से मिले और "रामहिं मिलत कैकेयी हृदय बहुत सकुचानी।" पर जब लक्ष्मण "कैकेयी कहँ पुनि-पुनि मिले" तो वह लज्जा से धँस गई होगी। चित्रकूट में जब राम पहले कैकेयी से मिले होंगे तब उसकी क्या दशा हुई होगी ?

निंदा का भय लज्जा नहीं है, भय ही है, और कई बातों का, जिसमें लज्जा भी एक है। हमें निंदा का भय है; इसका मतलब है कि हमें उसमें परिणामों का भय है—अपने कुढ़ने, दुखी होना, लज्जित होने, हानि सहने इत्यादि का भय है।

विशुद्ध लज्जा अपने विषय में दूसरे की ही भावना पर दृष्टि रखने से होती है। अपनी बुराई, मूर्खता, तुच्छता इत्यादि का एकांत अनुभव करने की वृत्तियों में जो शैथिल्य आता है, उसे 'ग्लानि' कहते हैं। इसे अधिकतर उन लोगों को भोगना पड़ता है जिनका अंतःकरण सत्त्वप्रधान है, जिनके संस्कार सात्त्विक होते हैं, जिनके भाव कोमल और उदार होते हैं। जिनका हृदय कठोर होता है, जिनकी वृत्ति क्रूर होती है, जो सिर से पैर तक स्वार्थ में निमग्न होते हैं, उन्हें सहने के लिए संसार में इतनी बाधाएँ, इतनी कठिनाइयाँ, इतने कष्ट होते हैं कि ऊपर से और इसकी भी न उतनी जरूरत रहती है, न जगह। मन में ग्लानि आने के लिए यह आवश्यक नहीं कि जो हमारी बुराई, मूर्खता, तुच्छता आदि से परिचित हों, या परिचित समझे जाते हों, उनका सामना हो। हम अपना मुँह न दिखाकर लज्जा से बच सकते हैं, पर ग्लानि से नहीं। कोठरी में बंद, चारपाई पर पड़े पड़े लिहाफ के नीचे भी लोग ग्लानि से गल सकते हैं। चित्रकूट में भरत राम के मिलाप के स्थान पर जब जनक के आने का समाचार पहुँचा तब "सुनत जनक आगमन सब हरखेउ अवध समाज।" पर "गरइ गलानि कुटिल कैकेयी।"

ग्लानि में अपनी बुराई, मूर्खता, तुच्छता आदि के अनुभव से जो संताप होता है वह अकेले में भी होता है और दस आदमियों के सामने प्रकट भी किया जाता है। ग्लानि अंतःकरण की शुद्धि का एक विधान है। उससे इसके उद्गार में अपने दोष, अपराध, तुच्छता, बुराई इत्यादि का लोग दुःख से या सुख से कथन भी करते हैं, उसमें दुराव या छिपाव की प्रवृत्ति नहीं रहती। अपने दोष का अनुभव, अपने अपराध का स्वीकार, आंतरिक अस्वस्थता का उपचार तथा सच्चे सुधार का द्वार है। 'हम बुरे हैं' जब तक यह न समझेंगे तब तक अच्छे नहीं हो सकते। 'हम बुरे हैं' दूसरों के कान में पड़ते ही इसका अर्थ उलट जाता है।

दूसरों को हम अच्छे नहीं लगते, यह समझकर हम लज्जित होते हैं। अतः औरों को अच्छी न लगनेवाली अपनी बातों को केवल उनकी दृष्टि से दूर रखकर ही बहुत से लोग न लज्जित होते हैं, न निर्लज्ज कहलाते हैं। दूसरों के हृदय में अज्ञान की प्रतिष्ठा करके वे उसकी शरण में जाते हैं। पर अज्ञान चाहे अपना हो चाहे पराया, सब दिन रक्षा नहीं कर सकता। बलिपशु होकर ही हम उसके आश्रय में पलते हैं। जीवन के किसी अंग की यदि वह रक्षा करता है तो सर्वांग भक्षण के लिए। अज्ञान अंधकार स्वरूप है। दीया बुझाकर भागनेवाला यदि समझता है कि दूसरे उसे देख नहीं सकते, तो उसे यह भी समझ रखना चाहिए कि वह ठोकर खाकर गिर भी सकता है।

कोई बात ऐसी है जिसके प्रकट हो जाने के कारण हम दूसरों को अच्छे नहीं लगते हैं, यह जानकर अपने को, और प्रकट होने पर अच्छे नहीं लगेंगे, यह समझकर उस बात को, थोड़े बहुत यत्न से उसके दृष्टिपथ से दूर करके भी जब हम समय पर अपना बचाव कर सकते हैं, यही नहीं, अपने व्यवधानकौशल पर विश्वास कर सदा चले जाने की आशा तक—चाहे झूठी ही क्यों न हो—कर सकते हैं, तब हमारा केवल यह जानना या समझना सदा सुधार की इच्छा ही उत्पन्न करेगा, कैसे कहा जा सकता है ? दूसरों का भय हमें भगा सकता है, हमारी बुराइयों को नहीं। दूसरों से हम भाग सकते हैं, पर अपने से नहीं। जब अपने को हम अच्छे न लगने लगेंगे तब सिवा इसके कि हम अच्छे हों या अच्छे होने की आशा करें, आत्मग्लानि से बचने का और कोई उपाय न रहेगा। पर जिनके अंतःकरण में अच्छे संस्कारों का बीज रहता है, ग्लानि उन्हीं को होती है।

संकल्प या प्रवृत्ति हो जाने पर बुराई से बचनेवाले तीन मनोविकार हैं—सात्त्विक वृत्तिवालों के लिए जा ग्लानि, राजसी वृत्तिवालों के लिए लज्जा और तामसी वृत्तिवालों के लिए भय। जिन्हें अपने किए पर ग्लानि नहीं हो सकती वे लोकलज्जा से, जिनमें लोकलज्जा का लेश नहीं रहता वे भय से, बहुत से कामों को करते हुए हिचकते हैं। प्रायः कहा जाता है कि बहुत से लोग इच्छा रखते भी बुरे काम लज्जा के मारे नहीं करते। पर लज्जा का अनुभव एक प्रकार के दुःख का अनुभव है, अतः यह नहीं कहा जा सकता कि कर्म न करने पर

भी अपनी इच्छा मात्र पर उन्हें यह दुःख होता है; क्योंकि यदि ऐसा होता तो वे इच्छा रखते ही क्यों ? सच पूछिए तो उन्हें उस दुःख की आशंका मात्र रहती है जो लोगों के धिक्कार, बुरी धारणा आदि से उन्हें होगा। वास्तव में लज्जा की आशंका रहती है, इस बात का डर रहता है कि कहीं लज्जित न होना पड़े। लज्जा का अनुभव तो तभी होगा जब वे कुकर्म की ओर इतने अग्रसर हो चुके रहेंगे कि यह समझ सकें कि लोगों के मन में बुरी धारणा हो गई होगी। उस समय उनका पैर आगे नहीं बढ़ेगा।

आशंका अनिश्चयात्मक वृत्ति है। लज्जा की आशंका ही हो सकती है जिसका संबंध दूसरों की धारणा से होता है। ग्लानि की आशंका नहीं हो सकती, क्योंकि उसका संबंध अपने से कहीं बाहर की बुरी धारणा से तो होता नहीं, अपनी ही बुरी धारणा से होता है जिसमें अनिश्चय का भाव नहीं रह सकता। जिसमें बुराई की जितनी ही अधिकतम संभावना होती है उसे रोकने का उतने ही पहले से उपाय किया जाता है, जिन्हें अपने किए पर ग्लानि हो सकती है, उनके लिए उतने पहले से प्रतिबंध की आवश्यकता नहीं होती जितने पहले से उनके लिए होती है, जो केवल यही समझकर दुःखी होते हैं कि 'लोग बुरा समझते हैं' यह समझकर नहीं कि 'हम बुरे हैं।' जो निपट निर्लज्ज होते हैं, जो दूसरों की बुरी धारणा की भी तब तक परवा नहीं करते जब तक उससे किसी उग्र फल की आशंका नहीं होती उनके कर्म प्रायः इतने बुरे, इतने असह्य हुआ करते हैं कि दूसरे उन्हें बुरा समझकर ही नहीं रह जाते, छिः छिः करके ही संतोष नहीं कर लेते, मरम्मत करने के लिए तैयार हो जाते हैं, जिससे उन्हें कभी भयभीत होना पड़ता है, कभी सशंक।

मनुष्य लोकबद्ध प्राणी है, इससे वह अपने को उनके कर्मों के गुण दोष का भी भागी समझता है जिनसे उनका संबंध होता है, जिनके साथ में वह देखा जाता है। पुत्र की अयोग्यता और दुराचार, भाई के दुर्गुण और असभ्य व्यवहार आदि ध्यान करके भी दस आदमियों के सामने सिर नीचा होता है। यदि हमारा साथी हमारे सामने किसी तीसरे आदमी से बातचीत करने में भारी मूर्खता का प्रमाण देता है, भद्दी और ग्राम्य भाषा का प्रयोग करता है, तो हमें भी लज्जा आती है। मैंने कुत्ते के कई शौकीनों को अपने कुत्ते की बदतमीजी पर शरमाते देखा है। जिसे लोग कुमार्गी जानते हैं उसके साथ यदि हम कभी देवमंदिर के मार्ग पर भी देखे जाते हैं तो सिर झुका लेते हैं या बगलें झाँकते हैं। बात यह है कि जिसके साथ हम देखे जाते हैं, उसका हमारा कितनी बातों में कहाँ तक साथ है, दूसरों को इसके अनुमान की पूरी स्वच्छंदता रहती है, उनकी कल्पना की कोई सीमा हम तत्काल बाँध नहीं सकते।

किसी बुरे प्रसंग में यदि निमित्त रूप से भी हमारा नाम आ जाता है तो हमें लज्जा होती है—चाहे ऐसा हमारी जानकारी में हुआ हो, चाहे अनजान में। यदि

बिना हमें जताये हमारे पक्ष में कोई कुचक्र रचा जाय तो उसका वृत्तांत फैलने पर हमें लज्जा क्या ग्लानि तक हो सकती है। लज्जा का होना तो ठीक है क्योंकि वह दूसरों की धारणा के कारण होती है, अपनी धारणा के कारण नहीं। पर ग्लानि कैसे होती है, 'हम बुरे या तुच्छ' हैं, यह धारणा कहाँ से आती है, यही देखना है। अपमान होने पर क्रोध के लिए स्थान हुआ ही तो क्रोध का, नहीं तो अपनी तुच्छता का अनुभव होता है। दूसरों के चित्त में हमारे प्रति जो प्रेम या प्रतिष्ठा का भाव रहता है उसका ह्रास किसी कुचक्र के साथ अपना नाम मात्र का संबंध समझकर भी, हम समझे बिना नहीं रह सकते। जब स्थिति ऐसी होती है कि इस ह्रास का न समाधान द्वारा निराकरण कर सकते हैं, न क्रोध द्वारा प्रतिकार, तो सिवा इसके कि हम अपनी हीनता का अनुभव करें, और कर ही क्या सकते हैं ? भरत को इसी दशा में पाकर राम ने उन्हें समझाया था कि—

तात जाय जनि करहु गलानी। ईस अधीन जीव-गति जानी॥
तीनि काल त्रिभुवन मत मोरे। पुन्यसलोक तात तर तोरे॥
उर आनत तुम पर कुटिलाई। जाइ लोक परलोक नसाई॥

जिसने इतनी बुराई की वह मेरी माता है, इस भावना से जो लज्जा भरत को थी उसे दूर करने के लिए ही आगे का वचन है—

दोष देहिं जननिहिं जड़ तेई। जिन गुरु-साधु सभा नहिं सेई॥

इस प्रकार दोष देनेवाले से दोषोद्भावना द्वारा अनधिकार का आरोप करके माता के दोष का परिहार किया गया है।

उत्तम कोटि के मनुष्यों को अपने दुष्कर्म पर ग्लानि होती है और मध्यम कोटि के मनुष्यों को अपने दुष्कर्म के किसी कड़ुए फल पर। दुष्कर्म के अनेक अप्रिय फलों में से एक अपमान है, जिसे सहकर अपनी तुच्छता का अनुभव किए बिना लोग प्रायः नहीं रहते। जिन्हें अपने किसी कर्म की बुराई का ध्यान आपसे आप नहीं होता उन्हें ध्यान कराने का श्रम उसकी बुराई का विशेष अनुभव करानेवाले, अपनी बुराई का सब ध्यान, अपने हाथ का सब धंधा, छोड़कर उठाते हैं। इस श्रम से दूसरों के लिए उनकी बुराई का फल पैदा किया जाता है। उसकी विरसता और कटुता कभी कभी अत्यंत ग्लानिकारिणी होती है पर आँख खुलने पर जो आँख खोलनेवालों को देख सकें, उनकी आँख की दुरुस्ती में बहुत कसर समझनी चाहिए। अपमान या हानि की ही ग्लानि जो उस अपमान या हानि ही तक ध्यान को ले जाए—उसके कारण तक न बढ़ाए—वह बुराई के मार्ग पर चल चुकनेवालों का थोड़ी देर के लिए पैर थाम या बल तोड़ सकती है, पर उसका मुँह दूसरी ओर मोड़ नहीं सकती। अपमान का जो दुःख केवल इन शब्दों में व्यक्त किया जाता है कि 'हा ! हमारी यह गति हुई ?' उससे अपमान करनेवालों का काम तो हो जाता है पर दुःख करनेवालों का कोई मतलब नहीं निकलता। जो

ग्लानि हमसे यह कहलाए कि 'यदि हमने ऐसा न किया होता तो हमारी यह गति क्यों होती ?' यही पश्चात्ताप की ग्लानि है जिससे हमारा हृदय पिघलकर किसी नए साँचे में ढलने के योग्य हो सकता है। अतः कोई ऐसी बुराई करके, जिससे चार आदमियों को कष्ट पहुँचा हो, हम यह समझने में कि 'हमने बुरा किया' जितनी ही जल्दी करते हैं उतने ही मज़े में रहते हैं क्योंकि बहुधा ऐसा है कि जिन्हें कष्ट पहुँचा रहता है वे हमारी इस समझ का पता पाकर संतुष्ट हो जाते हैं। अपनी किसी बुराई को वंध्यना मानकर मन का खटका छुड़ानेवाले धोखा खाते हैं।

अपमान से जो ग्लानि होती है वह दो भावों के आधार पर—'हम ऐसे तुच्छ हैं' और 'हम ऐसे बुरे हैं।' इन दोनों भावों को कभी कभी लोग बड़ी फुर्ती और सफाई से रोकते हैं। अपनी तुच्छता का भाव अधिकांश में अपनी असामर्थ्य और दूसरे के सामर्थ्य का भाव है। हम इतने असमर्थ हैं कि दूसरे हमारा अपमान कर सकते हैं, इस भाव से निवृत्ति तो लोग चट अपनी सामर्थ्य का परिचय देकर—अपमान करनेवाले का अपमान करके—कर लेते हैं। रहा अपने दोष या बुराई का भाव, उससे छुटकारा लोग दोष देनेवालों में दोष ढूँढ़कर कर लेते हैं। इस प्रकार अपनी सामर्थ्य और दूसरे के दोष की भावना मन में भरकर वे अपनी तुच्छता और बुराई के अनुभव के लिए कोई कोना खाली ही नहीं छोड़ते। ऐसे लोग चाहे लाख बुराई करें, एक की दस सुनाने को सदा तैयार रहते हैं। अपने को ऐसा ही कल्पित करके तुलसीदास जी कहते हैं—

जानत हूँ निज पाप जलधि जिय, जल-सीकर सम सुनत लरों।
रजसम पर-अवगुन सुमेरु करि, गुन गिरि सम रज तें निदरों।

अकारण अपमान पर जो ग्लानि होती है वह अपनी तुच्छता, अपनी सामर्थ्य-हीनता पर ही होती है। लोक मर्यादा की दृष्टि से हमको इतनी सामर्थ्य सम्पादन करना चाहिए कि दूसरे अकारण हमारा अपमान करने का साहस न कर सकें। समाज में रहकर मान मर्यादा का भाव हम छोड़ नहीं सकते। अतः इस सामर्थ्य का अभाव हमें खटक सकता है। उसकी हमें ग्लानि हो सकती है। जो संसार त्यागी या आत्मत्यागी हैं उनका विगतमान होना तो बहुत ठीक है, पर लोक व्यवहार की दृष्टि से अनिष्ट से बचने बचाने के लिए इष्ट यही है कि हम दुष्टों का हाथ थामें और धृष्टों का मुँह, उनकी वंदना करके हम पार नहीं पा सकते। इधर हम हाथ जोड़ेंगे, उधर वे हाथ छोड़ेंगे। असामर्थ्य हमें क्षमा या सहनशीलता का श्रेय भी पूरा पूरा नहीं प्राप्त करने देगी।

मान लीजिए कि एक ओर से हमारे गुरुजी और दूसरी ओर से एक दंडधारी दुष्ट, दोनों आते दिखाई पड़े। ऐसी अवस्था में पहले हमें उस दुष्ट का सत्कार करके तब गुरुजी को दंडवत् करना चाहिए। पहले उस दुष्ट द्वारा होने वाले अनिष्ट का निवारण कर्त्तव्य है, फिर उस आनंद का अनुभव जो गुरुजी के चरणस्पर्श से

होगा। यदि हम पहले गुरुजी को साष्टांग दंडवत् करने लगेंगे तो बहुत संभव है कि वह दुष्ट हमारे अंगों को फिर उठने लायक ही न रखे। यदि हममें सामर्थ्य नहीं है तो हमें बिना गुरुजी को प्रणाम दंडवत् किए ही भागना पड़ेगा जिसकी शायद हमें बहुत दिनों तक ग्लानि रहे।

लज्जा का एक हल्का रूप संकोच है जो किसी काम को करने के पहले ही होता है। कर्म पूरा होने के साथ ही उसका अवसर निकल जाता है, फिर तो लज्जा ही लज्जा हाथ रह जाती है। सामान्य से सामान्य व्यवहार में भी संकोच देखा जाता है। लोग अपना रुपया मांगने में संकोच करते हैं, साफ साफ बात कहने में संकोच करते हैं, उठने बैठने में संकोच करते हैं, लेटने में संकोच करते हैं, खाने पीने में संकोच करते हैं, यहाँ तक कि एक सभा के सहायक मंत्री हैं जो कार्य विवरण पढ़ने में संकोच करते हैं। साराश यह कि एक बेवकूफी करने में लोग संकोच नहीं करते और सब बातों में करते हैं। इससे उतना हर्ज भी नहीं क्योंकि बिना बेवकूफ हुए बेवकूफी का बुरा लोग प्राय: नहीं मानते। इतनी क्रियाओं का प्रतिबंधक होने के कारण संकोचशील का एक प्रधान अंग, सदाचार का एक सहज साधक और शिष्टाचार का एकमात्र आधार है। जिनमें शील संकोच नहीं वह पूरा मनुष्य नहीं। बाहरी प्रतिबंधों से ही हमारा पूरा शासन नहीं हो सकता, उन सब बातों की रुकावट नहीं हो सकती जिन्हें हमें न करना चाहिए। प्रतिबंध हमारे अंत:करण में होना चाहिए। यह आभ्यंतर प्रतिबंध दो प्रकार का हो सकता है—एक विवेचनात्मक जो प्रयत्नसाध्य होता है, दूसरा मन:प्रवृत्यात्मक जो स्वभावज होता है। बुद्धि द्वारा प्रवृत्ति जबरदस्ती रोकी जाती है, पर लज्जा, संकोच आदि की अवस्था में प्राप्त होकर प्रवर्त्तक मन आपसे आप रुकता है, चेष्टाएँ आपसे आप शिथिल पड़ती हैं। यही रुकावट सच्ची है। मन की जो बुद्धि बड़ों की बात का उत्तर देने से रोकती है, बार बार किसी से कुछ माँगने से रोकती है, किसी पर किसी प्रकार का भार डालने से रोकती है, उसके न रहने से भलमनसाहत भला कहाँ रहेगी? यदि सबकी धड़क एकबारगी खुल जाए तो एक ओर छोटे मुँह से बड़ी बड़ी बातें निकलने लगें, चार दिन के मेहमान तरह तरह की फरमाइशें करने लगें, उँगली का सहारा पानेवाला बाँह पकड़कर खींचने लगें; दूसरी ओर बड़ों का बहुत कुछ बड़प्पन निकल जाय, गहरे गहरे साथी बहरे हो जाएँ या सूखा जवाब देने लगें; जो हाथ सहारा देने के लिए बढ़ते हैं वे ढकेलने के लिए बढ़ने लगें—फिर तो भलमनसाहत का भार उठानेवाले इतने कम रह जाएँ कि उसे लेकर चल ही न सकें।

संकोच इस बात के ध्यान या आशंका से होता है कि जो कुछ हम करने जा रहे हैं वह किसी को अप्रिय या बेढंगा तो न लगेगा; उससे हमारी दु:शीलता या धृष्टता तो न प्रकट होगी। इस बात का जिन्हें कुछ भी ध्यान नहीं रहता उनका दस आदमियों का साथ नहीं निभ सकता और जिन्हें अत्यंत अधिक ध्यान रहता

है उनके भी कामों में बाधा पड़ती है। मनोभावों की परस्पर अनुकूल स्थिति होने से ही संसार के व्यवहार चलते हैं। यदि एक इस बात का ध्यान रखता है कि दूसरे को कोई बात खटके न, बुरी न लगे और दूसरा उसकी हानि, कठिनाई आदि का कुछ भी ध्यान नहीं रखता है तो यह स्थिति व्यवहार बाधक है। ऐसी स्थिति में भी संकोच करनेवालों के काम देर से निकलते हैं या निकलते ही नहीं। पर इससे यह न समझना चाहिये कि जितने 'अपना संकोची स्वभाव' की शिकायत के बहाने अपनी तारीफ किया करते हैं वे सब अपनी भलमनसाहत से ही दुःख भोग करते हैं। ऐसे लोगों में संकोच का तो नाम मात्र न समझना चाहिए। जिन्हें यह कहने में संकोच नहीं कि 'हम बड़े संकोची हैं' उनमें संकोच कहाँ ? उन्हें यह कहते देर नहीं कि 'अमुक बड़ा निर्लज्ज है, बड़ा दुष्ट है।'

लज्जा या संकोच यदि बहुत अधिक होता है तो उसे छुड़ाने की फिक्र की जाती है, क्योंकि उससे कभी कभी आवश्यकता से अधिक कष्ट उठाना पड़ता है तथा व्यवहार तो व्यवहार शिष्टाचार तक का निर्वाह कठिन हो जाता है। सुख से रहने का सीधा रास्ता बतलानेवाले ने तो 'आहार और व्यवहार' में लज्जा का एकदम त्याग ही विधेय ठहराया है। पर मुझे तो यहाँ यह देखना है कि बात बात में लज्जा करनेवालों की मनोवृत्ति कैसी होती है, उनके चित्त में समाई क्या रहती है। कोई क्रिया या व्यापार किसी को बुरा, बेढंगा या अप्रिय न लगे यह ध्यान तो निर्दिष्ट होने के कारण कुछ विशिष्ट व्यापारों का ही अवरोध करता है क्योंकि जो जो काम लोगों को बुरे, बेढंगे या अप्रिय लगा करते हैं, उनकी एक छोटी या बड़ी सूची सबके अनुभव में रहती है। पर जो यही अनिश्चित भावना रखकर संकुचित होते हैं कि कोई बात 'लोगों को न जाने कैसी लगे', उन्हें न जाने कितनी बातों में संकोच या लज्जा हुआ करती है। उन्हें बात बात में खटका होता है कि उनका बैठना न जाने कैसा मालूम होता हो, बोलना न जाने कैसा मालूम होता हो, हाथ पैर हिलना न जाने कैसा मालूम होता हो, ताकना न जाने कैसा मालूम होता हो, यहाँ तक कि उनके ऐसे आदमी का होना—वे कैसे हैं चाहे वे कुछ भी न जानते हों—न जाने कैसा मालूम होता हो। न जाने कैसे लगने का डर उन्हें लोगों के लगाव से दूर दूर रखता है। यह आशंका इतनी अव्यक्त होती है, लज्जा और इसके बीच का अंतर इतना क्षणिक होता है, कि साधारणतः इसका लज्जा से अलग अनुभव नहीं होता।

कुछ लोगों के मुंह से लज्जा या संकोच के मारे आदर सत्कार के आवश्यक वचन मुंह से नहीं निकलते, बहुत से लड़कों को प्रणाम करने में लज्जा मालूम होती है। ऐसी लज्जा किसी काम की नहीं समझी जाती। बच्चों को अपनी तुच्छता, बुराई या बेढंगेपन की भावना बहुत कम होती है। वे अपनी क्रियाओं में स्वभावतः स्वच्छंद होते हैं। पर विशेष स्थिति में पड़कर वे इतने भीरु और लज्जालु हो जाते हैं कि नये आदमियों के सामने नहीं आते, लाख पूछने पर कोई

बात मुँह से नहीं निकालते। ऐसी दशा अधिकतर उन बच्चों की हो जाती है जो बात बात पर, उठते बैठते, हिलते, डोलते, डाँटे, धिक्कारे या चिढ़ाये जाते हैं। लोग अक्सर प्यार से बच्चों को किसी भद्दे बेढंगे या बुरे आदमी का ध्यान कराकर उन्हें चिढ़ाते हैं कि 'तुम वही हो।' इस प्रकार उन्हें सहमने, संकोच करने, लज्जित होने आदि का अभ्यास कराया जाता है जो बढ़ते बढ़ते बहुत बढ़ जाता है।

अपनी त्रुटि, बेढंगेपन, धृष्टता इत्यादि का परिचय दूसरों को, विशेषत: पुरुषों को, न मिले, इसका ध्यान स्त्रियों में बहुत अधिक और स्वाभाविक होता है; इसी से उनमें लज्जा अधिक देखी जाती है। वे सदा से पुरुषों के आश्रय में रहती आई हैं इससे हम धृष्ट या अप्रिय न लगें, इसकी आशंका उनमें चिर-स्थायिनी होकर लज्जा के रूप में हो गई है। बहुत सी स्त्रियाँ ऐसी होती हैं, विशेषत: बड़े घरों की, जिनको काम धंधे के रूप में भी लोगों के सामने हाथ-पैर हिलाने की धड़क नहीं खुली रहती, अत: उनका अधिक लज्जाशील होना ठीक ही है। लोग लज्जा को स्त्रियों के भूषण कह कहकर उनमें धृष्टता के दूषण से बचने का ध्यान और भी पक्का करते रहे। धीरे धीरे उनके रूप रंग के समान उनकी लज्जा भी पुरुषों के आनंद और विलास की एक सामग्री हुई। रस कोविद लोग मुग्धा और मध्या की लज्जा का वर्णन कान में डालकर रसिकों को आनंद से उन्मत्त करने लगे।

भेद में अभेद दृष्टि

नाना मतों और मजहबों की विशेष स्थूल बातों को लेकर झगड़ा टंटा करने का समय अब नहीं है। सब मतों और संप्रदायों में धर्म और ईश्वर की जो सामान्य भावना है उसी का पक्ष अब शिक्षित पक्ष के अंतर्गत आ सकता है। ईश्वर साकार है कि निराकार, लंबी दाढ़ी वाला है कि चार हाथवाला, अरबी बोलता है कि संस्कृत, मूर्ति पूजनेवालों से दोस्ती रखता है कि आसमान की ओर हाथ उठाने वालों से, इन बातों पर विवाद करनेवाले अब केवल उपहास के पात्र होंगे। इसी प्रकार सृष्टि के जिन रहस्यों को विज्ञान खोल चुका है उनके संबंध में जो प्राचीन पौराणिक कथाएँ और कल्पनाएँ (छः दिन में सृष्टि की उत्पत्ति, आदम हौवा का जोड़ा, चौरासी लाख योनि इत्यादि) हैं वे अब ढाल तलवार का काम नहीं दे सकतीं। अब जिन्हें मैदान में जाना हो वे नाना विज्ञानों से तथ्य संग्रह करके सीधे उस सीमा पर जायँ जहाँ दो पक्ष अड़े हुए हैं—एक ओर आत्मवादी, दूसरी ओर अनात्मवादी; एक ओर जड़वादी, दूसरी ओर नित्य चैतन्यवादी। यदि चैतन्य की नित्य सत्ता सर्वमान्य हो गई तो फिर सब मतों की भावना का समर्थन हुआ समझिए, क्योंकि चैतन्य सर्वस्वरूप है। नाना भेदों में अभेद दृष्टि ही सच्ची तत्त्व-दृष्टि है। इसी के द्वारा सत्य का अनुभव और मतमतांतर के रागद्वेष का परिहार हो सकता है।

इतिहास से प्रकट है कि आदि में सब देशों के बीच प्रकृति की भिन्न भिन्न शक्तियों और विभूतियों या उनके भिन्न भिन्न अधीश्वरों की भावना हुई और बहुदेवोपासना प्रचलित हुई। कुछ देशों में 'भेद में अभेद' की तत्त्वदृष्टि का क्रमश: विकास हुआ और सब देवों की समष्टि के रूप में एक ईश्वर की प्रतिष्ठा हुई। जिन दो देशों में सबसे पूर्व इस प्रकार स्वाभाविक क्रम से एक ब्रह्म की भावना का विकास हुआ वे भारत और बाबुल थे। भारतीय आर्यों के बीच एक ईश्वर या ब्रह्म की भावना का विकास शुद्ध तत्त्वदृष्टि से हुआ। पहले प्रकृति की भिन्न भिन्न शक्तियों या विभूतियों की उपासना चली, फिर तत्त्वदृष्टि से उन सबका एक में समाहार करके ब्रह्मवाद की स्थापना हुई। संहिताकाल में ही अग्नि, वायु, वरुण, इंद्र आदि एक ही ब्रह्म के नाना रूप माने जा चुके थे—

इंद्र, मित्रं, वरुणामग्निमाहुरथो दिव्यस्स सुपर्णो गरुत्मान् । एकं सद्विप्रा बहुधा वदंत्यग्नि यमं मातरिश्वानमाहुः ।

—(ऋग्वेद मं १।२।१६४।६४)

उपनिषत्काल में तो एक ब्रह्म की भावना पूर्णता को पहुँच गई थी और 'सर्व खल्विदं ब्रह्म' 'नेह नानाऽस्ति किञ्चन' 'तत्वमसि' इत्यादि वेदांत के महावाक्यों का पूर्ण रूप से प्रचार हो गया था। ठीक इसी रीति से पृथ्वी पर की अत्यंत प्राचीन खाल्दी जाति के बीच एक ईश्वर की भावना का विकास हुआ था। ईसा से २००० वर्ष पूर्व के बाबुल के एक खेल में वहाँ के भिन्न भिन्न देवता एक ही प्रधान देवता मरदक के भिन्न भिन्न रूप कहे गए हैं। एक नमूना देखिए—

नरगल युद्ध का मरदक है। बेल राजसत्ता का मरदक है।
शम्श धर्म का मरदक है। अदु वर्षा का मरदक है।
नबो व्यापार का मरदक है।

जहाँ एकेश्वरवाद का पहले पहल तत्त्वदृष्टि द्वारा स्वाभाविक क्रम से विकास हुआ वहाँ तो बहुदेववाद के साथ उसका पूरा समंवय रहा और किसी प्रकार के द्वेष, कलह और उपद्रव का सूत्रपात नहीं हुआ, पर जहाँ उसका कलम लगाया गया वहाँ आफत खड़ी हो गई। उपदेश देने में अधिकारियों का भेद इसीलिये किया जाता है। जब तक अंत:करणविकास द्वारा जिस ज्ञान का जो अधिकारी नहीं हो लेता तब तक न वह उसे पूरा पूरा ग्रहण ही कर सकता है, और न अधूरा ग्रहण करके पचा ही सकता है। बाबुल के इस एकेश्वरवाद की कुछ खबर यहूदियों को लगी। फिर क्या था, दर्शनविज्ञानविहीन पुराने यहूदियों की एक शाखा को अपने कुलदेवता 'यहोवा' को दूसरी जातियों के देवताओं से बड़ा प्रकट करने की धुन समाई। जैसे लड़के एक दूसरे से अभिमान के साथ कहते हैं कि हमारा खिलौना तुम्हारे खिलौने से अच्छा है वैसे ही अपने देवता को लेकर वे कहने लगे. पहले यह 'यहोवा' साधारण कुलदेवता था जिसे इसराईल के वंशवाले बलि चढ़ाया करते थे। इसकी शक्ति और इसका ज्ञान बहुत परिमित था। जब मिस्रदेश के राजा ने इसराईल वंशवालों को बहुत सताया तब उन्होंने अपने कुलदेवता की दुहाई दी। यहोवा ने कहा 'अच्छा' आज रात को मैं मिस्रियों का नाश करूँगा। पर एक काम करना, बलिदान करके पहचान के लिए रक्त का छापा अपने दरवाजों पर लगा देना, जिसमें उन घरों को मैं बचा जाऊँ। पीछे मूसा की कृपा से यही 'यहोवा' जमीन और आसमान का बनानेवाला खुदा हो गया। मूसाई मत से ही ईसाई मत निकला। यहूदियों और ईसाइयों को इस प्रकार द्वेषवश दूसरी जातियों की निंदा करने तथा उन्हें पापी और धर्मविमुख कहने का अवसर मिला। ज्ञान की असंस्कृत दशा में मनुष्य ऐसे अवसरों को हाथ से नहीं जाने देना चाहता। दूसरी जातियों के जो आचार व्यवहार और उपासना-

विधान (जैसे, मूर्तिपूजन) थे आसमानी किताब में वे पापों की सूची में डाल दिए गए। इस प्रकार अंतःकरण की इन वृत्तियों से प्रेरित होकर एशिया के पच्छिमी कोने पर जिस एकेश्वरवाद की स्थापना हुई उसके कारण बड़े बड़े अनर्थ संसार में हुए। अरब में पहुँचकर उसने जो रूप धारण किया उसका साक्षी इतिहास है।

उपर्युक्त तीनों अनार्य (शामी) पैगंबरी मतों में एक ईश्वर की जो प्रतिष्ठा हुई वह तत्त्वचिंतन के उपरांत नहीं, अतः उसमें उस व्यापकत्व का अभाव रहा जो उदार दृष्टि के लिए आवश्यक हैं। बहुदेवोपासना में जो उदार भाव था वह इस एकेश्वरोपासना में जाता रहा। बहुदेवोपासक जगत् में अनेक देवता मानते थे, इससे दूसरी जातियों को अपने से भिन्न देवताओं की उपासना करते देख वे द्वेष नहीं मानते थे। दूसरी जाति के देवताओं को ग्रहण करने या अपने देवताओं का नामांतर समझने तक के लिए वे तैयार रहते थे।[1] पर जिन जातियों के बीच इस पैगंबरी एकेश्वरवाद का प्रचार हुआ वे एक ईश्वर को अपना अलग देवता मानने लगीं जिसका परिचय यदि किसी को हो सकता था तो उन्हीं के पैगंबरों द्वारा। प्रत्येक पैगंबरी मत के ईश्वर के साथ साथ एक एक पैगंबर लगा हुआ है जिसे मानना उस एक ईश्वर के मानने से कम आवश्यक नहीं है।

इस पैगंबरी एकेश्वरवाद के पहले संसार में मतसंबंधी युद्ध नहीं होते थे। भारतीय आर्य, पारसी, खाल्दी, मिस्री, यूनानी और रोमन इत्यादि जो ज्ञानसमृद्ध और सभ्य बहुदेवोपासक जातियाँ थीं उनके बीच कभी इस बात को लेकर युद्ध नहीं हुआ कि हमारा देवता तुम्हारे देवता से बड़ा है, तुम हमारे देवता को मानो। योरप में साहित्य, दर्शन, विज्ञान और शासनकला की जो इतनी उन्नति हुई वह बहुदेवोपासक प्राचीन यूनानियों और रोमनों के प्रसाद से, अनार्य ईसाई मत के प्रसाद से नहीं। ईसाई मत के द्वारा, सच पूछिए, तो ज्ञान की गति में बाधा ही पड़ती रही। संकीर्ण नींव पर पैगंबरी मतों की स्थापना होने के कारण उनके अनुयायियों में व्यापक उदारता का अभाव रहा। उनकी समझ में उन्हें छोड़ और सारे संसार के लोग उनके खुदा के दुश्मन थे। अँगरेज कवि अंधे मिल्टन तक ने प्राचीन सभ्य जातियों के देवताओं को शैतान की फौज में भरती करके अपने कट्टरपन का—अपनी संकीर्ण मनोवृत्ति का—परिचय दिया है। उसने यह न सोचा कि ईसाई मत के प्रचार के बहुत पूर्व सभ्य मनुष्य जातियों में

---

१. यूनानी लोग जब पहले पहल भारतवर्ष में आए तब उन्होंने शिव, विष्णु आदि देवताओं को अपने ज्युपिटर, हर्क्युलीज आदि देवताओं के ही रूपांतर समझा। सभ्य और तत्त्वज्ञानसंपन्न होने के कारण उनके भाव उदार थे। ईसा से १४० वर्ष पूर्व के तक्षशिला के यूनानी राजा अंटियालिकडस के राजदूत हेलिओडोरस ने, जो विदिशा के हिंदू राजा के यहाँ रहता था, वासुदेव प्रीत्यर्थ एक विशाल गरुड़स्तंभ बनवाया था जो अभी थोड़े दिन हुए बेसनगर (प्राचीन विदिशा) में मिला था। उसकी इस विष्णुभक्ति की निंदा किसी यूनानी लेखक ने नहीं की है।

धर्म, शील और आचार के अत्यंत उच्च आदर्श प्रतिष्ठित थे।

भारतीय आर्यों के बीच उपनिषत्काल में ब्रह्म की भावना पूर्णता को पहुँच गई थी, इससे उसके स्थूल निरूपण से भी किसी प्रकार का विप्लव नहीं हुआ। केनोपनिषद् मे ब्रह्म के बोध के संबंध में एक गाथा है जो शायद ईसाई उपदेशकों को बहुत पसंद आवे। एक बार एक बड़ा भारी यक्ष प्रकट हुआ। इंद्र ने अग्नि को उसका परिचय जानने के लिए भेजा। अग्नि से उस यक्ष ने पूछा, 'तुम कौन हो और तुम्हारी शक्ति क्या है ?' अग्नि ने कहा, 'मैं अग्नि हूँ, यदि चाहूँ तो क्षण भर में सब लोकों को भस्म कर सकता हूँ।' यक्ष ने एक तिनका दिखा दिया और कहा—'इसे तो भस्म करो'। अग्नि ने बहुत यत्न किया पर वह तिनका न जला, ज्यों का त्यों रहा। फिर वायुदेवता उस यक्ष के पास गए। यक्ष ने पूछा 'तुम कौन हो और तुम्हारी शक्ति क्या है ?' वायु ने कहा—'मैं वायु हूँ यदि चाहूँ तो क्षण भर में सब कुछ उड़ा सकता हूँ।' यक्ष ने वायु को भी वही तिनका दिखाकर कहा, 'इसे तो उड़ाओ'। वायु ने बहुत वेग दिखाया पर वह तिनका जगह से न हटा। अंत में इंद्र आप वहाँ गए, पर उनके जाते ही यक्ष अंतर्द्धान हो गया। इतने में वहाँ 'उमा हैमवती' प्रकट हुई। उन्होंने बताया कि वह यक्ष ब्रह्म था।

ब्रह्म या ईश्वर की इस स्थूल भावना से भी यहाँ किसी प्रकार का मतोन्माद नहीं उत्पन्न हुआ। बात यह थी कि जब आर्यजाति सम्यक् तत्वदृष्टि प्राप्त कर चुकी तब आगे चलकर 'एक' और 'अनेक' को लेकर झगड़ा करने की संभावना सब दिन के लिए जाती रही। अधिकाभेद से एक और अनेक की उपासना साथ साथ बराबर चलती रही। एक ब्रह्म का ज्ञान हो जाने पर भी अनेक देवताओं के निमित्त यज्ञादि होते रहे, बंद नहीं हो गए। अनेकत्व और एकत्व के बीच इस अविरोधबुद्धि ने हिंदूधर्म के क्षेत्र को आरंभ ही से ऐसा अपरिमित रखा कि वह व्यक्तिबद्ध न होने पाया, उसमें वह संकीर्णता न आने पाई जो व्यक्ति विशेप के आश्रित पैगंबरी मतों में देखी जाती है। कर्म, ज्ञान और उपासना तीनों कांडों के परस्पर संबद्ध होने से जिस प्रकार एकमें ऊँची नीची श्रेणियाँ मानी गईं उसी प्रकार दूसरे में भी। एक सत्य से दूसरे, दूसरे से तीसरे, इस प्रकार से छोटे से बड़े, फिर उससे बड़े सत्य की अखंड परंपरा स्वीकृत की गई। इंगलैंड के प्रसिद्ध दार्शनिक हर्बर्ट स्पेंसर ने भी यही कहा है कि कोई मत कैसा ही हो उसमें कुछ न कुछ सत्य का अंश रहता है। भूतप्रेतवाद से लेकर बड़े दार्शनिक वादों तक सबमें एक बात समान रूप से देखी जाती है, सबके सब संसार का मूल कोई अज्ञेय और अप्रमेय रहस्य समझते हैं जिसका वर्णन प्रत्येक मत करना चाहता है, पर कर नहीं सकता। इसी बात पर दृष्टि रखने से हिंदुओं को दूसरी जातियों से अनाचार और अस्वच्छता (अशौच) आदि के कारण चाहे कुछ घृणा रही हो, पर अन्य देवता की उपासना के कारण द्वेष रखने की प्रवृत्ति नहीं हुई। श्रीकृष्ण भगवान् का स्पष्ट कहना है कि येऽप्यन्य देवताभक्ता यजंते श्रद्धयान्विताः। तेऽपिमामेव,

कौन्तेय, यजंत्यविधिपूर्वकम् । केवल 'अविधि पूर्वकम्' के लिए मारकाट की कोई जरूरत नहीं समझी गई ।

प्राचीन आर्य (भारतीय) धर्म में धर्माधर्म ईश्वर की किसी विशेष रूप में भावना या किसी देवता विशेष की आराधना पर नहीं ठहराया गया । वेदव्यास जी ने अत्यंत उदार भाव से कहा है कि धर्मात्मा पुरुष वर्णाश्रमधर्म (आर्य या हिंदूधर्म) के बाहर भी हैं । उन्होंने आर्यधर्म को न जानने या न माननेवाली विदेशी जातियों को धर्मशून्य नहीं बताया । श्रीकृष्ण ने कहा है—'ये यथा मां प्रपद्यंते तांस्तथैव भजाम्यहम् ।' यही कारण है कि प्राचीन आर्यों को अपना आचार और अपना विचार दूसरों के गले मढ़ने की उत्कंठा नहीं हुई । देशकाल के अनुसार जहाँ जो धर्मव्यवस्था स्थापित थी वहाँ के लिए वे उसी को उपयुक्त समझते थे । उपनिष्त्काल में एक ईश्वर या ब्रह्म की भावना परिपक्व होकर पूर्णरूप से जब प्रतिष्ठित हुई तब तक भूमंडल पर शायद बाबुल को छोड़ और कहीं नहीं हुई थी । पर उस एक ईश्वर या ब्रह्म को लेकर प्राचीन आर्य दूसरी सभ्य या असभ्य जातियों का गला काटने के लिए नहीं दौड़े थे । उन्हें यह पूर्ण ज्ञान था कि यह 'एक' 'अनेक' की समष्टि है अथवा 'अनेक' इस 'एक' के ही आभास हैं ।

जैसा पहले कहा जा चुका है 'भेदों में अभेद' दृष्टि ही सच्चा तत्त्वदृष्टि है । इसी के द्वारा सत्ता का आभास मिल सकता है । यही अभेद ज्ञान और धर्म दोनों का लक्ष्य है । विज्ञान इसी अभेद की खोज में है, धर्म इसी की ओर दिखा रहा है ।

सैद्धांतिकी

भाव

'भाव' ही कर्म के मूल प्रवर्तक और 'शील' के संस्थापक हैं। सुख और दुःख की इंद्रियज वेदना के अनुसार पहले पहल राग और द्वेष आदिम प्राणियों में प्रकट हुए जिनसे दीर्घ परंपरा के अभ्यास द्वारा आगे चलकर वासनाओं और प्रवृत्तियों का सूत्रपात हुआ। रति, शोक, क्रोध, भय आदि पहले वासना के रूप में थे, पीछे भाव रूप में आए। जात्यंतर परिणाम द्वारा समुन्नत योनियों का विकास और मनोविज्ञानमय कोश का पूर्ण विधान हो जाने पर विविध वासनाओं की नींव पर रति, हास, शोक, क्रोध इत्यादि 'भावों' की प्रतिष्ठा हुई। इंद्रियज सुखदुःख से भागवत हर्ष, शोक आदि में सबसे बड़ी विशेषता तो यह हुई कि पहले में प्रत्ययबोध आवश्यक नहीं था, पर दूसरे में प्रत्यय की प्रधानता हुई—पहले में ध्यान मुख्यतः सुख दुःख पर रहता था और दूसरे में हर्षशोक के विषय पर रहने लगा। इंद्रियज संवेदन वेदनाप्रधान होता है, वासना प्रवृत्तिप्रधान होती है और भाव वेद्यप्रधान (आलंबन प्रधान) होता है। वासनात्मक प्रवृत्ति में 'लक्ष्य' और 'आलंबन' भावना या प्रत्यय रूप में निर्दिष्ट नहीं होते। बहुत से जीवजंतु कोई भारी शब्द या खटका सुनते ही भाग खड़े होते हैं। मनुष्य भी कभी कभी ऐसा करता है। इस प्रकार की चेष्टा केवल इंद्रियज संवेदन पर निर्भर रहती है। प्रत्येक 'भाव' का आदिम वासनात्मक रूप प्रायः इसी प्रकार का होता है और उसका विधान शरीर की भीतरी और बाहरी बनावट के अनुसार होता है। जिन क्षुद्र से क्षुद्र जीवों के शरीर में बचाव के लिए शास्त्रविधान होता है वे बाधा पहुँचने पर आप से आप संस्कारवश जिधर से बाधा आती हुई जान पड़ती है उस ओर झपट पड़ते हैं। दुर्गंधयुक्त सड़े गले आहार से जो विशेष प्रकार का क्षोभ घ्राणेंद्रिय और रसनेंद्रिय में होता है उसकी अनुभूति जो कभी कभी वमनेच्छा या मतली के रूप में होती है—घृणा की प्रवृत्ति का मूल है। आगे चलकर अंतःकरण में प्रत्यय या भावना का विधान हो जाने पर ऐसे पदार्थों के दर्शन और स्पर्श क्या श्रवण मात्र से भी घृणा जाग्रत होने लगी। इसी प्रकार क्रमशः जुगुप्सा के 'भाव' का विधान हुआ। भाव योजना के सहारे मनुष्य गंदे और मैले कुचैले लोगों से ही नहीं बल्कि मलिन अंतःकरणवाले पापियों से भी घृणा करने लगा।

'प्रत्ययबोध' की ओर लक्ष्य करके ही साहित्यिकों ने 'भाव, शब्द का प्रयोग किया है जिसका अर्थ है चित्त की चेतन दशा विशेष। रति, क्रोध, भय आदि की वासनात्मक अवस्था में किसी चेतन दशा की अपेक्षा नहीं।

वासना या संस्कार प्राणी में केवल क्रिया के समय में ही नहीं और काल में भी बराबर निहित रहता है; पर भाव का विधान केवल उद्दीपन और क्रिया के समय होता है, उसके उपरांत नहीं रह जाता। पात्र के भाव की ही प्रतीति श्रोता या पाठक को रर रूप में होती है। इसी से साहित्यदर्पणकार ने प्रतीतिकाल में ही रस की सत्ता मानी है आगे पीछे नहीं—'न तु दीपेन घट इव पूर्वसिद्धो व्यज्जते।

वासना और भाव में दो बातों का और भेद है। वासना की प्रेरणा से जो क्रिया होती है उसका रूप निर्दिष्ट होता है, वह सदा उसी रूप की होती है, पर भाव के अनुसार जो क्रिया होती है वह बहुरूपिणी होती है—अर्थात् वह कभी किसी प्रकार की होती है, कभी किसी प्रकार की। दूसरी बात यह है कि वासनात्मक प्रवृत्ति 'जीवन प्रयत्न' से सीधा लगाव का होता है, पर भाव के और और लक्ष्य हुआ करते हैं। पर इससे यह न समझना चाहिए कि 'भाव' का वासनात्मक प्रवृत्ति से कोई लगाव ही नहीं रह जाता। मूल में वासनात्मक प्रवृत्ति बनी रहती है और 'भाव' से उस प्रवृत्ति को उत्तेजना मिलती है। 'भाव' की प्रतिष्ठा से बड़ी भारी बात यह होती है कि वासनात्मक प्रवृत्ति में जहाँ पहले केवल विषय के संपर्क काल में ही क्रिया होती थी वहाँ 'भाव' के संकेत रूप में स्थिर होने के कारण उक्त काल के पहले और पीछे भी क्रिया होने लगी। गाय अपने बछड़े को सामने पाकर ही प्रसन्न नहीं होती, जंगल से चरकर लौटते समय अपने बछड़े का ध्यान करके भी बड़े उत्साह के साथ बोलती हुई घर लौटती है। मनुष्य अपने विरुद्ध शत्रु की तैयारियों की खबर पाकर भी क्रुद्ध होता है और आक्रमण के पीछे उसका स्मरण करके भी। इस प्रकार 'भाव' की प्रतिष्ठा से प्राणियों के कर्मक्षेत्र का विस्तार बढ़ गया। 'भाव' मन की वेगयुक्त अवस्था विशेष है वह क्षुत्पिपासा, कामवेग आदि शरीर वेगों से भिन्न है।

'भाव' का विश्लेषण करने पर उसके भीतर तीन अंग पाये जाते हैं—

(१) वह अंग जो प्रवृत्ति या संस्कार के रूप में अंतस्संज्ञा में रहता है (वासना)।

(२) वह अंग जो विषय बिब के रूप में चेतना में रहता है और 'भाव' का प्रकृत स्वरूप है (भाव, आलंबन आदि की भावना)।

(३) वह अंग जो आकृति या आचरण में अभिव्यक्त होता है और बाहर देखा जा सकता है (अनुभाव और नाना प्रयत्न)।

इनमें से प्रथम का वह अंश जो पितृपरंपरा के बीच उत्तरोत्तर बद्धमूल होता आया है और विषय संपर्क होते ही उत्तेजित होकर सदा एक ही ढंग की क्रिया (जैसे सुकड़ना, भागना, छिपना) उत्पन्न करता है 'वासना' या संस्कार कहलाता

है। दूसरे के अंतर्गत आलंबन के प्रति अनुभूति विशेष के बोध के अतिरिक्त अनेक प्रकार की भावनाएँ और विचार भी आ जाते हैं। इस रीति से किसी एक 'भाव' के अधिकार में उच्च और निम्न श्रेणी की अंतःकरण वृत्तियों और शरीर व्यापारों का विधान मिलता है। विवेकात्मक बुद्धिव्यापार भी 'भावों' के शासन के भीतर आ जाते हैं।

सभ्यता की वृद्धि के साथ साथ ज्यों ज्यों मनुष्य के व्यापार बहुरूपी और जटिल होते गए। त्यों त्यों उनके मूल रूप बहुत कुछ आच्छन्न होते गए। भावों के आदिम और सीधे लक्ष्यों के अतिरिक्त और और लक्ष्यों की स्थापना होती गई; वासनाजन्य मूल व्यापारों के सिवा बुद्धि द्वारा निश्चित व्यापारों का विधान बढ़ता गया। इस प्रकार बहुत से ऐसे व्यापारों से मनुष्य घिरता गया जिनके साथ उसके भावों का सीधा लगाव नहीं। जैसे आदि में भय का लक्ष्य अपने शरीर और अपनी संतति ही की रक्षा तक था; पर पीछे गाय, बैल, अन्न आदि की रक्षा आवश्यक हुई, यहाँतक कि होते होते धन, मान, अधिकार, प्रभुत्व इत्यादि अनेक बातों की रक्षा की चिंता ने घर किया और रक्षा के उपाय भी वासनाजन्य प्रवृत्ति से भिन्न प्रकार के होने लगे। इसी प्रकार क्रोध, घृणा, लोभ आदि अन्य भावों के विषय भी अपने मूल रूपों से भिन्न रूप धारण करने लगे। कुछ भावों के विषय तो 'अमूर्त' तक होने लगे जैसे कीर्ति की लालसा। ऐसे भावों को ही बौद्ध दर्शन में 'अरूपराग' कहते हैं; पर भावों के विषयों और प्रेरित व्यापारों में यह प्रत्यक्ष अनेकरूपता आने पर भी उनका संबंध भावों के मूल रूपों और उनके मूल विषयों से परोक्ष रूप में बना है और बना रहेगा। किसी का कुटिल भाई उसे संपत्ति से एकदम वंचित रखने के लिए वकीलों की सलाह से एक नया दस्तावेज तैयार कराता है। इसकी खबर पाकर वह क्रोध में नाच उठता है। प्रत्यक्ष रूप में उसके क्रोध का विषय है वह नया दस्तावेज। पर उस दस्तावेज का संबंध अंततः जाकर इस बात से ठहरता है कि उसे और उसकी संतति को अन्न वस्त्र न मिलेगा। अतः उसके क्रोध में और उस कुत्ते के क्रोध में जिसके सामने का भोजन कोई दूसरा कुत्ता छीन रहा है सिद्धांततः कोई भेद नहीं है—भेद है केवल विषय के थोड़ा रूप बदलकर आने में। इसी रूप बदलने का नाम है सभ्यता। इस रूप बदलने से होता यह है कि उससे उत्तेजित क्रोध आदि को भी अपना रूप कुछ बदलना पड़ता है—वह भी कुछ कपड़े लत्ते पहनकर समाज में आता है जिससे मारपीट, छीन खसोट आदि भद्दे समझे जानवाले व्यापारों का कुछ निवारण होता है।

पर यह प्रच्छन्न रूप उतना मर्मस्पर्शी नहीं हो सकता। इसी से इस प्रच्छन्नता का उद्‌घाटन 'काव्य' का एक मुख्य कार्य है। ज्यों ज्यों सभ्यता बढ़ती जायगी त्यों त्यों यह काम बढ़ता जायगा, मनुष्य की मूल रागात्मिका वृत्ति से सीधा संबंध रखनेवाले रूपों को प्रत्यक्ष करने के लिए उसे बहुत से परदों को हटना पड़ेगा। इससे यह स्पष्ट है कि ज्यों ज्यों सभ्यता बढ़ती जायगी त्यों त्यों एक ओर

तो काव्य की आवश्यकता बढ़ती जायगी दूसरी ओर कवि कर्म कठिन होता जायगा। ऊपर जिस क्रुद्ध व्यक्ति का उदाहरण दिया गया है वह यदि क्रोध से छुट्टी पाकर अपने भाई के चित्त में दया का संचार करना चाहेगा तो क्षुब्ध होकर उससे कहेगा—'भाई ! तुम सब प्रयत्न इसी लिए न करते हो कि तुम पक्की हवेली में बैठकर हलवा पूरी खाओ और मैं एक झोपड़ी में बैठा सूखे चने चबाऊँ, तुम्हारे लड़के दुशाले ओढ़कर निकलें और मेरे बच्चे ठंड से काँपते रहें।' यह हुआ प्रकृत रूप का प्रत्यक्षीकरण। इसमें सभ्यता के बहुत से आवरणों को हटाकर वे मूल गोचर रूप सामने रक्खे गए हैं जिनसे हमारे भावों का सीधा लगाव है और जो इस कारण भावों को उत्तेजित करने में समर्थ हैं। कोई बात जब इस रूप में आएगी तभी उसे काव्य का रूप प्राप्त होगा। 'तुमने हमें नुकसान पहुँचाने के लिए दस्तावेज बनाया' इस वाक्य में रसात्मकता नहीं। इसी बात को ध्यान में रखकर ध्वनिकार ने कहा है—नहि कवेरितिवृत्त मात्रनिर्वाहेणात्मपदलाभः। इसी प्रकार देश की आजकल की दशा के वर्णन में यदि हम केवल इस प्रकार के वाक्य कहते जायें कि 'हम मूर्ख, बलहीन और आलसी हो गए हैं, हमारा धन विदेश चला जाता है, रुपये का डेढ़ पाव घी बिकता है, स्त्रीशिक्षा का अभाव है तो वे छंदोबद्ध होने पर भी काव्य पद के अधिकारी न होंगे। सारांश यह कि काव्य के लिए अनेक स्थलों पर हमें भावों के विषय के मूल और आदिम रूपों तक जाना होगा जो मूर्त और गोचर होंगे। जबतक भावों से सीधा लगाव रखनेवाले मूर्त और गोचर रूप न मिलेंगे तबतक काव्य का वास्तव रूप खड़ा नहीं हो सकता। भावों के अमूर्त विषयों के आधार भी मूल में मूर्त और गोचर मिलेंगे, जैसे यशोलिप्सा में कुछ दूर चलकर उस आनंद के उपभोग की प्रवृत्ति छिपी हुई पाई जायगी जो अपनी तारीफ कान में पड़ने से हुआ करता है।

काव्य में अर्थग्रहण मात्र से काम नहीं चलता, बिंबग्रहण अपेक्षित होता है। यह बिंबग्रहण निर्दिष्ट, गोचर और मूर्त विषय का ही हो सकता है। 'रुपये का डेढ़ पाव घी मिलता है' इस कथन से कल्पना में यदि कोई बिंब या मूर्ति उपस्थित होगी तो वह तराजू लिए हुए बनिये की होगी। जिससे हमारे करुण भाव का सीधा लगाव न होगा। बहुत कम लोगों को घी खाने को मिलता है, अधिकतर लोग रूखी सूखी खाकर रहते हैं—इस बात तक हम अर्थग्रहण परंपरा द्वारा इस चक्कर के साथ पहुँचते हैं—एक रुपये का बहुत कम घी मिलता है इससे रुपये वाले ही घी खा सकते हैं; पर रुपये वाले बहुत कम हैं, इससे अधिक जनता घी नहीं पा सकती, रूखी सूखी खाकर रहती है।[1] यदि इसे व्यंजना कहें तो यह वस्तु व्यंजना होगी जिससे काव्य को उतना सरोकार नहीं। इस विषय का विस्तृत विवेचन 'शब्दशक्ति' के अंतर्गत होगा।

---

१. दिखाइए—चिंतामणि—पहला भाग, पृष्ठ १६५ से १६८ तक।

ऊपर जो भाव का विश्लेषण किया गया उससे यह स्पष्ट है कि 'भाव' का विधान हो जाने पर भी वासनात्मक प्रवृत्ति मूल में बनी रहती है। बात यह है कि आदिम क्षुद्र जंतुओं में पहले सब व्यापार केवल बँधी चली आती हुई सहज प्रवृत्ति के अनुसार होते रहे फिर आगे चलकर उन्नत जंतुओं में प्रवृत्ति के उत्तेजक विषय की 'प्रत्यय' के रूप में धारणा भी होने लगी। इस विषय प्रत्यय के साथ सुख या दुःख की अनुभूति का बोध भी मिला समझना चाहिए। अतः भाव उस विशेष रूप के चित्तविकार को कहते हैं जिसके अंतर्गत विषय के स्वरूप की धारणा, सुखात्मक या दुःखात्मक अनुभूति का बोध और प्रवृत्ति के उत्तेजन से विशेष कर्मों की प्रेरणा पूर्वापर संबद्ध संघटित हों। संक्षेप में—

प्रत्यय बोध, अनुभूति और वेगयुक्त प्रवृत्ति इन तीनों के गूढ़ संश्लेष का नाम 'भाव' है।

मन के प्रत्येक वेग को भाव नहीं कह सकते, मन का वही वेग 'भाव' कहला सकता है जिसमें चेतना के भीतर आलंबन आदि प्रत्यय रूप से प्रतिष्ठित होंगे।

कविता क्या है ?

कविता वह साधन है जिसके द्वारा शेष सृष्टि के साथ मनुष्य के रागात्मक संबंध की रक्षा और निर्वाह होता है। राग से यहाँ अभिप्राय प्रवृत्ति और निवृत्ति के मूल में रहनेवाली अंतःकरणवृत्ति से है। जिस प्रकार निश्चय के लिए प्रमाण की आवश्यकता होती है उसी प्रकार प्रवृत्ति या निवृत्ति के लिये भी कुछ विषयों का बाह्य या मानस प्रत्यक्ष अपेक्षित होता है। यही हमारे रागों या मनोवेगों के—जिन्हें साहित्य में भाव कहते हैं—विषय हैं। कविता उन मूल और आदिम मनोवृत्तियों का व्यवसाय है जो सजीव सृष्टि के बीच सुखदुख की अनुभूति से विरूप परिणाम द्वारा अत्यंत प्राचीन कल्प में प्रकट हुई और जिनके सूत्र से शेष सृष्टि के साथ तादात्म्य का अनुभव मनुष्य जाति आदि काल से करती चली आई है। वन, पर्वत, नदी, नाले, निर्झर, कछार, पटपर, चट्टान, वृक्ष, लता, झाड़, पशु, पक्षी, अनंत आकाश, नक्षत्र इत्यादि तो मनुष्य के आदिम सहचर हैं ही; पर खेत, ढुर्री, हल, झोंपड़े, चौपाए आदि भी कुछ कम पुराने नहीं हैं। इनके द्वारा प्राप्त रागात्मक संस्कार मानव अंतःकरण में दीर्घपरंपरा के कारण मूल रूप से बद्ध हैं। अत: इनके द्वारा जैसा पक्का रसपरिपाक संभव है वैसा कल, कारखाने, गोदाम, स्टेशन, एंजिन, हवाई जहाज इत्यादि द्वारा नहीं।

रागों या वेगस्वरूप मनोवृत्तियों का सृष्टि के साथ उचित सामंजस्य स्थापित करके कविता मानवजीवन के व्यापकत्व की अनुभूति उत्पन्न करने का प्रयास करती है। यदि इन वृत्तियों को समेटकर मनुष्य अपने अंतःकरण के मूल रागात्मक अंश को सृष्टि से किनारे कर ले तो फिर उसके जड़ हो जाने में क्या संदेह है ? यदि वह लहलहाते हुए खेतों और जंगलों, हरी घास के बीच घूम घूमकर बहते हुए नालों, काली चट्टानों पर चाँदी की तरह ढलते हुए झरनों, मंजरियों से लदी हुई अमराइयों, पटपर के बीच खड़े झाड़ों को देख क्षण भर लीन न हुआ, यदि कलरव करते हुए पक्षियों के आनंदोत्सव में उसने योग न दिया, यदि खिले हुए फूलों को देख वह न खिला, यदि सुंदर रूप देख पवित्र भाव से मुग्ध न हुआ, यदि दीनदुखी का आर्त्तनाद सुन न पसीजा, यदि अनाथों और अबलाओं पर अत्याचार होते देख क्रोध से न तिलमिलाया, यदि हास्य की अनूठी उक्ति पर न हँसा तो उसके जीवन में रह क्या गया ? मनुष्य के व्यापार का क्षेत्र ज्यों ज्यों

जटिल और सघन होता गया त्यों त्यों सृष्टि के साथ उसके रागात्मक संबंध के विच्छेद की आशंका बढ़ती गई। ऐसी स्थिति में बड़े बड़े कवि ही उसे सँभालते आए हैं।

जो कुछ अब तक कहा गया उससे यह स्पष्ट है कि सृष्टि के नाना रूपों के साथ मनुष्य की भीतरी रागात्मिका प्रकृति का सामंजस्य ही कविता का लक्ष्य है। वह जिस प्रकार प्रेम, क्रोध, करुणा, घृणा आदि मनोवेगों या भावों पर सान चढ़ाकर उन्हें तीक्ष्ण करती है उसी प्रकार जगत् के नाना रूपों और व्यापारों के साथ उनका उचित संबंध स्थापित करने का भी उद्योग करती है। इस बात का निश्चय हो जाने पर वे सब मतभेद दूर हो जाते हैं जो काव्य के नाना लक्षणों और विशेषत: रस आदि के भेदप्रतिबंधों के कारण चल पड़े हैं। ध्वनि संप्रदायवालों का नैयायिकों से उलझना, आलंकारिकों का रसप्रतिपादकों से झगड़ना एक पतली गली में बहुत से लोगों का धक्कमधक्का करने के समान है। "वाक्यं रसात्मक काव्यम्" में कुछ लोगों को जो अव्याप्ति दिखाई पड़ी है वह नौ भेदों के कारण। रस के नौ भेदों की लीक के भीतर सृष्टि के बहुत थोड़े से अंश के वर्णन के लिये शृंगार के उद्दीपन विभाव के अंतर्गत उन्हें थोड़ी सी जगह दिखाई पड़ी। हमारे पिछले खेवे के हिंदी कवियों ने तो उतने ही पर संतोष किया। रीति के अनुसार 'षट् ऋतु' के अंतर्गत कुछ इनीगिनी वस्तुओं को लेकर कभी नायिका को हर्ष से पुलकित करके और कभी विरह से विकल करके वे चलते हुए।

बात यह है कि आरंभ में कहे हुए काव्य के व्यापक आदर्श से जिस समय संस्कृत काव्य च्युत हो चुका था उस समय में हिंदीकाव्य अग्रसर हुआ, इससे उसमें सृष्टिवर्णन का व्यापक समावेश न होने पाया। यह कमी केशव की लीक पीटनेवाले 'कविंदों' में ही नहीं है, प्रत्युत उनसे पहले के वास्तविक काव्य, महाकाव्य, आख्यानकाव्य रचनेवाले बड़े बड़े कवियों में भी पाई जाती है। वाल्मीकि के वर्षा और शरद् के विशद वर्णन को गो० तुलसीदासजी के वर्णनों से मिलाने से यह बात समझ में आ जायगी। कहाँ—

> क्वचित्प्रकाशं क्वचिदप्रकाशं
> नभः प्रकीर्णाम्बु घनं विभाति।
>
> × × ×

और

> व्यामिश्रितं सजकदंबपुष्पै-
> र्नवं जलं पर्वतधातुताम्रम्।
> मयूरकेकाभिरनुप्रयातं
> शैलापगाः शीघ्रतरं वहंति॥

और कहाँ—

बरसहिं जलद भूमि नियराए।
यथा नवहिं बुध विद्या पाए॥
दामिनि दमक रही घन माहीं।
खल की प्रीति यथा थिर नाहीं॥

कहाँ प्रकृति का वह सूक्ष्म निरीक्षण कहाँ उदाहरण की ओर यह टूटना। बाबाजी की दृष्टि 'यथा नवहिं बुध विद्या पाए' इस उपदेशात्मक वाक्य की ओर अधिक जान पड़ती है, वस्तुवर्णन की ओर कम। भारतेंदु का गंगा और यमुना वर्णन अच्छा कहा जाता है पर वह भी परंपराभुक्त और उपमाप्रधान है।

हिंदीवाले चाहे ऐसे वर्णनों से अपना संतोष कर लें पर जिनकी आँखों के सामने कुमारसंभव का हिमालयवर्णन और मेघदूत का नाना प्रदेशवर्णन नाच रहा था वे स्पष्ट देख सके कि प्रकृति का वह सूक्ष्म निरीक्षण शृंगार के उद्दीपन विभाव की दृष्टि से नहीं है; शुद्ध वर्णन के निमित्त, दृश्य अंकित करने के निमित्त है। उन्होंने रस की नौ नालियों के भीतर ऐसे शुद्ध वर्णनों के लिये कोई गड्ढा न पाकर 'रसात्मक वाक्यम्' से असंतोष प्रकट किया। पर असंतोष नाली बनानेवालों के प्रति होना चाहिए था, रस के सिद्धांत के प्रति नहीं। प्राकृतिक दृश्यों के वर्णन में एक प्रकार का रस अवश्य है चाहे उसे अनिर्वचनीय कहिए, चाहे उसका कोई नाम रखिए, चाहे उसे किसी रस के भीतर कीजिए।

कार्य में प्रवृत्ति

यदि क्रोध, करुणा, दया, प्रेम आदि मनोभाव मनुष्य के अंतःकरण से निकल जाएँ तो वह कुछ भी नहीं कर सकता। कविता हमारे मनोभावों को उच्छ्वसित करके हमारे जीवन में एक नया जीवन डाल देती है; हम सृष्टि के सौंदर्य को देखकर मोहित होने लगते हैं; कोई अनुचित या निष्ठुर काम हमें असह्य होने लगता है; हमें जान पड़ता है कि हमारा जीवन कई गुना अधिक होकर समस्त संसार में व्याप्त हो गया है। इस प्रकार कविता की प्रेरणा से कार्य में प्रवृत्ति बढ़ जाती है। केवल विवेचना के बल से हम किसी कार्य में बहुत कम प्रवृत्त होते हैं। केवल इस बात को जानकर ही हम किसी काम के करने या न करने के लिये प्रायः तैयार नहीं होते कि वह काम अच्छा है या बुरा, लाभदायक है या हानिकारक। जब उसकी या उसके परिणाम की कोई ऐसी बात हमारे सामने उपस्थित हो जाती है जो हमें आह्लाद, क्रोध, करुणा आदि से विचलित कर देती है तभी हम उस काम को करने या न करने के लिये प्रस्तुत होते हैं। केवल बुद्धि हमें काम करने के लिये उत्तेजित नहीं करती। काम करने के लिये मन ही हमको उत्साहित करता है। अतः कार्यप्रवृत्ति के लिये मन में वेग का आना आवश्यक है।

कविता के द्वारा हम संसार के सुख, दुःख, आनंद और क्लेश आदि यथार्थ

रूप से अनुभव करने में अभ्यस्त होते हैं जिससे हृदय की स्तब्धता हटती है और मनुष्यता आती है। किसी लोभी और कंजूस दूकानदार को

स्वभावसंशोधन

देखिए जिसने लोभ के वशीभूत होकर क्रोध, दया, भक्ति, आत्माभिमान आदि मनोविकारों को दबा दिया है और संसार के सब सुखों से मुँह मोड़ लिया है। अथवा किसी महाक्रूर राजकर्मचारी के पास जाइए जिसका हृदय पत्थर के समान जड़ और कठोर हो गया है, जिसे दूसरे के दु:ख और क्लेश का अनुभव स्वप्न में भी नहीं होता। ऐसा करने से आपके मन में यह प्रश्न अवश्य उठेगा कि क्या इनकी भी कोई दवा है। ऐसे हृदयों को द्रवीभूत करके उन्हें अपने स्वाभाविक धर्म पर लाने का सामर्थ्य काव्य ही में है।

प्राय: लोग कहा करते हैं कि काव्य का मुख्य उद्देश्य मनोरंजन है। मेरी समझ में केवल मनोरंजन उसका साध्य नहीं है। कविता पढ़ते समय मनोरंजन अवश्य होता है, पर उसके उपरांत कुछ और भी होता है।

मनोरंजन

मनोरंजन करना कविता का वह प्रधान गुण है जिससे वह मनुष्य के चित्त को अपना प्रभाव जमाने के लिए वश में किए रहती है, उसे इधर उधर जाने नहीं देती। यही कारण है कि नीति और धर्म-संबंधी उपदेश चित्त पर वैसा असर नहीं करते जैसा कि काव्य या उपन्यास से निकली हुई शिक्षा असर करती है। केवल यही कहकर कि "परोपकार करो", "सदैव सच बोलो", "चोरी करना महापाप है" हम यह आशा कदापि नहीं कर सकते कि कोई अपकारी मनुष्य परोपकारी हो जायगा, झूठा सच्चा हो जायगा और चोर चोरी करना छोड़ देगा। क्योंकि पहले तो मनुष्य का चित्त ऐसी सूखी शिक्षाएँ ग्रहण करने के लिए उद्यत ही नहीं होता; दूसरे मानवजीवन पर उनका कोई प्रभाव अंकित न देखकर वह उनकी कुछ परवाह नहीं करता। पर कविता अपनी मनोरंजक शक्ति के द्वारा पढ़ने या सुननेवाले का चित्त उचटने नहीं देती, उसके हृदय के मर्म स्थानों को स्पर्श करती है और सृष्टि में उक्त कर्मों के स्थान और संबंध की सूचना देकर मानवजीवन पर उनका प्रभाव और परिणाम विस्तृत रूप से अंकित करके दिखलाती है। इंद्रासन खाली कराने का वचन देकर, हूर और गिलमा का लालच दिखाकर, यमराज का स्मरण दिलाकर, दोजख की जलती हुई आग की धमकी देकर हम बहुधा किसी मनुष्य को सदाचारी और कर्त्तव्यपरायण नहीं बना सकते। बात यह है कि इस तरह का लालच या धमकी ऐसी है जिससे मनुष्य परिचित नहीं और जो इतनी दूर की है कि उसकी परवा करना मानवप्रकृति के विरुद्ध है। सदाचार में एक अलौकिक सौंदर्य और माधुर्य होता है। अत: लोगों को सदाचार की ओर आकर्षित करने का प्रकृत उपाय यही है कि उनको उसका सौंदर्य और माधुर्य दिखाकर लुभाया जाय, जिससे वे बिना आगा पीछा सोचे मोहित होकर उसकी ओर ढल पड़ें।

मन को अनुरंजित करना और उसे सुख पहुँचाना ही यदि कविता का धर्म

माना जाए तो कविता भी केवल विलास की सामग्री हुई। परंतु क्या हम कह सकते हैं कि वाल्मीकि का आदि काव्य, कालिदास का मेघदूत, तुलसीदास का रामचरितमानस या सूरदास का सूरसागर विलास की सामग्री है ? यदि इन ग्रंथों से मनोरंजन होगा तो चरित्र संशोधन भी अवश्य ही होगा। मन लगने से यह सूचित होगा कि मन अब इस अवस्था में हो गया है कि उस पर कोई प्रभाव डाला जाए। खेद के साथ कहना पड़ता है कि हिंदी भाषा के अनेक कवियों ने शृंगार रस की उन्मादकारिणी उक्तियों से साहित्य को इतना भर दिया है कि कविता भी विलास की एक सामग्री समझी जाने लगी है।

कविता का काम मनोरंजन ही नहीं, कुछ और भी है। चरित्रचित्रण द्वारा जितनी सुगमता से शिक्षा दी जा सकती है उतनी सुगमता से किसी और उपाय द्वारा नहीं। आदि काव्य रामायण में जब भगवान् रामचंद्र के प्रतिज्ञापालन, सत्यव्रताचरण और पितृभक्ति आदि की छटा देखते हैं; भरत के सर्वोच्च स्वार्थ त्याग और सर्वांगपूर्ण सात्विक चरित्र का अलौकिक तेज देखते हैं, तब हमा[रा] हृदय श्रद्धा, भक्ति और आश्चर्य से स्तंभित हो जाता है। इसके विरुद्ध जब ह[म] रावण की दुष्टता और उद्दंडता का चित्र देखते हैं तब समझते हैं कि दुष्टत[ा] क्या चीज है, उसका प्रभाव और परिणाम सृष्टि में क्या है। अब देखिए कवि[ता] द्वारा कितना उपकार होता है। उसका काम भक्ति, श्रद्धा, दया, करुणा, क्रो[ध] और प्रेम आदि मनोवेगों को तीव्र और परिमार्जित करना तथा सृष्टि की वस्तुअ[ों] और व्यापारों से उनका उचित और उपयुक्त संबंध स्थिर करना है।

उच्च आदर्श

कविता मनुष्य के हृदय को उन्नत करती है और ऐसे ऐसे उत्कृष्ट और अलौकिक पदार्थों का परिचय कराती है जिनके द्वारा यह लोक देवलोक और मनुष्य देवता हो सकता है।

कविता की आवश्यकता

कविता इतनी प्रयोजनीय वस्तु है कि संसार की सभ्य और असभ्य सभी जातियों में पाई जाती है। चाहे इतिहास न हो, विज्ञान न हो, दर्शन न हो, पर कविता अवश्य होगी। इसका क्या कारण है ? बात यह है कि मनुष्य अपने ही व्यापारों का ऐसा घना मंडल बाँधता चला आ रहा है जिसके भीतर फँसकर वह शेष सृष्टि के साथ अपने हृदय का संबंध कभी कभी नहीं रख सकता। इस बात से मनुष्य की मनुष्यता जाती रहने का डर रहता है। अतएव मानुषी प्रकृति को जाग्रत रखने के लिए कविता मनुष्यजाति के संग लग गई है। कविता यही प्रयत्न करती है कि शेष प्रकृति से मनुष्य की दृष्टि फिरने न पाए। जानवरों को इसकी जरूरत नहीं। हमने किसी उपन्यास में पढ़ा है कि एक चिड़चिड़ा बनिया अपनी सुशीला और परम रूपवती पुत्रवधू को अकारण निकालने को उद्यत हुआ। जब उसके पुत्र ने अपनी स्त्री की ओर से कुछ कहा तो वह चिढ़कर बोला—"चल चल ! भोली सूरत पर मरा जाता है।" आह ! यह कैसा अमानुषिक बर्ताव है !

सांसारिक बंधनों में फँसकर मनुष्य का हृदय कभी कभी इतना कठोर और कुंठित हो जाता है कि उसकी चेतना, उसका मानुष भाव कम हो जाता है। न उसे किसी का रूपमाधुर्य देखकर उस पर उपकार करने की इच्छा होती है, न उसे किसी दीनदुखिया की पीड़ा देखकर करुणा आती है, न उसे अपमानसूचक बातें सुनकर क्रोध आता है। ऐसे लोगों से यदि किसी लोमहर्षण अत्याचार की बात कही जाय तो, मनुष्य के स्वाभाविक धर्मानुसार, वे क्रोध या घृणा प्रकट करने के स्थान पर रुखाई के साथ यही कहेंगे—"जाने दो, हमसे क्या मतलब ? चलो, अपना काम देखो।" याद रखिए, यह महाभयानक मानसिक रोग है। इससे मनुष्य जीते जी मृतवत् हो जाता है। कविता इसी मर्ज की दवा है।

कविता सृष्टिसौंदर्य का अनुभव कराती है और मनुष्य को सुंदर वस्तुओं में अनुरक्त और कुत्सित वस्तुओं से विरक्त करती है। कविता जिस प्रकार विकसित

अंतःसौंदर्य

कमल, रमणी के मुख आदि का सौंदर्य चित्त में अंकित करती है उसी प्रकार औदार्य, वीरता, त्याग, दया इत्यादि का सौंदर्य भी दिखाती है। जिस प्रकार वह रौरव नरक और गंदी गलियों की वीभत्सता दिखाती है उसी प्रकार क्रूरों की हिंसावृत्ति और दुष्टों की ईर्ष्या आदि की जघन्यता भी। यहीं तक नहीं, जिन वृत्तियों का प्रायः बुरा रूप ही हम संसार में देखा करते हैं उनका सुंदर रूप भी वह अलग करके दिखाती है। दशवदननिधनकारी राम के क्रोध के सौंदर्य पर कौन मोहित न होगा ? जो कविता रमणी के रूपमाधुर्य से हमें आह्लादित करती है वही उसके अंतःकरण की सुंदरता और कोमलता आदि की मनोहारिणी छाया दिखाकर मुग्ध भी करती है। बाह्य सौंदर्य के अवलोकन से हमारी आत्मा को जिस प्रकार संतोष होता है उसी प्रकार मानसिक सौंदर्य से भी। जिस प्रकार वन, पर्वत, नदी, झरने आदि से हम आह्लादित होते हैं उसी प्रकार मानसिक अंतःकरण में प्रेम, स्वार्थत्याग, दया, दाक्षिण्य, करुणा, भक्ति आदि उदात्त वृत्तियों को प्रतिष्ठित देख हम आनंदित होते हैं। यदि इन दोनों बाह्य और आभ्यंतर सौंदर्य का कहीं संयोग दिखाई पड़े तो फिर क्या कहना है ! यदि किसी अत्यंत सुंदर पुरुष वा अत्यंत रूपवती स्त्री के रूपमात्र का वर्णन करके हम छोड़ दें तो चित्र अपूर्ण होगा, किंतु यदि हम साथ ही हृदय की दृढ़ता और सत्यप्रियता अथवा कोमलता और स्नेहशीलता आदि की भी झलक दिखाएँ तो उस वर्णन में सजीवता आ जायगी।

बात यह है कि कविता सौंदर्य और सात्विकशीलता या कर्त्तव्यपरायणता में भेद नहीं देखा चाहती। इसी से उत्कर्षसाधन के लिए कवियों ने प्रायः रूपसौंदर्य और अंतःकरण के सौंदर्य का मेल कराया है। राम का रूपमाधुर्य और रावण का विकराल रूप अंतःकरण के प्रतिबिंब मात्र हैं। बाह्य प्रकृति को भी मिला लेने से वर्णन का प्रभाव कभी कभी बहुत बढ़ जाता है। चित्रकूट ऐसे रम्य स्थान में राम

और भरत ऐसे रूपवानों के रम्य अंतःकरण की छटा क्या कहना है !

जो लोग स्वार्थवश व्यर्थ की प्रशंसा और खुशामद करके वाणी का दुरुपयोग करते हैं वे सरस्वती का गला घोंटते हैं। ऐसी तुच्छ वृत्तिवालों को कविता न करनी चाहिए। कविता उच्चाशय, उदार और निःस्वार्थ हृदय की उपज है। सत्कवि मनुष्यमात्र के हृदय में सौंदर्य का प्रवाह बहानेवाला है। उसकी दृष्टि में राजा और रंक सब समान हैं। वह उन्हें मनुष्य के सिवा और कुछ नहीं समझता। जिस प्रकार महल में रहने वाले बादशाह के वास्तविक सद्गुणों की वह प्रशंसा करता है उसी प्रकार झोंपड़े में रहनेवाले किसान के सद्गुणों की भी। श्रीमानों के शुभागमन की कविता लिखना और बात बात पर उनको बधाई देना सत्कवि का काम नहीं। हाँ, जिसने निःस्वार्थ होकर और कष्ट सहकर देश और समाज की सेवा की है, दूसरों का हितसाधन किया है, धर्म का पालन किया है ऐसे परोपकारी महात्मा का गुणगान करना उसका कर्त्तव्य है।

कविता का दुरुपयोग

मनुष्य स्वभाव ही से प्राचीन पुरुषों और वस्तुओं को श्रद्धा की दृष्टि से देखता है। पुराने शब्द हम लोगों को मालूम ही रहते हैं। इसी से कविता में कुछ न कुछ पुराने शब्द आ ही जाते हैं। उनका थोड़ा बहुत बना रहना अच्छा भी है। वे आधुनिक और पुरातन कविता के बीच संबंधसूत्र का काम देते हैं। अंग्रेजी कविता में भी ऐसे शब्दों का अभाव नहीं है जिनका व्यवहार बहुत पुराने जमाने से कविता में होता आया है। मेन (Main), स्वेन (Swain) आदि शब्द ऐसे ही हैं। अंग्रेजी कविता समझने के लिए इनसे परिचित होना पड़ता है। पर ऐसे शब्द बहुत थोड़े आने चाहिएँ; वे भी ऐसे जो भद्दे और गवाँरू न हों।

कविता की भाषा

कविता में कही गई बात चित्र रूप में हमारे सामने आती है, संकेत रूप में नहीं। अतः उसमें गोचर रूपों का ही विधान अधिकतर होता है। वह ऐसे ही व्यापारों को लेती है जो संसार में सबसे अधिक मनुष्यों को सबसे अधिक दिखाई पड़ते हैं। उसमें प्रत्यक्ष और स्वभावसिद्ध व्यापारसूचक शब्दों की संख्या अधिक रहती है। "समय बीता जाता है" कहने की अपेक्षा "समय भागा जाता है" कहना अधिक काव्यसंगत है। किसी काम से हाथ खींचना, किसी का रुपया खा जाना, कोई बात पी जाना, दिन ढलना या डूबना, मन मारना, मन छूना, शोभा बरसना आदि ऐसे ही कविसमयसिद्ध वाक्य हैं जो बोलचाल में आ गए हैं।

बहुत से ऐसे शब्द हैं जिनसे एक ही का नहीं किंतु कई क्रियाओं का एक ही साथ बोध होता है। ऐसे शब्दों को हम मिश्रसंकेत कह सकते हैं। किसी ने कहा 'वहाँ बड़ा अत्याचार हो रहा है।' इस अत्याचार शब्द के अंतर्गत मारना, पीटना, डाटना, डपटना, लूटना पाटना इत्यादि बहुत से व्यापार हो सकते हैं, अतः 'अत्याचार' शब्द के सुनने से उन सब व्यापारों का एक मिला जुला अस्पष्ट भाव अंतः-

करण में आता है, कल्पना में किसी एक व्यापार का स्पष्ट चित्र अंकित नहीं होता। इससे यह शब्द कविता के उतने काम का नहीं है। ऐसे शब्द वैज्ञानिक विषयों में अधिक आते हैं। उनमें से कुछ शब्द तो एक विलक्षण ही अर्थ देते हैं और पारिभाषिक कहलाते हैं। विज्ञानवेत्ता को किसी बात की सत्यता या असत्यता के निर्णय की जल्दी रहती है। इससे वह कई बातों को एक मानकर अपना काम चलाता है; प्रत्येक काम को पृथक् पृथक् दृष्टि से नहीं देखता। यही कारण है जो वह ऐसे शब्द अधिक व्यवहार करता है जिससे कई क्रियाओं से घटित एक ही भाव का अर्थ निकलता है। परंतु कविता प्राकृतिक व्यापारों को कल्पना द्वारा प्रत्यक्ष कराती है; मानव हृदय पर अंकित करती है। अतएव पूर्वोक्त प्रकार के शब्द अधिक लाने से कविता के प्रसाद गुण की हानि होती है और व्यक्त किए गए भाव हृदय पर अच्छी तरह अंकित नहीं होते। बात यह है कि मानवी कल्पना इतनी प्रशस्त नहीं कि एक ही बार में कई व्यापार उसके द्वारा हृदय पर स्पष्ट रीति से खचित हो सकें। यदि कोई ऐसा शब्द प्रयोग में लाया गया जो कई संयुक्त व्यापारों का बोधक है तो, संभव है, कल्पनाशक्ति किसी एक व्यापार को भी न ग्रहण कर सके; अथवा तदंतर्गत कोई ऐसा व्यापार ग्रहण करे जो रागात्मिका प्रकृति का उद्दीपक न हो। तात्पर्य यह कि पारिभाषिक शब्दों का प्रयोग तथा ऐसे शब्दों का समावेश जो किन्हीं संयुक्त व्यापारों की सूचना देते हैं, कविता में वांछित नहीं।

जब कोई कवि किसी दार्शनिक सिद्धांत को अधिक प्रभावोत्पादक बनाकर उसे लोगों के चित्त पर अंकित करना चाहता है तब वह जटिल और पारिभाषिक शब्दों को निकालकर उसे अधिक प्रत्यक्ष और मर्मस्पर्शी रूप देता है। भर्तृहरि, कबीर, गोस्वामी तुलसीदास आदि इस बात में बहुत निपुण थे।

एक साधारण-सा उदाहरण लीजिए। "तुमने उससे विवाह किया" यह बहुत ही साधारण वाक्य है। पर "तुमने उसका हाथ पकड़ा" यह एक विशेष अर्थगर्भित और काव्योचित वाक्य है। 'विवाह' शब्द के अंतर्गत बहुत से विधान हैं जिन पर सब कोई एक दफे दृष्टि नहीं डाल सकते। अतः उससे कोई बात स्पष्ट रूप से कल्पना में नहीं आती। इस कारण इन विधानों में से सबसे प्रधान और स्वाभाविक बात जो हाथ पकड़ना है उसे चुनकर कवि अपने अर्थ को मनुष्य के हृत्पटल पर रेखांकित करता है।

कविता की बोली और साधारण बोली में बड़ा अंतर है। "शुष्को वृक्षस्तिष्ठत्यग्रे" और "नीरसतरुरिह विलसति पुरतः" वाली बात हमारी पंडितमंडली में बहुत दिन से चली आती है। भावसौंदर्य और नादसौंदर्य दोनों के संयोग से कविता की सृष्टि होती है। श्रुतिकटु मानकर कुछ अक्षरों का परित्याग, वृत्तविधान और अंत्यानुप्रास का बंधन, इसी नादसौंदर्य के निबाहने के लिए है। बिना इसके कविता

श्रुतिसुखदता

करना, अथवा इसी को सर्वस्व मानकर कविता करने की कोशिश करना, निष्फल है। नादसौंदर्य के साथ भावसौंदर्य भी होना चाहिए। हिंदी के कुछ पुराने कवि इस नादसौंदर्य के इतना पीछे पड़ गए थे कि उनकी अधिकांश कविता विकृत और प्रायः भावशून्य हो गई है। यह देखकर आजकल के कुछ समालोचक इतना चिढ़ गए हैं कि ऐसी कविता को एकदम निकाल बाहर करना चाहते हैं। किसी को अंत्यानुप्रास का बंधन खलता है; कोई गणात्मक छंदों को देखकर नाक भौं चढ़ाता है; कोई फारसी के मुखम्मस और रुबाई की ओर झुकता है। हमारी छंदोरचना तक की कोई कोई अवहेलना करते हैं—वह छंदोरचना जिसके माधुर्य को भूमंडल के किसी देश का छंदःशास्त्र नहीं पा सकता और जो हमारी श्रतिसुखदाता के स्वाभाविक प्रेम के सर्वथा अनुकूल है। जो लोग अंत्यानुप्रास की बिलकुल आवश्यकता नहीं समझते उनसे मुझे यही पूछना है कि अंत्यानुप्रास ही पर इतना कोप क्यों ? छंद और तुक दोनों ही नादसौंदर्य के उद्देश्य से रखे गए हैं। फिर क्यों एक निकाला जाए दूसरा नहीं ? यदि कहा जाय कि सिर्फ छंद ही से उस उद्देश्य की सिद्धि हो जाती है तो यह जानने की इच्छा बनी रहती है कि क्या कविता के लिए नादसौंदर्य की कोई सीमा नियत है। यदि किसी कविता में भाव-सौंदर्य के साथ नादसौंदर्य भी वर्तमान हो तो वह अधिक ओजस्विनी और चिरस्थायिनी होगी। नादसौंदर्य कविता के स्थायित्व का वर्द्धक है, उसके बल से कविता ग्रंथाश्रयविहीन होने पर भी किसी न किसी अंश में लोगों की जिह्वा पर बनी रहती है। अतएव इस नादसौंदर्य को केवल बंधन ही न समझना चाहिए। यह कविता की आत्मा नहीं तो शरीर अवश्य है।

नादसौंदर्य संबंधी नियमों को गणित क्रिया के समान काम में लाने से हमारी कविता में कहीं कहीं बड़ी विलक्षणता आ गई है। श्रुतिकटु वर्णों का निर्देश इसलिये नहीं किया गया कि जितने अक्षर श्रवणकटु हैं वे एकदम त्याज्य समझे जायँ और उनकी जगह पर श्रवणसुखद वर्ण ढूँढ़ ढूँढ़कर रखे जायँ। इस नियम निर्देश का मतलब इतना ही है कि यदि मधुराक्षरवाले शब्द मिल सकें और बिना तोड़मरोड़ के प्रसंगानुसार खप सकें तो उनके स्थान पर श्रुतिकर्कश अक्षरवाले शब्द न लाए जायँ। संस्कृत से संबंध रखनेवाली भाषाओं में इस नादसौंदर्य का निर्वाह अधिकता से हो सकता है। अतः अंग्रेजी आदि अन्य भाषाओं की देखा देखी, जिनमें इसके लिए कम जगह है, अपनी कविता को भी हमें इस विशेषता से वंचित कर देना बुद्धिमानी का काम नहीं। पर, याद रहे, सिर्फ श्रुतिमधुर अक्षरों के पीछे दीवाने रहना और कविता को अन्यान्य गुणों से भूषित न करना सबसे बड़ा दोष है।

एक और विशेषता हमारी कविता में है। वह यह है कि कहीं कहीं व्यक्तियों के नामों के स्थान पर उनके रूप, गुण या कार्यबोधक शब्दों का व्यवहार किया जाता है। यों देखने में पद्य के नपे हुए चरणों में खपाने के लिये शब्दों की संख्या

का बढ़ाना ही इसका प्रयोजन जान पड़ता है; पर विचार करने से इसका इससे भी गुरुतर उद्देश्य प्रकट होता है। सच पूछिए तो यह बात कृत्रिमता बचाने के लिये की जाती है। मनुष्यों के नाम यथार्थ में कृत्रिम संकेत हैं जिनसे कविता की परिपोषकता नहीं होती। अतएव कवि मनुष्यों के नामों के स्थान पर कभी कभी उनके ऐसे रूप, गुण या व्यापार की ओर इशारा करता है जो स्वाभाविक होने के कारण सुननेवाले के ध्यान में अधिक आ सकते हैं और प्रसंगविशेष के अनुकूल होने से वर्णन की यथार्थता को बढ़ाते हैं। गिरिधर, मुरारि, त्रिपुरारि, दीनबंधु, चक्रपाणि, दशमुख आदि शब्द ऐसे ही हैं। ऐसे शब्दों को चुनते समय प्रसंग या अवसर का ध्यान अवश्य रखना चाहिए।

अलंकार

कविता में भाषा को खूब जोरदार बनाना पड़ता है—उसकी सब शक्तियों से काम लेना पड़ता है। वस्तु या व्यापार का चित्र चटकीला करने और रसपरिपाक के लिये कभी किसी वस्तु का गुण या आकार बहुत बढ़ाकर दिखाना पड़ता है, कभी किसी वस्तु के रूप और गुण को वैसी ही और वस्तुओं के साहचर्य द्वारा और मनोरंजक बनाने के लिये उसके समान रूप और धर्मवाली और और वस्तुओं को सामने लाकर रखना पड़ता है। इस तरह की भिन्न भिन्न वर्णन प्रणालियों का नाम अलंकार है। इनका उपयोग काव्य में प्रसंगानुसार विशेष रूप से होता है। इनसे वस्तुवर्णन में बहुत सहायता मिलती है। कहीं कहीं तो इनके बिना कविता का काम ही नहीं चल सकता। किंतु इससे यह न समझना चाहिए कि अलंकार ही कविता है। अलंकार बोलचाल में भी रोज आते रहते हैं। जैसे, लोग कहते हैं "जिसने शालग्राम को भून डाला उसे भंटा भूनते क्या लगता है?" ये काव्य नहीं कहे जा सकते। जहाँ किसी प्रकार की रसव्यंजना होगी वहीं किसी वर्णन प्रणाली को अलंकारता प्राप्त हो सकती है।

रस और भाव ही कविता के प्राण हैं। पुराने विद्वान् रसात्मक कविता ही को कविता कहते थे। रसों अथवा मनोविकारों के यथेष्ट परिपाक ही की ओर उनका ध्यान अधिक था। अलंकारों को वे आश्यकतानुसार वर्णित विषय को विशेषतया हृदयंगम कराने के लिये ही लाते थे। यह नहीं समझा जाता था कि अलंकार के बिना कविता हो ही नहीं सकती। स्वयं काव्यप्रकाश के कर्त्ता मम्मटाचार्य ने बिना अलंकार के काव्य का होना माना है और उदाहरण भी दिया है—"तददोषौ शब्दार्थौ सगुणावनलंकृति पुनः क्वापि।" किंतु पीछे से इन अलंकारों ही में काव्यत्व मान लेने से कविता अभ्यासगम्य और सुगम प्रतीत होने लगी। इसी से लोग उनकी ओर अधिक झुक पड़े। धीरे धीरे इन अलंकारों के लिये आग्रह बढ़ने लगा, यहाँ तक कि चंद्रालोककार ने लिख डाला—

अंगीकरोति यः काव्यं शब्दार्थावनलंकृती।
असौ न मन्यते कस्मादनुष्णमनलंकृती॥

अर्थात्—जो अलंकाररहित शब्द और अर्थ को काव्य मानता है वह अग्नि को उष्णतारहित क्यों नहीं मानता ? किंतु यथार्थ बात कब तक छिपाई जा सकती है । इतने दिनों पीछे समय ने फिर पलटा खाया । विचारशील लोगों पर यह बात प्रकट हो गई कि रसात्मक वाक्यों ही का नाम कविता है और रस ही कविता की आत्मा है ।

वर्णन करने की प्रणाली का नाम अलंकार है। जिस वस्तु को हम चाहें, उस प्रणाली के अंतर्गत करके उसका वर्णन कर सकते हैं। किसी वस्तुविशेष से उसका संबंध न होना चाहिए। वस्तुनिर्देश अलंकार का विषय नहीं, वह यथार्थ में रस का विषय है। अलंकार वर्णनशैली मात्र को कह सकते हैं। इस दृष्टि से कई अलंकार ऐसे हैं जिन्हें अलंकार नहीं कहना चाहिए; जैसे, स्वभावोक्ति, अतिशयोक्ति से भिन्न अत्युक्ति, स्मरण, अल्प, उदात्त । स्वभावोक्ति में वर्ण्य वस्तु का निर्देश है; पर वस्तुनिर्वाचन अलंकार का काम नहीं। इससे स्वभावोक्ति को अलंकार मानना ठीक नहीं। उसे अलंकार में गिननेवालों ने बहुत सिर खपाया है; पर उसका निर्दोष लक्षण नहीं कह सके। काव्यप्रकाश के कारिकाकार ने उसका लक्षण लिखा है—

स्वभावोक्तिस्तु डिंभादेः स्वक्रियारूपवर्णनम् ।

अर्थात् जिससे बालकादिकों की निज की क्रिया या रूप का वर्णन हो वह स्वभावोक्ति है। बालकादिक कहने से किसी वस्तुविशेष का बोध तो होता नहीं। इससे यही समझा जा सकता है कि सृष्टि की वस्तुओं के व्यापार और रूप का वर्णन स्वभावोक्ति है । इस लक्षण में अतिव्याप्ति दोष के कारण अलंकारता नहीं आती । अलंकारसर्वस्व के कर्त्ता राजानक रुय्यक ने इसका यह लक्षण लिखा है—

सूक्ष्मवस्तुस्वभावयथावद्वर्णनं स्वभावोक्तिः ।

अर्थात् वस्तु के सूक्ष्म स्वभाव का ठीक ठीक वर्णन करना स्वभावोक्ति है। आचार्य दंडी ने अवस्था की योजना करके यह लक्षण लिखा है—

नानावस्थं पदार्थानां रूपं साक्षाद्विवृण्वती।
स्वभावोक्तिश्च जातिश्चेत्याद्या सालंकृतिर्यथा।।

बात यह है कि स्वभावोक्ति अलंकार के अंतर्गत आ ही नहीं सकती; क्योंकि वह वर्णन करने की प्रणाली नहीं, किंतु वर्ण्यवस्तु या विषय है।

जिस प्रकार एक कुरूपा स्त्री अलंकार धारण करने से सुंदर नहीं हो सकती उसी प्रकार अस्वाभाविक, भद्दे और क्षुद्र भावों को अलंकारस्थापना सुंदर और मनोहर नहीं बना सकेगी। महाराज भोज ने भी अलंकार को "अलमर्थ मलंकर्तुः" अर्थात् सुंदर अर्थ को शोभित करनेवाला ही कहा है। इस कथन से अलंकार आने के पहले ही कविता की सुंदरता सिद्ध है। अतः उसे अलंकारों में ढूँढ़ना

अलंकारों से युक्त बहुत से काव्योदाहरण दिए जा सकते हैं जिनको अलंकार के प्रेमी लोग भी भद्दा और नीरस कहने में संकोच न करेंगे। इसी तरह बहुत से ऐसे उदाहरण भी दिए जा सकते हैं जिनमें एक भी अलंकार नहीं, किंतु उसके सौंदर्य और मनोरंजकत्व को सब स्वीकार करेंगे। जिन वाक्यों से मनुष्य के चित्त में रससंचार न हो—उसकी मानसिक स्थिति में कोई परिवर्त्तन न हो—वे कदापि काव्य नहीं। अलंकारशास्त्र की कुछ बातें ऐसी हैं जो केवल शब्दचातुरी मात्र हैं। शब्दकौशल के कारण वे चित्त को चमत्कृत करती हैं। उनसे रससंचार नहीं होता। वे चमत्कृत चाहे भले ही करें, पर मानवहृदय के स्रोतों से उनका विशेष संबंध नहीं। उनका चमत्कार शिल्पकारों की कारीगरी के समान सिर्फ शिल्पप्रदर्शनी में रखने ही योग्य होता है।

अलंकार है क्या वस्तु ? विद्वानों ने काव्यों के सुंदर सुंदर स्थलों को पहले चुना। फिर उनकी वर्णनशैली के सौंदर्य का कारण ढूँढ़ा। तब वर्णनवैचित्र्य के अनुसार भिन्न भिन्न लक्षण बनाए; जैसे 'विकल्प' अलंकार को पहले पहल राजानक रुय्यक ने ही निकाला है। अब कौन कह सकता है कि काव्यों के जितने सुंदर सुंदर स्थल थे सब ढूँढ़ डाले गए, अथवा जो सुंदर समझे गए—जिन्हें लक्ष्य करके लक्षण बने—उनकी सुंदरता का कारण कही हुई वर्णनप्रणाली ही थी। अलंकारों के लक्षण बनने तक काव्यों का बनना नहीं रुका रहा। आदि कवि महर्षि वाल्मीकि ने—"मा निषाद प्रतिष्ठां त्वमगमः शाश्वतीः समाः" का उच्चारण किसी अलंकार को ध्यान में रखकर नहीं किया। अलंकारलक्षणों के बनने के बहुत पहले कविता होती थी और अच्छी होती थी। अथवा यों कहना चाहिए कि जब से इन अलंकारों को हठात् लाने का उद्योग होने लगा तब से कविता कुछ बिगड़ चली।

काव्यभाषा

प्राचीन आर्यभाषा की भिन्न भिन्न स्थानों की बोलियों को थोड़ा बहुत समेटकर, पर पश्चिमोत्तर की 'भाषा' का ढाँचा आधारवत् रखकर, जिस प्रकार संस्कृत खड़ी हुई उसी प्रकार पीछे से यह काव्यभाषा भी पछाहँ की बोली (ब्रज से लेकर मारवाड़ और गुजरात तक की) का आधार रखकर, और और बोलियों को भी थोड़ा बहुत समेटती हुई, चली और बहुत दिनों तक केवल अपभ्रंश या भाषा ही कहलाती रही। काव्यभाषा में पश्चिमी बोली की प्रधानता का कारण यह है कि कविता राजाश्रय पाकर हुआ करती थी और इधर हजार बारह सौ वर्ष से राजपूतों की बड़ी बड़ी राजधानियाँ राजपूताने, गुजरात, मालवा, दिल्ली आदि में ही रहीं। हेमचंद्र ने जिस अपभ्रंश का उल्लेख अपने व्याकरण में किया है वह पछाहीं भाषा है जिसका व्यवहार ब्रजमंडल से लेकर राजपूताने और गुजरात तक था। इस बात को उन्होंने "शेषं शौरसेनीवत्" कहकर स्पष्ट कर दिया है। अपभ्रंश के जो दोहे उन्होंने दिए हैं वे पछाहीं भाषा के हैं। प्रबंध चिंतामणि और कुमारपाल प्रतिबोध आदि ग्रंथों में भी जो पद्य हैं उनका ढाँचा पश्चिमी हिंदी का है।

प्राकृत काल

काव्य की यह भाषा बहुत प्राचीन काल में बन चुकी थी। यही हिंदी की काव्यभाषा का पूर्वरूप है। ढाँचा पच्छिमी होने पर भी यह काव्य की सामान्य भाषा थी जिसका प्रचार सारे उत्तरापथ में था। इसका प्रमाण इसी बात से मिलता है कि प्राकृतों के समान इसमें देशभेद करने की आवश्यकता नहीं समझी गई। प्राकृत व्याकरणों में जिसका उल्लेख अपभ्रंश के नाम से हुआ है काव्यभाषा के रूप में उसका प्रचार ब्रज, मारवाड़ और गुजरात तक ही नहीं था, एक प्रकार से सारे उत्तरीय भारत में था। इस व्यापकत्व के लिए यह आवश्यक था कि उसमें अवध आदि मध्यदेश के शब्द और रूप भी कुछ मिलें।

उस युग की कविताएँ टकसाली भाषा की हैं और प्रायः पछाहँ के चारणों और कवियों की रची हैं। इससे उनमें पंजाबी और अवधी ही तक के रूप मिलते हैं। पर हिंदी की काव्यभाषा के पूर्व रूप का पता विक्रम की ११वीं शताब्दी से लगता है। जैसा पहले कहा जा चुका है यद्यपि इस भाषा का ढाँचा पच्छिमी (ब्रज का सा) था पर यह साहित्य की एक व्यापक भाषा हो गई थी। इस व्यापकता के

कारण और प्रदेशों के शब्द और रूप भी इसके भीतर आ गए थे। 'प्राकृत पिंगलसूत्र' में और पीछे के काल तक (हम्मीर के समय तक की) तथा और पूरबी प्रदेशों की कविताओं के नमूने भी हैं।

अपभ्रंश के नाम से जिस भाषा के पद्य हेमचंद्र के व्याकरण में तथा कुमारपाल प्रतिबोध, प्रबंध चिंतामणि आदि काव्यों में मिलते हैं वह ज्यों की त्यों किसी एक स्थान की बोलचाल की भाषा नहीं है कवि समय सिद्ध सामान्य भाषा है। यह भाषा सामान्य दो प्रकार से बनाई गई—

(१) उदारतापूर्वक और और प्रदेशों की बोलियों (अपभ्रंशों) को भी कुछ स्थान देने से।

यदि हम कई स्थानों में प्रचलित शब्दों और रूपों को समेटकर एक भाषा खड़ी करें तो उसमें समता का आभास रहेगा। शब्दों में से कुछ कहीं और कुछ कहीं बोले जाते हों भी एक ही प्रदेश में सबके न बोले जाने के कारण सब जगह वह कुछ न कुछ कृत्रिम लगेगी—यहाँ तक कि उस स्थान पर भी जहाँ का उसका ढाँचा होगा। आज भी यदि हम पंजाब, व्रज, अवध, बिहार इन सब स्थानों की चलती बोलियों को समेटकर ही—बिना किसी पुरानी भाषा का पुट दिए—भाषा का एक हौवा खड़ा करें तो वह प्रगल्भता और प्रचुरता में संस्कृत और अरबी से टक्कर लेने लगे। इस प्रकार एक व्यापक और प्रकांड भाषा तो बन जायगी पर उसमें जीवनी शक्ति उतनी न होगी।

(२) साहित्य की कृत्रिम प्राकृत के पुराने शब्दों को उसी प्रकार स्थान देने से जिस प्रकार पीछे हिंदी-कविता में तत्सम संस्कृत शब्दों को स्थान दिया जाने लगा।

स्वर्ग का 'सग्ग', विद्याधर का 'विज्जाहर', नीप का 'णीव', मन्मथ का 'मम्मह', लोक का 'लोय' प्राकृत की रूढ़ि के अनुसार है। इसी प्रकार प्राकृत से 'पयोहर' (पयोधर), 'महुअर' (मधुकर), रूअ (रूप), कइ (कवि), मिअणअणी (मृगनयनी) आदि शब्द ज्यों के त्यों लेकर रखे जाते थे। कहने की आवश्यकता नहीं कि ये बोलचाल के शब्द नहीं थे। बिना साहित्य की प्राकृत पढ़े न कोई कवि पंडित कहलाता था, न उसकी कविता शिष्ट समझी जाती थी। इसी कारण अपभ्रंश की कविता में भी ऐसे ऐसे वाक्य देखने में आते हैं—रे धणि, मत्त-मअंगजगामिणी खंजनलोअणि चंद्रमुही। इसे उसी प्रकार उस समय की भाषा न समझना चाहिए जिस प्रकार "सुरम्यरूपे, रसराशिरंजिते!" को आजकल की।

इस प्रकार देश की ठीक ठीक बोलचाल की भाषा बराबर दबी सी रही, उभरकर भोजपत्र, तालपत्र, ताम्रपत्र या काग़ज़ पर न आने पाई। कवि लोगों की वाणी सर्वसाधारण की वाणी से भिन्न रही। अपभ्रंशकाल की प्राचीन हिंदी में सबसे अधिक ध्यान देने की बात यह है कि उसमें एक भी संस्कृत शब्द न

मिलेगा। साहित्य की कृत्रिम प्राकृत के शब्द पढ़े लिखे लोगों के शब्द समझे जाते रहे और काव्यों में वही काम देते रहे जो पीछे संस्कृत के शब्द देने लगे। पृथ्वी-राज रासो का यदि कुछ अंश भी असली माना जाय तो यह कहा जा सकता है कि उसके रचना काल में काव्यभाषा में संस्कृत शब्दों का मिलना प्रारंभ हो चुका था यद्यपि चारणों की परंपरा में प्राकृत मिली भाषा हम्मीरदेव के समय तक चलती रही और राजपूताने में शायद अब तक थोड़ी बहुत चली चलती है। पर यही कहना चाहिए कि चंद कवि के पीछे प्राकृत के शब्द—जो संस्कृत की अपेक्षा कहीं ज्यादा नकली थे—क्रमशः निकलते गए और धराऊ शब्दों का सजावटी काम संस्कृत शब्द ही देने लगे। प्राकृत का पठन पाठन उठ गया। प्राकृत केवल साहित्य की भाषा थी। उसमें 'गत' का भी 'गय' और 'गज' का भी 'गय', 'मोक्ष' का भी 'मुक्ख' और 'मूर्ख' का भी 'मुक्ख' होने से अर्थबोध में कठिनाई पड़ने लगी।

इस प्रकार विचार करने से हिंदी काव्यभाषा के दो बहुत ही स्पष्ट काल दिखाई पड़ते हैं—प्राकृत काल और संस्कृत काल; अर्थात् एक वह काल जिसमें भाषा की सजावट के लिए प्राकृत के शब्द लाए जाते थे, दूसरा वह काल जिसमें संस्कृत के शब्द लिए जाने लगे।

संस्कृत काल की काव्यभाषा में भी परंपरागत प्राकृत के कुछ पुराने शब्दों को कवि लोग बराबर लाते रहे। भुवाल (भूपाल), शायर (सागर), दीह (दीर्घ), गय (गज), बसह (बृषभ), नाह (नाथ), ईछन (ईक्षण), लोय (लोक, लोग), लोयन (लोचन) आदि प्राकृत के शब्द सूर, तुलसी, विहारी आदि के ग्रंथों में इधर उधर मिलते हैं। इसे कहते हैं परंपरा का निर्वाह!

संस्कृत काल

देश की बोलचाल की चलती भाषा से अपना रूप कुछ भिन्न रखकर किस प्रकार काव्य की भाषा अपनी शान बनाए रही और स्वाभाविक भाषा किस प्रकार दबी रही यह पहले कहा जा चुका है। इसी बीच में देश में मुसलमानों का आना हुआ जो जरा जबान के तेज थे। उस समय तक दिल्ली की बोली (खड़ी) साहित्य या काव्य की भाषा नहीं थी। और प्रादेशिक बोलियों के समान वह भी एक कोने में पड़ी थी। पठानों की राजधानी जब दिल्ली हुई तब मुसलमानों को वहाँ की बोली ग्रहण करनी पड़ी। खुसरो ने उस बोली में कुछ पद्य कहे पर परंपरागत काव्यभाषा (ब्रजभाषा) की झलक उनमें बराबर बनी रही। दो एक उदाहरण लीजिए—

अति सुंदर जग चाहै जाको। मैं भी देख भुलानी वाको।
देख रूप भाया जो टोना। ए सखि! साजन, ना सखि सोना।
टट्टी तोड़ के घर में आया। अरतन बरतन सब सरकाया।
खा गया, पी गया, दे गया बुत्ता। ए सखि! साजन, ना सखि कुत्ता।

पहले पद्य में व्रजभाषा का पूरा ढाँचा है; दूसरा पद्य खासी खड़ी बोली में है। खुसरो में व्रजभाषा का यही पुट देखकर उर्दूभाषा का इतिहास लिखनेवाले उर्दू लेखकों को यह भ्रम हुआ कि उर्दू अर्थात् खड़ी बोली व्रजभाषा से निकल पड़ी। पर असल में व्रजभाषा का मेल परंपरागत काव्यभाषा के प्रभाव के कारण था। इस बढ़ती हुई गजलबाजी के ज़माने में और खास दिल्ली में अब भी घरेलू गीतों, कहावतों आदि की भाषा कुछ और ही है, उसमें वह खड़ापन या अक्खड़पन नहीं है। खुसरो ही तक बात खतम नहीं हुई, उर्दू के पुराने शायर बहुत दिनों 'नैन' 'जगत', 'सों' आदि रसपरिपुष्ट शब्द लाते रहे। पीछे के शायरों ने प्रयत्न-पूर्वक देश की परंपरागत काव्यभाषा से अपना पीछा छुड़ाया और खड़ी बोली को अनन्य भाव से ग्रहण कर और उसे अरब और फारस की पोशाक पहनाकर अपनी साहित्य भाषा एकबारगी अलग कर ली। कहने का तात्पर्य यह कि पुराने उर्दू कवियों में व्रजभाषा का पुट केवल यह बतलाता है कि उर्दू कविता पहले स्वभावतः देश की काव्यभाषा का सहारा लेकर उठी; फिर जब टाँगों में बल आया तब किनारे हो गई, यह नहीं कि खड़ी बोली का अस्तित्व उस समय था ही नहीं और दिल्ली मेरठ आदि में भी व्रजभाषा बोली जाती थी।

प्राकृत के ग्रंथों में अपभ्रंश के जो नमूने मिलते हैं वे ठीक बोलचाल की भाषा में नहीं हैं, कविपरंपरासिद्ध भाषा में हैं। इसका निश्चय खुसरो के पद्यों से हो जाता है। रणथंभौर के हम्मीरदेव अलाउद्दीन के समय में थे जिसके यहाँ खुसरो का रहना इतिहास प्रसिद्ध है। वि० सं० १३५३ के लगभग अलाउद्दीन गद्दी पर बैठा था। अब हम्मीर के समय में या उनके कुछ पीछे बने हुए पद्यों की भाषा को खुसरो की भाषा से मिलाकर देखिए। हो सकता है कि खुसरो की कविता फ़ारसी अक्षरों में लिखी जाने के कारण अपने ठीक रूप में न आ सकी हो, पर कहाँ तक फ़र्क़ पड़ा होगा।

पहली प्राणप्रतिष्ठा

अब बोलचाल की चलती बोलियाँ दबी न रह सकीं। मिथिला में विद्यापति ठाकुर ने अपने प्रदेश की बोलचाल की भाषा को आगे किया और उसमें सरस कविता करके वे मैथिल कोकिल कहलाए। इधर व्रजभूमि के कवियों की कृपा से काव्यभाषा का व्रजत्व बढ़ा। जो भाषा साहित्य की भाषा बनकर बोलचाल की भाषा से कुछ अलग अलग बड़ी ठसक से चल रही थी वह व्रजमंडल की चलती हुई भाषा के प्रवाह में डुबोई गई जिससे उसमें नया जीवन आ गया, वह निखरकर जीती जागती भाषा के मेल में हो गई। पर इस बारे में भी काव्यभाषा के परंपरागत पुराने रूप कुछ न कुछ साथ लगे रहे, या यों कहिए कि जानबूझकर रख लिए गए। 'जासु', 'तासु', 'नाह', 'ईछन', 'दीह', 'लोयन' आदि बहुत से पुराने पड़े हुए, बोलचाल से उठे हुए या अप्रचलित प्राकृत साहित्य से आए हुए शब्दों के कालवाचक और कारकसूचक रूप (जैसे, शोभिजै, कहियत, आवहिं,

करहिं, रामहिं) परंपरा रक्षित रखने के लिए बराबर लाए जाते रहे। ये चलती हुई व्रजभाषा के शब्द और रूप नहीं हैं, उस कविसंमत भाषा के शब्द और रूप हैं जिसकी परंपरा बहुत पुरानी है। इसका स्पष्ट प्रमाण यह है कि अवधी बोली (जो पूरबी है) के कवियों ने भी इनका प्रयोग किया है। अवधी की कविता में 'जासु' 'तासु' बराबर मिलेंगे पर 'जाको' 'ताको' आदि चलती हुई व्रजभाषा के रूप नहीं पाए जायंगे; इनके स्थान पर उसमें 'जाकर' 'ताकर' या 'जेकर' 'तेकर मिलेंगे।

इधर काव्यभाषा ने व्रज का चलता रूप पूरा पूरा धारण किया उधर साहित्य की ओर अवधप्रदेश की भाषा भी अग्रसर हुई। पहले तो इसे लेकर वे लोग ही चले जिनका शिष्ट साहित्य से विशेष संपर्क न था। कबीरदास ने यद्यपि पंचरंगी मिलीजुली भाषा का व्यवहार किया है जिसमें व्रजभाषा क्या उस खड़ी बोली या पंजाबी तक का पूरा पूरा मेल है जो पंथवालों की सधुक्कड़ी भाषा[1] हुई पर पूरबी भाषा की झलक उसमें अधिक है। 'जहिया', 'तहिया', 'आउब', 'जाब' आदि पूरबी प्रयोग भरे पड़े हैं। धीरे धीरे अवध में जब मुसलमानों की खासी बस्ती हो गई तब वहाँ की भाषा ने उन्हें आकर्षित किया। सहसराम के शासक हुसैनशाह के आश्रित कुतबन ने अवधी बोली में मृगावती लिखी। हुसैनशाह के पुत्र शेरशाह के जमाने में मलिक मुहम्मद जायसी ने 'पद्मावत' लिखकर हिंदुओं के घरेलू भावों का जो माधुर्य दिखाया उससे अवधी भाषा की शक्ति का परिचय मिल गया। सूरदास आदि अष्टछाप के कवियों ने जिस प्रकार अपने उपास्य देव की जन्मभूमि की भाषा प्रेमपूर्वक ली उसी प्रकार गोस्वामी तुलसीदास ने अपने उपास्य की जन्मभूमि अयोध्या की भाषा में अपना रामचरितमानस लिखा। ऐसे महाकवि के हाथ में पड़कर अवधी भाषा पूर्व से पश्चिम तक ऐसी गूंजी कि काव्य की सामान्य भाषा ने अष्टछाप के कवियों द्वारा ब्रज का जो चलता विशुद्ध रूप पाया था उसमें बाधा पड़ने का सामान हुआ। रहीम ने अवधी भाषा की ओर विशेष रुचि दिखाई। 'बरवै नायिकाभेद' तो उन्होंने अवधी भाषा में लिखा ही, अपने नीति के चुटीले दोहों में भी अवधी के भोलेपन का पूरा सहारा लिया। धीरे धीरे व्रजभाषा की विशुद्धता की ओर बहुत से कवियों का ध्यान नहीं रहा और वे व्रजभाषा की कविता में भी अवधी के शब्दों और रूपों का मनमाना व्यवहार करने लगे। अल्प शक्तिवाले कवियों को इसमें सुभीता भी बहुत दिखाई दिया—एक ही अर्थ सूचित करने के लिए शब्दों की एक खासी भीड़ उन्हें मिल गई। कीनो, किन्यो, कर्यो, कर, किय, कीन; आवैं, आवहिं (मौका पड़ने पर

---

१. खड़ी बोली मुसलमानों की भाषा हो चुकी थी। मुसलमान भी साधुओं की प्रतिष्ठा करते थे, चाहे वे किसी दीन के हों। इससे खड़ी बोली दोनों धर्मों के अनपढ़ लोगों को साथ लगानेवाले और किसी एक के भी शास्त्रीय पक्ष से संबंध न रखनेवाले साधुओं के बड़े काम की हुई। जैसे इधर अंग्रेजों के काम की 'हिंदुस्तानी' हुई।

'आवहीं' भी), आवत; थोरो, थोर; मेरो, मोर; तेरो, तोर जो छंद में बैठा रख दिया। प्राकृत आदि के पुराने शब्द बने ही थे। इस प्रकार काव्यभाषा के फिर एक सामान्य और किंचित कृत्रिम रूप प्राप्त करने की आशंका हुई।

इसमें अवध और बुंदेलखंड के कवियों ने विशेष योग दिया। कृत्रिम प्राकृत का षट्भाषावाला लक्षण (संस्कृतं प्राकृतं चैव शूरसेनी तदुद्भवा। ततोऽपि मागधी प्राग्वत् पैशाची देशजापि च।) नए रूप में फिर से ताजा किया गया। 'दास' जी ने 'काव्यनिर्णय' में भाषानिर्णय भी कर डाला—

ब्रजभाषा भाषा रुचिर कहैं सुमति सब कोय।
मिलै संस्कृत पारस्यौ पै अति प्रगट जु होय॥
ब्रज मागधी मिलै अमर नाग यवन भाखानि।
सहज पारसीहू मिलै षड विधि कहत बखानि॥

दास जी ने "ब्रजभाषा हेतु ब्रजवास ही न अनुमानो" कहकर मिली जुली भाषा के लिए प्रमाण ढूँढ़ा कि—

तुलसी गंग दुश्रौ भए सुकविन के सरदार।
इनके काव्यन में मिली भाषा विविध प्रकार॥

इस प्रकार भाषा की दृष्टि से उर्दू की तरह हिंदी में भी दो टाट हो गए—एक विशुद्ध भाषा का ब्रजस्कूल, दूसरा मिली जुली भाषा का अवधस्कूल।

अपभ्रंश या प्राकृत काल की काव्यभाषा में आजकल की भिन्न भिन्न बोलियों के मुख्य मुख्य रूपों के बीज या अंकुर हैं। इनमें से ब्रज और अवधी के भेदों पर कुछ विचार करना आवश्यक है क्योंकि हिंदी काव्य में इन्हीं का व्यवहार हुआ है। इन दोनों भाषाओं की सीमा कानपुर और इटावे के आसपास ठहरती है। पश्चिमी भाषाओं में जिस प्रकार ब्रज सबसे पूरबी है उसी प्रकार पूरबी भाषाओं में अवधी सबसे पश्चिम की है। कुछ बातों में ब्रजभाषा अपने से उत्तर की खड़ी बोली के साथ मेल खाती है और कुछ बातों में अवधी के साथ।

खड़ी बोली के साथ मेल और अवधी से भेद

खड़ी बोली के समान सकर्मक भूतकाल के कर्त्ता में ब्रजभाषा में भी 'ने' चिह्न होता है। चाहे काव्य में सूरदास आदि की परंपरा के विचार से उसके नियम का पालन पूर्ण रूप से न किया जाय। यह 'ने' वास्तव में कारण का चिह्न है जो हिंदी गृहीत कर्मवाच्य रूप के कारण आया है। हेमचंद्र के इस दोहे से इस बात का पता लग सकता है—जो महु दिण्णा दिअहड़ा दइएँ पवसंतेण=जो मुझे दिए गए दिन प्रवास जाते हुए दयित (पति) से। इसी अनुसार सकर्मक भूतकाल क्रिया का लिंग वचन भी कर्म के अनुसार होता है। पर और पूरबी भाषाओं के समान अवधी में भी यह 'ने' नहीं है। अवधी के सकर्मक भूतकाल में जहाँ कृदंत से निकले हुए रूप लिए भी गए हैं वहाँ भी न तो कर्त्ता में

करण का स्मारक रूप 'ने' आता है और न कर्म के अनुसार क्रिया का लिंग वचन बदलता है। वचन के संबंध में यह बात है कि कारकचिह्नग्राही रूप के अतिरिक्त संज्ञा के बहुवचन का भिन्न रूप अवधी आदि पूरबी बोलियों में होता ही नहीं; जैसे, 'घोड़ा' और 'सखी' का ब्रजभाषा बहुवचन 'घोड़े' और 'सखियाँ' होगा पर अवधी में एकवचन का सा ही रूप रहेगा; केवल कारकचिह्न लगने पर 'घोड़न' और 'सखिन' हो जायगा। इस पर एक ही कहानी है। पूरब के एक शायर ज़बाँदानी के पूरे दावे के साथ दिल्ली जा पहुँचे। वहाँ किसी कुँजड़िन की टोकरी से एक मूली उठाकर पूछने लगे "मूली कैसे दोगी?" वह बोली "एक मूली का क्या दाम बताऊँ?" उन्होंने कहा "एक ही नहीं और लूँगा।" कुँजड़िन बोली "तो फिर मूलियाँ कहिए।"

अवधी में भविष्यत् की शिक्षा केवल तिङन्त ही है जिसमें लिंगभेद नहीं है पर ब्रज में खड़ी बोली के समान 'गा' वाला कृदंत रूप भी है जैसे, आवैगो, जायगी इत्यादि।

खड़ी बोली के समान ब्रज की भी दीर्घांत पदों की ओर (क्रियापदों को छोड़) प्रवृत्ति है। खड़ी बोली की आकारांत पुंल्लिग संज्ञाएँ, विशेषण और संबंधकारक के सर्वनाम ब्रज में ओकारांत होते हैं—जैसे, घोड़ो, फेरो, झगड़ो, ऐसो, जैसो, वैसो, कैसो, छोटो, बड़ो, खोटो, खरो, भलो, नीको, थोरो, गहरो, दूनो, चौगुनो, साँवरो, गोरो, प्यारो, ऊँचो, नीचो, आपनो, मेरो, तेरो, हमारो, तुम्हारो इत्यादि। इसी प्रकार आकारांत साधारण क्रियाएँ और भूतकालिक कृदंत भी ओकारांत होते हैं, जैसे आवनो, आयवो, करनो, देनो, दैबो, दीबो, ठाढ़ो, बैठो, उठो आयो, गयो, चल्यो, खायो इत्यादि। पर अवधी का कुछ लघ्वंत पदों की ओर झुकाव है जिससे लिंगभेद का भी कुछ निराकरण हो जाता है। लिंगभेद से अरुचि अवधी ही से कुछ कुछ आरंभ हो जाती है। अस, जस, तस, कस, छोट, बड़, खोट, खर, भल, नीक, थोर, गहिर, दून, चौगुन, साँवर, गोर, पियार, ऊँच, नीच इत्यादि विशेषण; आपन, मोर, तोर, हमार, तुम्हार सर्वनाम और केर, कर, सन तथा पुरानी भाषा के कहँ, महँ, पहँ कारक के चिह्न इस प्रवृत्ति के उदाहरण हैं। साधारण क्रिया के रूप भी अवधी में लघ्वंत ही होते हैं जैसे, आउब, जाब, करब, हँसब इत्यादि। यद्यपि खड़ी बोली के समान अवधी में भूतकालिक कृदंत आकारांत होते हैं पर कुछ अकर्मक कृदंत विकल्प से लघ्वंत भी होते हैं, जैसे, ठाढ़, बैठ, आय, गय; उ०—बैठ हैं = बैठे हैं।

बैठ महाजन सिंहलदीपी।—जायसी

पाट बैठि रह किए सिंगारू।—जायसी

इसी प्रकार कविता में कभी कभी वर्तमान की अगाड़ी खोलकर धातु का नंगा रूप भी रख दिया जाता है—

सुनत बचन कह पवनकुमारा ।—जायसी

उत्तर दिसि सरजू बह पावनि ।—तुलसी

उच्चारण—दो से अधिक वर्णों के शब्द के आदि में 'इ' के उपरांत 'आ' के उच्चारण से कुछ द्वेष ब्रज और खड़ी दोनों पछाहीं बोलियों को है। इससे अवधी में जहाँ ऐसा योग पड़ता है वहाँ ब्रज में संधि हो जाती है। जैसे, अवधी के सियार, कियारी, बियारी, बियाज, बियाह, पियार (कामिहिं नारि पियारि जिमि—तुलसी), नियाव इत्यादि ब्रजभाषा में स्यार, क्यारी, ब्याज, ब्याह, प्यारो, न्याव इत्यादि बोले जायंगे। 'उ' के उपरांत भी 'आ' का उच्चारण ब्रज को प्रिय नहीं है; जैसे, पूरबी—दुआर, कुवाँर। ब्रज—द्वार, क्वारा। इ और उ के स्थान पर य और व की इसी प्रवृत्ति के अनुसार अवधी इहाँ उहाँ (१. इहाँ कहाँ सज्जन कर बासा। २. उहाँ दसानन सचिव हँकारे।—तुलसी) के ब्रजरूप 'यहाँ' 'वहाँ' और 'हियाँ' 'हुवाँ' के 'ह्याँ' 'ह्वाँ' होते हैं। ऐसे ही 'अ' और 'आ' के उपरांत भी 'इ' नापसंद है, 'य' पसंद है—जैसे, अवधी के पूर्वकालिक आइ, जाइ, पाइ, कराइ, दिखाइ इत्यादि और भविष्यत् आइहै, जाइहै, कराइहै, दिखाइहै (अथवा अइहै, जइहै, पइहै, करइहै, दिखइहै) आदि न कहकर ब्रज में क्रमशः आय, जाय, पाय, दिखाय तथा आयहै, जायहै, पायहै, करायहै, दिखायहै (अथवा अयहै=ऐहै, जयहै=जैहै आदि) कहेंगे। इसी रुचिवैचित्र्य के कारण 'ऐ' और 'औ' का संस्कृत उच्चारण (अइ, अउ के समान) पच्छिमी हिंदी (खड़ी और ब्रज) से जाता रहा, केवल 'य'कार 'व'कार के पहले रह गया जहाँ दूसरे 'य' 'व' की गुंजाइश नहीं—जैसे, गैया कन्हैया, भैया, कौवा, हौवा इत्यादि में। 'और', 'ऐसा', 'भैंस' आदि का उच्चारण पच्छिमी हिंदी में 'अवर', 'अयसा', 'भयँस' से मिलता जुलता और पूरबी हिंदी में 'अउर', 'अइस', 'भइँस' से मिलता जुलता होगा।

ब्रज के उच्चारण के ढंग में कुछ और भी अपनी विशेषताएं हैं। कर्म के चिह्न 'को' का उच्चारण 'कौं' से मिलता जुलता करते हैं। 'माहिं, नाहिं, याहि, वाहि' आदि के अंत का 'ह' उच्चारण में घिस सा गया है इससे इनका उच्चारण 'मायँ', 'नायँ', 'याय', 'वाय' के ऐसा होता है। 'आवैंगे, 'जावैंगे' का उच्चारण सुनने में 'आमैंगे' 'जामैंगे' सा लगता है। पर मेरी समझ में लिखने में इनका अनुसरण करना ठीक नहीं होगा।

खड़ी बोली में काल बतानेवाले क्रियापद ('है' को छोड़) भूत और वर्तमान कालवाची धातुज कृदंत अर्थात् विशेषण ही हैं। इसीसे उनमें लिंगभेद रहता है—

अवधी के साथ मेल और खड़ी बोली से भेद

जैसे, आता है=आता हुआ है=सं० आयान् (आयान्त)। उपजता है=उपजता हुआ है=प्राकृत 'उपजंत'=सं० उत्पद्यन्त, उत्पद्यन्। करता है=करता हुआ है =प्रा० करंत=सं० कुर्वन्त, कुर्वन्। आती है=

आती हुई है=प्रा० आयंती=सं० आयान्ती। उपजती है=उपजती हुई है=प्रा० उपजंती=सं० उत्पद्यन्ती। करती है=करती हुई है=प्रा० करंती=सं० कुर्वन्ती। इसी प्रकार वह गया=स गतः, उसने किया=तेन कृतम् इत्यादि। पर व्रजभाषा और अवधी में भविष्यत् के तिङन्त रूप भी हैं जिनमें लिंगभेद नहीं है। व्रज के वर्तमान में यह विशेषता है कि बोलचाल की भाषा में तिङन्त प्रथम पुरुप क्रियापद के आगे पुरुपविधान के लिये 'है' और 'हौ' जोड़ दिए जाते हैं। जैसे, सं० चलती=प्रा० चलइ=व्रज० चलै। उत्पद्यते=प्रा० उपजै। सं० पठन्ति=प्रा० पढंति, अप० पढइं=व्रज० पढ़ै। उत्तम पुरुष, सं० पठामः=प्रा० पठामो, अप० पढउँ=व्रज पढ़ौं या पढ़ूँ। अब व्रज में ये क्रियाएँ 'होना' के रूप लगाकर बोली जाती हैं,—जैसे, चलै है, उपजै है, पढ़ैं हैं, पढौं हौं या पढ़ूँ हूँ। इसी प्रकार मध्यम पुरुष "पढ़ौ हौ" होगा। वर्तमान के तिङन्त रूप अवधी की बोलचाल से अब उठ गए हैं पर कविता में बराबर आए हैं उ०—(क) पंगु चढ़ै गिरिवर गहन, (ख) बिनु पद चलै सुनै बिनु काना। भविष्यत् के तिङन्त रूप अवधी और व्रज दोनों में एक ही हैं—जैसे, करिहै, चलिहै, होयहै=अप० करिहइ, चलिहइ, होइहइ=प्रा० करिस्सइ, चलिस्सइ, होइस्सइ=सं० करिष्यति, चलिष्यति, भविष्यति। अवधी में उच्चारण अपभ्रंश के अनुसार ही हैं पर व्रज में 'इ' के स्थान पर 'य' वाली प्रवृत्ति के अनुसार करिहय=करिहै, होयहय=होयहै इत्यादि रूप हो जायँगे। 'य' के पूर्व के 'आ' को लघु करके दोहरे रूप भी होते हैं—जैसे, अयहै=ऐहै, जयहै=जैहै, करयहै=करैहै इत्यादि उत्तम पुरुष—खयहौं=खैहौं, अयहौं=ऐहौं, जयहौं=जैहौं।

व्रजभाषा में बहुवचन के कारकचिह्नग्राही रूप में खड़ी बोली के समान 'ओं' (जैसे लड़कों को) नहीं होता, अवधी के समान 'न' होता है—जैसे, घोड़ान को, घोड़न को; छोरान को, छोरन को इत्यादि। अवधी में केवल दूसरा रूप होता है, पहला नहीं। उ०—देखहु बनरन केरि ढिठाई।—तुलसी।

खड़ी बोली में कारक के चिह्न विभक्ति से पृथक् हैं। विलायती मत कहकर हम इसका तिरस्कार नहीं कर सकते। इसका स्पष्ट प्रमाण खड़ी बोली के संबंध-कारक के सर्वनाम में मिलता है—जैसे, किसका=सं० कस्य=प्रा० नपुं० किस्स+कारक चिह्न 'का'। काव्यों की पुरानी हिंदी में संबंध की 'हि' विभक्ति (माग० 'ह', अप० 'हो') सब कारकों का काम दे जाती है। अवधी में अब भी सर्वनाम में कारक चिह्न लगने के पहले यह 'हि' आता है जैसे 'केहिकाँ' (पुराना रूप केहि कहँ), 'केहि कर' यद्यपि बोलचाल में अब यह 'हि' निकलता जा रहा है। व्रजभाषा से इस 'हि' को उड़े बहुत दिन हो गए, उसमें 'काहि को' 'जाहि को' आदि के स्थान पर 'काको' 'जाको' आदि का प्रयोग बहुत दिनों से है। यह उस भाषा के अधिक चलतेपन का प्रमाण है। खड़ी बोली में सर्वनामों (जैसे, मुझे, तुझे, हमें, मेरा, तुम्हारा, हमारा) को छोड़ विभक्ति से मिले हुए सिद्ध रूप व्यक्त

नहीं हैं, पर अवधी और ब्रजभाषा में हैं—जैसे, पुराना रूप 'रामहिं', 'बनहिं' घरहिं नए रूप 'रामैं' 'बनै' 'घरै' (अर्थात् राम को, बन को, घर को); अवधी या पूरबी 'घरै' = घर में।

जैसा पहले कहा जा चुका है ब्रज की चलती बोली से पदांत के 'ह' को निकले बहुत दिन हुए। ब्रजभाषा की कविता में 'रामहिं', 'आवहिं', 'जाहिं', 'करहिं', 'करहु' आदि जो रूप देखे जाते हैं वे पुरानी परंपरा के अनुसरण मात्र हैं। खड़ी बोली के समान कुछ सर्वनामों में (जाहि, वाहि, तिन्हैं, जिन्हैं) यह 'ह' रह गया है। चलती भाषा में 'रामै', 'बनै', 'आवैं', 'जायँ', 'करैं', 'करौ' ही बहुत दिनों से—जब से प्राकृत-काल का अंत हुआ तब से—हैं। सूरदास में ये ही रूप बहुत मिलते हैं। कविता में नए पुराने दोनों रूपों का साथ साथ पाया जाना केवल परंपरा का निर्वाह ही नहीं कवियों का आलस्य और भाषा की उतनी परवा न करना भी सूचित करता है। 'आवैं', 'चलावैं' के स्थान पर 'आवहिं', 'चलावहिं' क्या 'आवहीं', 'चलावहीं' तक लिखे जाने से भाषा की सफ़ाई जाती रही। शब्दों का अंगभंग करने का 'कबिंदों' ने ठेका सा ले लिया। समस्यापूर्ति की आदत के कारण कवित्त के अंतिम चरण की भाषा तो ठिकाने की होती थी, शेष चरण इस बात को भूलकर पूरे किए जाते थे कि शब्दों के कुछ नियत रूप और वाक्यों के कुछ निर्दिष्ट नियम भी होते हैं। पर भाषा के जीते जागते रूप को पहचानने-वाले रसखान और घनानंद ऐसे कवियों ने ऐसे सड़े गले या विकृत रूपों का प्रयोग नहीं किया है—किया भी है तो बहुत कम। 'आवहिं', 'जाहिं', 'करहि', 'करहु' न लिखकर उन्होंने बराबर 'आवैं', 'जायँ', 'करै', 'करौ' लिखा है। इसी प्रकार 'इमि', 'जिमि', 'तिमि' के स्थान पर वे बराबर चलती भाषा के 'यों', 'ज्यों', 'त्यों' लाए हैं। ब्रज की चलती भाषा में केवल सर्वनामों के कर्म में 'ह' कुछ रह गया है, जैसे, जाहि, ताहि, वाहि, जिन्हैं, तिन्हैं। पर 'जाहि', 'वाहि' के उच्चारण में 'ह' घिसा जा रहा है, लोग 'जाय' 'वाय' के समान उच्चारण करते हैं।

हिंदी की तीनों बोलियों में (खड़ी, ब्रज और अवधी) व्यक्तिवाचक सर्वनाम कारकचिह्न के पहले अपना कुछ रूप बदलते हैं। ब्रजभाषा में विकार अवधी का सा होता है, खड़ी बोली का सा नहीं।

खड़ी	अवधी	ब्रज
मैं, तू-वह।	मैं-तैं, वह, सो, ऊ।	मैं-तू या तैं-वह, सो।
मुझ-तुझ-उस।	मो-तो-वा, ता, ओ।	मो-तो-वा, ता।

'ने' चिह्न तो अवधी में आता ही नहीं। ब्रज में उत्तम पुरुष कर्त्ता का रूप 'ने' लगने पर 'मैं' ही रहता है। ऊपर अवधी में प्रथम पुरुष का तीसरा रूप पूरबी अवधी का है। ब्रज में एकवचन उत्तम पुरुष 'हौं' भी आता है जिसमें कोई कारक चिह्न नहीं लग सकता। वास्तव में इसका प्रयोग कर्ताकारक में होता है

पर केशव ने कर्म में भी किया है, यथा–पुत्र हौं विधवा करी तुम कर्म कीन्ह दुरंत।

'जाना' 'होना' के भूतकाल के रूप (गवा, भवा) में से 'व' उड़ाकर जैसे अवधी में 'गा' 'भा' रूप होते हैं वैसे ही ब्रज में भी 'य' उड़ाकर 'गो' 'भो' (बहुवचन गे, भे) रूप होते हैं। उ०—(क) इत पारि **गो** को, भैया ! मेरी सेज पै कन्हैया को ?— पद्माकर। (ख) सौतिन के साल **भो**, निहाल नंदलाल **भो**। —मतिराम।

खड़ी बोली करण का चिह्न 'से' क्रिया के साधारण रूप में लगाती है; ब्रज और अवधी प्राय: भूतकालिक कृदंत में ही लगाती हैं, जैसे, ब्रज 'किए तें', अवधी 'किए सन'=करने से। कारकचिह्न प्राय: उड़ा भी दिया जाता है, केवल उसका सूचक विकार क्रिया के रूप में रह जाता है, जैसे, किए, दीने।

क्रिया का वर्तमान कृदंत रूप ब्रजभाषा खड़ी के समान दीर्घांत भी रखती है, जैसे, आवतो, जातो, भावतो, सुहातो (उ०—जब चहिहैं तब माँगि पठैहैं जो कोउ आवत जातो।—सूर) और अवधी के समान लघ्वंत भी, जैसे, आवत, जात, भावत, सुहात। कविता में सुभीते के लिए लघ्वंत का ही ग्रहण अधिक है। जिन्हें ब्रज और अवधी के स्वरूप का ज्ञान नहीं होता वे 'जात' को भी 'जावत' लिख जाते हैं।

खड़ी बोली में साधारण क्रिया का केवल एक ही रूप 'ना' से अंत होनेवाला (जैसे, आना, जाना, करना) होता है पर ब्रजभाषा में तीन रूप होते हैं—एक तो 'नो' से अंत होनेवाला, जैसे, आवनो, करनो, लेनो, देनो, दूसरा 'न' से अंत होनेवाला, जैसे, आवन, जान, लेन, देन, तीसरा 'बो' से अंत होनेवाला, जैसे, आयबो, करिबो, दैबो या लैबो इत्यादि। करना, देना और लेना के 'कीबो', 'दीबो' और 'लीबो' रूप भी होते हैं। ब्रज के तीनों रूपों में से कारक के चिह्न पहले रूप (आवनो, जानो) में नहीं लगते। पिछले दो रूपों में ही लगते हैं—जैसे, आवन को, जान को, दैबे को इत्यादि शुद्ध अवधी में कारक चिह्न लगने पर साधारण क्रिया का रूप वर्तमान तिङन्त का हो जाता है, जैसे आवइ के, जाइ के, आवइ में, जाइ में अथवा आवइ काँ, जाइ काँ, आवइ माँ, जाइ माँ। उ०—जात पवनसुत देवन देखा। **जानइ कहँ** बल बुद्धि विसेखा। सुरसा नाम अहिन कै माता। पठइन आइ कही तेइ बाता।—तुलसी।

पूरबी या शुद्ध अवधी में साधारण क्रिया के अंत में 'ब' रहता है जैसे आउब, जाब, करब, हँसब इत्यादि। इस 'ब' की असली जगह पूरबी भाषाएँ ही हैं जो इसका व्यवहार भविष्यत् काल में भी करती हैं, जैसे—पुनि आउब यहि बेरियाँ काली।—तुलसी। उत्तम पुरुष (हम करब, मैं करबौं) और मध्यम पुरुष (तू करबौं, तैं करबे) में तो यह बराबर बोला जाता है पर साहित्य में भी इसका बराबर प्रयोग मिलता है यथा—(क) तिन निज ओर न लाउब भोरा।—तुलसी। (ख) घर पइठत पूछब यहिहारू। कौन उतरु पाउब पैसारू—जायसी। पर ऐसा

प्रयोग सुनने में नहीं आया। मध्यम पुरुष में विशेषकर आज्ञा और विधि में 'ब' में 'ई' मिलाकर ब्रज के दक्षिण से लेकर बुंदेलखंड तक बोलते हैं, जैसे, आयबी, करबी, इत्यादि। उ०—(क) यह राज साज समेत सेवक जानिबी बिनु गथ लये। (ख) ए दारिका परिचारिका करि पालिबी करुनामई।—तुलसी। यह प्रयोग ब्रजभाषा के ही अंतर्गत है और साहित्य में प्रायः सब प्रदेशों के कवियों ने इसे किया है—सूर, बोधा, मतिराम, दास यहाँ तक कि रामसहाय ने भी। जैसा ऊपर कहा जा चुका है जब साहित्य की एक व्यापक और सामान्य भाषा बन जाती है तब उसमें कई प्रदेशों के प्रयोग आ मिलते हैं। साहित्य की भाषा को जो व्यापकत्व प्राप्त होता है वह इसी उदारता के बल से। इसी प्रकार 'स्यो' (=सह, साथ) शब्द बुंदेलखंड का समझा जाता है जिसका प्रयोग केशवदास जी ने, जो बुंदेलखंड के थे, किया है, यथा—"अलि स्यो सरसीरुह राजत है।" बिहारी ने तो इसका प्रयोग किया ही है पर उन्होंने जैसे 'करिबी' और 'स्यो' का प्रयोग किया है वैसे ही अवधी 'कीन' 'दीन' 'केहि' (=किसने) का प्रयोग भी तो किया है। 'स्यो' का प्रयोग दासजी ने भी किया है जो खास अवध के थे, यथा—स्यो ध्वनि अर्थनि वाक्यनि लै गुण शब्द अलंकृत सों रति पाकी। अतः किसी के काव्य में स्थान विशेष के कुछ शब्दों को पाकर चटपट यह निश्चय न कर लेना चाहिए कि वह उस स्थान ही का रहनेवाला था। सूरदास ने पंजाबी और पूरबी शब्दों का व्यवहार किया है। अब उन्हें पंजाबी कहें या पुरबिया? उदाहरण लीजिए—"जोग-मोट सिर बोझ आनि कै कत तुम घोष उतारी। ऐतिक दूर जाहु चलि काशी जहाँ बिकति है **प्यारी**।" 'महँगा' के अर्थ में 'प्यारा' पंजाबी है। अब पूरबी के नमूने लीजिए—(क) नेकु गोपालै मोको लै री। देखौं कमलवदन नीके करि ता पाछे तू **कनिया** लै री। (ख) **गोड़** चापि लै जीभ मरोरी। 'कनिया' (गोद) और 'गोड़' (पैर) खास पूरबी है। डर है कि कहीं हिंदीवालों में लोग अपने गाँव के पास पुराने प्रसिद्ध कवियों की मूर्तियाँ खोद खोद कर न निकालने लगें।

खड़ी बोली की आकारांत पुंल्लिग संज्ञाओं, विशेषणों और भूत कृदंतों का (विकल्प से वर्तमान कृदंतों का भी) ओकारांत होना ब्रजभाषा का सबसे प्रत्यक्ष

ब्रजभाषा की कुछ विशेषताएँ

लक्षण है। यह संस्कृत के पुंल्लिग कर्त्ताकारक के स् (=सु) का विकार है जो शौरसेनी से आकर ब्रज के कर्त्ता और कर्म में देखा जाता है। संस्कृत में आकारांत पुंल्लिग शब्द तो इने गिने हैं। हिंदी में जो शब्द आकारांत हैं वे अधिकतर संस्कृत में आकारांत थे, जैसे घोड़ा, पासा सं० घोटक, पाशक। कर्त्ता का रूप घोटकः= प्रा० (घोड़ अ+उ) घोड़ओ; पाशकः=प्रा० (पासअ+उ) पासओ=ब्रज० घोड़ो, पासो। इसी प्रकार भूत और वर्तमान कृदंत शब्दों के अंतिम 'त' का 'अ' हुआ और फिर उसमें 'उ' जुड़कर 'ओ' हो गया। जैसे, चलितः=चलिय+उ=

चलिअउ = चल्यो। कृत: = किअ + उ = किअउ = कियो। गत: = गउ या गय + उ = गयउ = गयो। कहने की आवश्यकता नहीं कि जिसे भूत कृदंत मूलक सकर्मक क्रियाओं का कर्म कहते हैं वह भी वास्तव में कर्त्ता ही है, अत: उसका भी ओकारांत होना ठीक है। भाषा के इतिहास की दृष्टि से (चलते व्याकरण की दृष्टि से नहीं) ऐसी क्रियाओं के कर्म मे 'को' चिह्न लगाना ठीक नहीं है। स्वर्गीय बाबू बालमुकुंद गुप्त को यह 'को' नापसंद था।

इस 'ओ' के नियम का अपवाद भी है। जैसे संस्कृत में स्वार्थे 'क' आता है वैसे ही हिंदी में 'डा', 'रा', 'आ', 'ना', 'वा' आदि आते हैं। जैसे, खड़ी—मुखड़ा, बछड़ा; व्रज और अवधी—हियरा, जियरा, अधरा, बदरा, अँचरा, अँसुवा, बटा (बाट), हरा (हार), लला (लाल), भैया (भाई + आ), कन्हैया (कन्हाई + आ); पूरबी या अवधी—करेजवा, बदरवा[1], सुगना, बिधना। ऐसे शब्द न तो ओकारांत होते हैं और न कारकचिह्न लगने के पहले उनका रूप एकारांत होता है।

कारक के कुछ चिह्न भी ब्रजभाषा के निज के हैं—

कर्ता—(१)···(२) ने। कर्म—को (कौं)।

करण—सौं; तें। संप्रदान—को (कौं)।

अपादान—तें। संबंध—को।

अधिकरण—में, मों, पै ('पर' भी)।

'यह' 'वह', 'सो', को या 'कौन', और 'जो' इन सर्वनामों के रूप कारकचिह्न लगने के पहले क्रमश: 'या', 'वा', 'ता', 'का' और 'जा' (जैसे, याने, वाको, तासों, काको, जाको,) होते हैं, अवधी के समान 'यहि, वहि, तेहि, केहि, जेहि,' नहीं। अत: 'यहि को', 'यहि विधि' आदि रूप शुद्ध व्रज नहीं हैं।

खड़ी बोली में कीजिए, दीजिए, करिए, धरिए आदि रूप आज्ञा और विधि के हैं। 'इज्ज' और 'इज्जा' प्राकृत में भी मिलते हैं—जैसे, अप० पढ़िज्जहि पढ़ियहि—हिं० पढ़ीजै, पढ़िए। व्रजभाषा में आज्ञा और विधि के अतिरिक्त वर्तमान और भविष्यत् में भी चाहे कोई पुरुष हो इनका प्रयोग मिलता है। यह स्वच्छंदता प्राकृत में भी थी। हेमचंद्र ने (३—१७८) 'हो' धातु तथा और धातुओं में भी सब कालों के लिए इन रूपों का प्रयोग लिखा है। 'ए' निकालकर और वर्तमान का चिह्न 'त' लगाकर भी इसका प्रयोग हुआ है।

उत्तम पुरुष के साथ संभाव्य भविष्यत् काल में का 'दीजिए,' 'कीजिए' जैसे पुराने प्रयोग भी कवियों ने किए हैं। अपभ्रंश प्राकृत में भूत (कृदंत) के 'मारिअ', 'चलिअ', 'जाईयउ' इत्यादि रूप देखने में आते हैं। इन्हीं रूपों से पंजाबी मार्‌या, खड़ी और अवधी—मारा; व्रज—मार्‌यो, चल्यो, जायो इत्यादि रूप बने हैं।

१. ऐसे शब्दों की बहार रहीम के 'बरवै नायिकाभेद' में देखिए जो अवधी या पूरबी भाषा में है।

कहीं कहीं हिंदी के कवियों ने अपभ्रंश के पुराने रूप ज्यों के त्यों रख दिए हैं। केशवदासजी ने ऐसा बहुत किया है।

'हो' धातु का भूतकाल खड़ी बोली में 'था' होता है पर व्रज में 'हुतो', 'हतो' या 'हो' होता है। व्रज की चलती बोलचाल में 'हुतो' और 'हुते' का 'हो' और 'हे' प्रायः हो जाता है। इस 'हतो' का प्रयोग बुंदेलखंड में अधिक है। कालज्ञापन के अर्थ जहाँ यह किसी क्रिया के साथ संयुक्त होता है वहां प्रायः 'ह' निकल जाता है केवल 'तो' रह जाता है। यह शुद्ध बुंदेलखंडी है।

इसी 'भू' धातु से बने भूत कृदंत को करणकारक का रूप देने से प्राकृत की 'हिंतो' (=से) विभक्ति बनी है। इस बात का स्पष्ट आभास केशवदास जी ने दिया है। सूरदास जी ने इसका प्रयोग 'ओर से', 'तरफ से' के अर्थ में किया है। यह प्रयोग पुरानी खड़ी बोली में खुसरो और कबीर के बहुत पीछे तक था। 'ओर से', 'बदले में' के अर्थ में भी 'संती' अवधी में अब तक बोला जाता है।

खड़ी बोली में आज्ञा और विधि में जहाँ क्रिया का साधारण रूप रखा जाता है (जैसे, तुम आना) वहाँ ब्रजभाषा धातु में 'इयो' लगती है, जैसे, आइयो, जाइयो, करियो इत्यादि।

कारक के कुछ प्रयोग भी ब्रजभाषा के निज के हैं जो न खड़ी बोली में होते हैं, न अवधी में। जैसे, अधिकरण चिह्न 'पै' का प्रयोग करण और अपादान के अर्थ में।

साहित्य की जो भाषा होगी वह ऐसे सामान्य शब्दों को ही व्यवहार में लाएगी जिनका प्रचार दूर दूर तक होगा। किसी भूखंड के एक कोने का प्रयोग, चाहे वह कोना वहीं का क्यों न हो जहाँ की भाषा टकसाली मानी जाती है, शिष्ट प्रयोग में नहीं आएगा। शीघ्र के अर्थ में 'सिदौसी' मथुरा वृन्दावन में बराबर बोला जाता है पर साहित्य में नहीं लिया गया है। इसी प्रकार जहाँ कर्म लुप्त होता है या नियत लिंग का नहीं होता वहाँ भूतकाल क्रिया 'कहा' को स्त्रीलिंग बोलने की प्रवृत्ति व्रज में अधिक है जैसे, 'वाने कह्यो' के स्थान पर 'वाने कही'। स्वीकृति-सूचक शब्द 'अच्छा !' के स्थान पर भी 'अच्छी !' बोलते हैं। पर ऐसे प्रयोग साहित्य से प्रायः अलग रखे गए हैं।

यद्यपि अवधी पूरबी हिंदी के अंतर्गत है पर उसके भीतर भी हम दो प्रकार के रूप पाते हैं—एक पच्छिमी, दूसरा पूरबी। पच्छिमी अवधी ब्रजभाषा से पूरब की अपेक्षा कुछ अधिक मिलती है। अयोध्या और गोंडे के आसपास जो भाषा बोली जाती है वह पूरबी या शुद्ध अवधी है। लखनऊ, कानपुर से लेकर कन्नौज के पास तक जो भाषा बोली जाती है वह पच्छिमी अवधी है जिसके अंतर्गत बैसवाड़ी है। कन्नौज और इटावे के पास पहुंचते पहुंचते यह भाषा ब्रजभाषा से यहाँ तक मिल जाती है कि ओकारांत रूप भी आ जाते हैं। तीन सर्वनाम ऐसे हैं जिन्हें

अवधी की कुछ विशेषताएँ

पकड़ने से दोनों के स्थान का पता बहुत जल्दी लग सकता है खड़ी बोली के 'कौन', 'जो' और 'वह' के हमें अवधी के क्षेत्र के भीतर ही दो रूप मिलते हैं—'को', 'जो', 'सो' और 'के', 'जे', 'से', या 'ते'। पच्छिमी अवधी में हमें 'को', 'जो', 'सो', मिलेंगे और पूरबी में 'के', 'जे', 'से' या 'ते'। जैसे, पच्छिमी—को आय? पूरबी—के है? = कौन है? पच्छिमी—'जो जइहै सो पइहै', पूरबी—'जे जाई से पाई' = जो जायगा वह पाएगा। 'को' 'जो' 'सो' शौरसेनीपन है और 'के, जे, से' मागधी या अर्द्धमागधीपन।

'को', 'जो', 'सो' के कारकचिह्नग्राही रूप ब्रजभाषा के समान क्रमश: 'का', 'जा', 'ता' होंगे— जैसे, काकर, जाकर, ताकर (पर 'केर' के योग में पच्छिमी अवधी में भी पूरबी का रूप रहता है जैसे 'केहि केर'), तासन। पर 'के', 'जे', 'से' के रूप सामान्य विभक्ति (हि) के साथ कारकचिह्न लगने पर भी नहीं बदलते, जैसे केहिकर (या केकर), जेहि महँ (बोलचाल जेहि माँ), 'तेहि सन' इत्यादि। ब्रज और खड़ी के समान पच्छिमी अवधी में भी साधारण क्रिया का नांत रूप रहता है जैसे, आवन, जान, करन इत्यादि पर पूरबी अवधी की साधारण क्रिया के अंत में 'ब' रहता है, जैसे, आउब, जाब, करब, हँसब इत्यादि। आगे कारकचिह्न या दूसरी क्रिया लगने पर खड़ी और ब्रज के समान पच्छिमी अवधी में नांत रूप रहता है, जैसे, आवन काँ (पुराना रूप—आवन कहँ), करन माँ (पु० करन महँ), आवन लाग इत्यादि। पर पूरबी अवधी में कारकचिह्न या दूसरी क्रिया संयुक्त होने पर साधारण क्रिया का रूप ही नहीं रहता वर्तमान का तिङन्त रूप हो जाता है जैसे 'आवै काँ', 'जाय माँ' (या 'आवै के, जाय में'), 'करै कर', 'आवै लाग', 'करै लाग', 'सुनै चाहौ' इत्यादि। करण के चिह्न के पहले पूरबी और पच्छिमी दोनों अवधी भूतकृदंत का रूप कर लेती हैं जैसे, आए से, चले से, आए सन, दिए सन। संयुक्त क्रिया के प्रयोग में तुलसीदास जी ने यह विलक्षणता की है कि एकवचन में तो पूरबी अवधी का रूप रखा है और बहुवचन में पच्छिमी अवधी का, जैसे—कहइ लाग, कहन लागे। पच्छिमी अवधी में ब्रजभाषा के समान प्रथम पुरुष एकवचन भविष्यत् क्रिया के अंत में 'है' होता है (जैसे—करिहै, सुनिहै, मिलिहै) पर पूरबी अवधी में पहले अंत में 'हि' था (जैसे—होइहि, आइहि, जाइहि) परंतु अब 'ह' के घिस जाने और बचे हुए 'इ' के पूर्व 'इ' के साथ मिल जाने से 'ई'कारांत रूप हो गया है, जैसे, आई, जाई, करी, खाई। तुलसीदास जी ने भविष्यत् में पूरबी या शुद्ध अवधी का ही प्रयोग अधिक किया है।

अवधी भाषा के साहित्य में दो ग्रंथ बहुत प्रसिद्ध हैं—जायसी की 'पद्मावत' और गोस्वामी तुलसीदास जी का 'रामचरितमानस'। इन दोनों ग्रंथों में पूरबी और पच्छिमी दोनों (अवधी) के रूप मिलते हैं।

भूतकालिक क्रिया का आकारांत रूप विशुद्ध अवधी में या तो सकर्मक उत्तम

पुरुष बहुवचन में (विकल्प से) या अकर्मक प्रथम पुरुष एकवचन में होता है—जैसे, हम पावा, ऊ चला। पर साहित्य की अवधी में आकारांत भूतकालिक रूपों का पच्छिमी हिंदी के समान पुरुषभेदयुक्त स्वच्छंद प्रयोग भी बराबर मिलता है। ठेठ अवधी में क्रिया का रूप सदा कर्त्ता के पुरुष (और लिंग वचन भी) के अनुसार होता है कभी कर्म के अनुसार नहीं।

भूतकालिक रूपों में जहाँ खड़ी बोली के अंत में 'या' होता है वहाँ अवधी में 'वा' होता है—जैसे, आवा, लावा, बनावा। 'जाना' 'होना' के भूतकाल के रूप 'व' निकालकर भी होते हैं—जैसे, 'गा', 'भा'।

भूतकालिक क्रिया के सर्वनाम कर्त्ता के प्रयोग में दोनों ग्रंथों में एक विलक्षणता देखने में आती है। अकर्मक के कर्त्ता के रूप तो पच्छिमी जो, सो, को मिलते हैं, जैसे, भयउ सो कुम्भकरन बलधामा; पर सकर्मक के कर्त्ता के रूप केहि, जेहि, तेहि या केइ, जेइ, तेइ (बहुवचन किन, जिन, तिन) मिलते हैं और उनकी क्रियाओं के लिंग वचन कर्म के अनुसार (जैसा पच्छिमी हिंदी में होता है) होते हैं जो अवधी की चाल के विरुद्ध है।

कर्त्ता के पुरुष के अनुसार नियत अपने सकर्मक भूतकालिक रूपों के अतिरिक्त सुभीते के लिए पश्चिमी हिंदी का पुरुषभेदमुक्त रूप भी साहित्य में रख लिया गया। यह बात तो समझ में आ जाती है पर कर्त्ता का रूप अपभ्रंश प्राकृत या पूरबी अवधी का क्यों रखा गया यह भेद नहीं खुलता। अवधी पूरबी भाषा है अतः उसमें भूतकालिक सकर्मक क्रिया कारकचिह्न रहित कर्म के अनुसार नहीं होती, सदा कर्त्ता के अनुरूप होती है। जायसी ने शुद्ध अवधी का प्रयोग अधिक किया है अतः उन्होंने क्रिया का रूप पुरुपभेदमुक्त रखकर भी उसे अकसर कर्म के लिंग वचन के अनुसार नहीं बदला है।

गोस्वामी तुलसीदास जी 'लावा' और 'उघेला' के स्थान पर 'लाई' और 'उघेली' लिखते हैं। गोस्वामी जी साहित्य के पंडित थे और उनका परंपरागत काव्यभाषा से अधिक संबंध था। इससे उन्होंने जहाँ क्रिया का पुरुषभेदवर्जित पश्चिमी रूप लिया वहाँ उसे नियमानुसार कर्म के लिंग वचन के बंधन में रखा, पर जायसी बेचारे से वहाँ कहीं कहीं अवधीपन रह ही गया। तुलसीदास जी ने रामचरितमानस को छोड़ अपने और सब ग्रंथ प्रायः देश की सर्वमान्य काव्यभाषा ब्रजभाषा में ही लिखे, यद्यपि उनमें भी जगह जगह अपनी मातृभाषा अवधी के शब्द (जैसे विनयपत्रिका में 'रोटी लूंगा') वे बिना लाए न रह सके। साहित्य के संस्कार के कारण ही रामचरितमानस में भी कहीं इधर उधर ब्रजभाषा की झलक दिखाई पड़ जाती है।

अवधी में क्रिया का रूप सदा कर्त्ता के लिंग, वचन और पुरुष के अनुसार होता है। सकर्मक भूतकालिक क्रियाओं के रूप भी कर्त्ता के पुरुष और वचन के अनुसार नियत होते हैं।

जैसा पहले कहा जा चुका है अवधी की रुचि लघ्वंत पदों की ओर रहती है इसी से वह भूतकालिक क्रियाओं के कुछ लघ्वंत रूप भी रखती है जिनमें लिंग, वचन और पुरुष के विचार की गुंजाइश नहीं होती जैसे, कीन्ह, दीन्ह, लीन्ह, दीख, बैठ, लाग इत्यादि।

अवधी में संबंध के चिह्न तीन हैं, 'कै', 'कर' और 'केर'। इनमें से 'कै' और 'कर' में लिंगभेद नहीं है यद्यपि तुलसीदास जी ने 'कै' या 'कइ' को स्त्री-लिंग के संबंध में नियत सा कर दिया है जैसे, जिन्ह कइ रही भावना जैसी। पर बोलचाल में इस प्रकार का कोई भेद नहीं है। इतना है कि कर का प्रयोग सर्वनामों के आगे अधिकतर करते हैं, जैसे, एकर, ओकर या यहिकर, वहिकर, इनकर, उनकर इत्यादि। अवधी के रूप लघ्वंत हैं इससे 'आपन', 'हमार', 'तुम्हार' आदि के स्त्री रूपों में भी (आपनि, हमरि, तुम्हारि) 'इ'कार उतना स्पष्ट नहीं रहता। 'केर' केवल पच्छिमी अवधी में है और इसमें लिंगभेद साफ़ है। इसी का बैसवाड़ी रूप 'क्यार' है—जैसे, 'मनियादेउ महोबे क्यार'। 'केर' का ब्रज रूप यद्यपि 'केर' 'केरो' है पर खास ब्रज-मंडल के भीतर यह अब सुनने में नहीं आता। प्राकृत में भी यह संबंध चिह्न अपने पूरे लिंगभेद के साथ मिलता है—पुंल्लिग केरओ, स्त्रीलिंग केरिआ, नपुंसक लिंग केरअं या केरउँ। पुंल्लिग केरो, केरु; स्त्रीलिंग केरी; नपुंसक लिंग केरं। 'केरओ' आदि रूप पुराने हैं, उ०—एसोवखु अलंकारओ अजाए केरओ (मृच्छ०)=यह अलंकार आर्य्या का है। पिछले पुंल्लिग रूप 'केरो' और 'केरु' हैं। कहने की आवश्यकता नहीं कि दीर्घांत रूप 'केरो' ब्रज और लघ्वंत रूप केरु', अवधी है। यह 'केर' या 'केरो' सं० 'कृत' से निकला हुआ माना गया है।

व्यक्तिवाचक के अतिरिक्त और सर्वनामों के रूप अवधी में इस प्रकार हैं। यह=यह (पच्छिमी अवधी), ई (पूरबी), (बहुवचन ये-ए)। वह—वह (पच्छिमी अवधी), ऊ (पूरबी); 'सो' (पच्छिमी अवधी), से, तौन, ते (पूरबी), (बहुवचन वै, ते-वै, ते)। जो=जो (पच्छिमी अवधी); जे, जौन (पूरबी अवधी), (बहुवचन जो-जे) कौन=को (पच्छिमी अवधी), के, कौन (पूरबी अवधी), बहुवचन को-के)। इनमें से पूरबी 'जौन' 'तौन' और 'कौन' जड़ पदार्थों के लिए अथवा व्यक्ति के संबंध में लघुत्व सूचित करने के लिए आते हैं जैसे जौन कुछ पावा तौन दै दीन। साहित्य की अवधी में 'ई' और 'ऊ' के स्थान पर 'यह' 'वह' अथवा 'सो' का प्रयोग अधिकतर मिलता है। पच्छिमी अवधी कारकचिह्न ग्रहण करने के पूर्व ब्रज के समान इनके रूप क्रमशः 'या', 'वा', 'ता', 'जा' और 'का' कर लेती है, जैसे, जितिहहिं राम न संसय या महँ। पर पूरबी या शुद्ध अवधी पुराने सामान्य विभक्तियुक्त रूप एहि, ओहि, तेहि, जेहि, केहि रखती है, जैसे, एहि कर, ओहि कर; एहि काँ, ओहि काँ, जेहि काँ, तेहि काँ इत्यादि।

रामायण, पद्मावत आदि में विभक्ति के रूप में अथवा वर्तमान, भविष्यत्

और आज्ञा विधिसूचक क्रियापदों के अंत में 'हि' 'हिं' या 'हु' 'हुँ' देखकर लोग इन्हें अवधी का चिह्न समझा करते हैं। पर ये रूप न तो बोलचाल की अवधी के हैं, न ब्रज के। ये प्राकृत या अपभ्रंश काल के रूप हैं जिनको कविपरंपरा रक्षित रखती आई है। संज्ञाशब्दों से तो 'हि' विभक्ति के 'ह' को घिसे बहुत दिन हुए; सर्वनामों में यह कुछ बनी हुई है—जैसे, कारकचिह्नों के योग में 'एहि सन, ओहि माँ, जेहि कर' आदि में और ब्रज के 'जाहि, ताहि, वाहि' में प्रत्यक्ष रूप में और ब्रज और अवधी के इन्हैं, उन्हैं, जिन्हैं तथा खड़ी बोली के इन्हें, उन्हें, जिन्हें में परोक्ष रूप में। इसी प्रकार 'आवैं' 'जायँ' 'करै' 'करिहै' 'चलौ' जैसे आज ब्रज और अवधी दोनों में बोले जाते हैं, वैसे ही सूर और तुलसी के समय में भी बोले जाते थे—'आवहिं' 'जाहिँ' 'करहिं' 'करिहहि' 'चलहु' कोई नहीं बोलता था। जबकि एक ही कवि ने अपनी कविता में एक ही शब्द को दो रूपों में लिखा है जिनमें से एक रूप तो आजकल भी ज्यों का त्यों है और दूसरा रूप अब नहीं है पर उस कवि से बहुत पहले भी मिलता है। तब यह एक प्रकार से निश्चित है कि उसके समय की बोलचाल में पहला ही रूप था दूसरा रूप उसने प्राचीनों के अनुकरण में लिखा है।

इसी प्रकार 'गयउ', 'भयउ', 'दीन्हेउ', 'लीन्हेउ', 'कियउ' इत्यादि अवधी के रूप नहीं हैं, पच्छिमी अपभ्रंश के पुराने रूप हैं जिनसे ब्रजभाषा के 'गयो', 'भयो', 'दीन्हों', 'लीन्हो', 'कियो' इत्यादि रूप बने हैं।

प्रथम पुरुष की भूतकालिक क्रियाएँ 'ओ' या 'औ' (अ+उ) कारांत अवधी में नहीं हैं। अवधी में बहुवचन उत्तम पुरुष की सकर्मक भूतकालिक क्रिया और प्रथम पुरुष एकवचन की अकर्मक भूतकालिक क्रिया आकारांत होती है जैसे हम जाना, हम सुना, ऊ चला, घोड़ा दौरा, रावण हंसा इत्यादि। जहाँ पच्छिमी हिंदी की सकर्मक भूतकालिक क्रिया ली गई है वहाँ की खड़ी बोली की तरह 'आकारांत' रूप रखा गया है, ब्रज की तरह ओकारांत नहीं।

आज्ञा और विधि में जहाँ खड़ी बोली में क्रिया का साधारण रूप आता है (जैसे, तुम आना) वहाँ अवधी में धातु में 'यो' लगता है, ब्रजभाषा के समान 'इयो' नहीं—जैसे, तुम (या तूँ) आयो, जायो, कह्यो, दिह्यो, चल्यो इत्यादि।

अवधी भाषा के काव्यों पर टीका लिखने का प्रयत्न उन्हीं लोगों को करना चाहिए जो उसके स्वरूप को पहचानते हैं और उसके शब्दों से परिचित हैं, नहीं तो 'रोटी लूगा' (=रोटी कपड़ा, पंजाब लुंगी, राजस्थान लूगड़ी, लूगड़ा) का अर्थ 'रोटी लूँगा' लिखने की नौबत आ जाती है। अवधी काव्य की परंपरा बहुत पुरानी है पर अवधी वैसी व्यापक काव्यभाषा न बन सकी जैसी ब्रज। आख्यान काव्य लिखने में जो सफलता अवधी के कवियों को हुई है वह ब्रजभाषा के कवियों को नहीं। रामचरितमानस और पद्मावत ये दो काव्य तो बहुत प्रसिद्ध हैं पर इनके पहले के और पीछे के काव्य भी हैं—जैसे, मधुमालती, चित्रावली, इंद्रावती,

मृगावती। रहीम का बरवै नायिकाभेद भी ठेठ अवधी में है। कबीर की भाषा मिली जुली होने पर भी अधिकांश पूरबी ही है। अयोध्या के आस पास की पूरबी या शुद्ध अवधी का नमूना देखना हो तो बाबा रघुनाथदास का विश्रामसागर देखना चाहिए।

अवधी और ब्रजभाषा के बीच जो थोड़े से भेद दिखाए गए वे पहचान के लिए बहुत हैं। इनके सहारे हम देख सकते हैं कि किस कवि ने भाषा के जीते जागते रूप को पहचानकर चलती ब्रजभाषा का प्रयोग किया है और किसने अवधी के और कुछ पुराने रूपों को मिलाकर एक कृत्रिम सामान्य भाषा का आश्रय लिया है। अवधी और ब्रज में स्वरूपभेद देखकर हम समझ सकते हैं कि दोनों का सौंदर्य अलग अलग है। एक में दूसरे का पुट देने से भाषा के स्वाभाविक सौंदर्य में कुछ विघात पड़ता है। यद्यपि अवध और बुंदेलखंड में ब्रजभाषा पर पूर्ण अधिकार रखनेवाले अच्छे अच्छे कवि हुए हैं पर उन्होंने मिश्रभाषा का आश्रय जगह जगह लिया है। बुंदेलखंड की भाषा यद्यपि ब्रजभाषा ही है पर उसका लगाव उन प्रदेशों से बहुत दूर तक है जिनमें अवधी बोली जाती है। बुंदेलखंड की भाषा तो अवधी है ही। इधर फ़तहपुर और बांदे तक अवधी चली गई है। ब्रजभाषा की कविता में अवधी या पूरबी प्रयोगों के उदाहरण प्रायः मिलते हैं।

यह तो अवधी का मेल हुआ, अब खड़ी बोली की शान देखिए—

मंद मंद गति सों गयंद गति **खोने** लगी, **बोने** लगी विष सो अलक अहि छोने सी। लंक नवला की कुच भारन **दुनौने** लगी, **होने** लगी तनु की चटक चारु सोने सी। तिरछि चितौनि में बिनोदनि **बितौने** लगी, लगी मृदु बातन सुधारस **निचोने** सी।—दास। (खड़ी गँवारों के मुँह की)

बिहारी ने चलती ब्रजभाषा का ध्यान बहुत रखा है। उनकी भाषा बहुत सुंदर है। पर पूरबी या अवधी प्रयोग उनकी सतसई में भी है।

बिहारी का 'सोनकिरबा' शब्द भी नितांत पूरबी है। शायद ग्राम्यत्व प्रदर्शित करने के लिए बिहारी यह शब्द लाए हों। पर ग्राम पूरब में ही नहीं होते, पच्छिम में भी होते हैं। दास के भाषा लक्षण के अनुसार कवियों ने 'खुसबोयन', 'दराज' आदि द्वारा भाषा कविता को गँवारू सा बना दिया। ब्रजभाषा का कोई व्याकरण न होने से तथा अशिष्ट और अशिक्षित लोगों के कवित्त सवैया कह चलने से वाक्य रचना और भी अव्यवस्थित तथा भाषा और भी बिना ठीक ठिकाने की हो गई। कवियों का ध्यान भाषा के सौष्ठव और सफाई पर न रह गया। शब्दालंकार की धुन रही। इससे च्युत-संस्कृति और ग्राम्यत्व दोष बहुत कुछ आ गया। भूषण कवि तक "भूखन पियासन हैं नाहन को निंदते" भनने में कुछ भी न हिचके। "अपि माषं मषं कुर्यात् छन्दोभंग न कारयेत्" का भी उचित से अधिक लाभ उठाया गया। 'सु' की भरती का तो कहना ही क्या है! इधर सौ

वर्ष से हिंदी गद्य में खड़ी बोली चल रही है पर उसकी भी कई बार वही दशा होते होते बची है।

पर यह न समझना चाहिए कि भाषा की परवा करनेवाले कवि हुए ही नहीं। रसखान और घनानंद ऐसे जीती जागती वाणी के कवियों को देखते कौन ऐसा कह सकता है? ब्रजभाषा के कवियों में जबान का अगर किसी ने दावा किया है तो घनानंद ने। यह दावा दुरुस्त भी है—

नेही महा ब्रजभाषा-प्रवीन औ सुंदरतान के भेद को जानै।
भाषा-प्रवीन सुछंद सदा रहै सो घन जू के कवित्त बखानै॥

दूसरी प्राणप्रतिष्ठा

काव्यभाषा या ब्रजभाषा का दूसरा संस्करण राजा लक्ष्मणसिंह द्वारा हुआ जिसमें भारतेंदु हरिश्चंद्र ने भी कुछ योग दिया। पर जिस प्रकार इन महानुभावों से यह काम अनजान में हुआ उसी प्रकार किसी ने इसके महत्त्व की ओर ध्यान भी नहीं दिया। राजा साहब ने बहुत पुराने पड़े हुए, व्यवहार से उठे हुए और आजकल के कानों को भद्दे लगनेवाले सड़े गले शब्दों को छाँटकर ब्रज की बोलचाल का निखरा हुआ माधुर्य दिखाया। उन्होंने ब्रजभाषा की कविता को फिर जीता जागता रूप दिया। उनका मेघदूत हाथ में लेकर जो

"थक जायगी दामिनि तेरी तिया बड़ी बेर लौं हास विलास करे।
टिक लीजियो रात में काहू अटा जहँ सोवत होयँ परेवा परे॥"

पढ़ेगा वह उनकी भाषा की सफाई और सजीवता पर मोहित होगा।

पंडित श्रीधरजी पाठक विद्यमान हैं जिनकी वाणी में ब्रजभाषा की जीती जागती कला जो चाहे वह प्रत्यक्ष देख सकता है—थोड़ा उनका ऋतुसंहार का अनुवाद आँखों के सामने लाए! ऐसी भाषा को देखते ब्रजभाषा को जो 'ऐतिहासिक' या 'मरी हुई' कहे उसे अपना अनाड़ीपन दूर करने के लिए दिल्ली भाड़ झोंकने न जाना होगा, मथुरा की एक परिक्रमा से ही काम चल जाएगा।

काव्य का रूपविधान और कल्पना

काव्य वस्तु का सारा रूपविधान कल्पना की क्रिया से होता है। आजकल तो भाव की बात दब सी गई है केवल इसी का नाम लिया जाता है क्योंकि 'कवि की नूतन सृष्टि' केवल इसी की कृति समझी जाती है। पर जैसा कि हम अनेक स्थलों पर कह चुके हैं, काव्य के प्रयोजन की कल्पना वही होती है जो हृदय की प्रेरणा से प्रवृत्त होती है और हृदय पर प्रभाव डालती है। हृदय के मर्मस्थल का स्पर्श तभी होता है जब जगत् या जीवन का कोई सुंदर रूप, मार्मिक दशा या तथ्य मन में उपस्थित होता है। ऐसी दशा या तथ्य की चेतना से मन में कोई भाव जगता है तो उस दशा या तथ्य की मार्मिकता का पूर्ण अनुभव करने और कराने के लिए इसके कुछ चुने हुए ब्योरों की मूर्त भावनाएँ खड़ी करता है। कल्पना का यह प्रयोग प्रस्तुत के संबंध में समझना चाहिए जो विभाव पक्ष के अंतर्गत है। शृंगार, रौद्र, वीर, करुण आदि रसों के आलंबनों और उद्दीपनों के वर्णन, प्राकृतिक दृश्यों के वर्णन सब इसी विभाव पक्ष के अंतर्गत हैं।

सारा रूपविधान कल्पना ही करती है अत: अनुभाव कहे जानेवाले व्यापारों और चेष्टाओं द्वारा आश्रय को जो रूप दिया जाता है वह भी कल्पना ही द्वारा। पर भावों के द्योतक शारीरिक व्यापार या चेष्टाएँ परिमित होती हैं, वे रूढ़ या बँधी हुई होती हैं। उनमें नएपन की गुंजाइश नहीं, पर आश्रय के वचनों की अनेकरूपता की कोई सीमा नहीं। इन वचनों की भी कवि द्वारा कल्पना ही की जाती है।

वचनों द्वारा भाव व्यंजना के क्षेत्र में कल्पना को पूरी स्वच्छंदता रहती है। भाव की ऊँचाई, गहराई की कोई सीमा नहीं। उसका प्रसार लोक का अतिक्रमण कर सकता है। उसकी सम्यक् व्यंजना के लिए प्रकृति के वास्तविक विधान कभी कभी पर्याप्त नहीं जान पड़ते। मन की गति का वेग अबाध होता है। प्रेम के वेग में किसी प्रिय को अपनी आँखों में बसा हुआ कहता है, उसके पाँव रखने के लिए पलकों के पाँवड़े बिछाता है, उसके अभाव में दिन के प्रकाश में भी चारों ओर शून्य या अंधकार देखता है, अपने शरीर की भस्म उड़ाकर उसके पास तक पहुँचाना चाहता है। इसी प्रकार क्रोध के वेग में मनुष्य शत्रु को पीसकर चटनी

बना डालने के लिए खड़ा होता है, उसके घर को खोदकर तालाब बना डालने की प्रतिज्ञा करता है। उत्साह या वीरता की उमंगों में वह समुद्र पाट देने, पहाड़ों को उखाड़ फेंकने का हौसला प्रकट करता है।

ऐसे लोकोत्तर विधान करनेवाली कल्पना में भी यह देखा जाता है कि जहाँ कार्य कारण-विवेचनपूर्वक वस्तु व्यंजना का टेढ़ा रास्ता पकड़ा जाता है वहाँ वैचित्र्य ही वैचित्र्य रह जाता है, मार्मिकता दब जाती है। जैसे, यदि कोई कहे कि 'कृष्ण के वियोग में राधा का दिन रात रोना सुनकर लोग घर घर में नावें बनवा रहे हैं' तो यह कथन मार्मिकता की हद के बाहर जा पड़ेगा।

विभाव पक्ष के ही अंतर्गत हम उन सब प्रस्तुत वस्तुओं और व्यापारों को भी लेते हैं जो हमारे मन में सौंदर्य, माधुर्य, दीप्ति, कांति, प्रताप, ऐश्वर्य, विभूति इत्यादि की भावनाएँ उत्पन्न करते हैं। ऐसी वस्तुओं और व्यापारों की योजना करनेवाली प्रतिभा भी विभाव विधायिनी ही समझनी चाहिए। कवि कभी कभी सौंदर्य, माधुर्य, दीप्ति इत्यादि की अनूठी सृष्टि खड़ी करने के लिये चारों ओर से सामग्री एकत्र करके पराकाष्ठा को पहुँची हुई लोकोत्तर योजना करते हैं। यह भी कविकर्म के अंतर्गत है, पर सर्वत्र अपेक्षित उसकी कोई नित्य प्रक्रिया नहीं। मन के भीतर लोकोत्तर उत्कर्ष की झाँकियाँ तैयार करना भी कल्पना का एक काम है। इस काम में कविता उसे प्रायः लगाया करती है। कुछ लोग तो कल्पना और कविता का यही काम ही बताते हैं, खासकर वे लोग जो काव्य को स्वप्न का सगा भाई मानते हैं। जैसे स्वप्न को वे अंतस्संज्ञा में निहित अतृप्त वासनाओं की अंतर्व्यंजना कहते हैं, वैसे ही काव्य को भी। संसार में जितना अद्भुत, सुंदर, मधुर, दीप्त हमारे सामने आता है; जितना सुख, समृद्धि, सद्वृत्ति, सद्भाव, प्रेम, आनंद हमें दिखाई पड़ता है, उतने से तृप्त न होने के कारण अधिक की इच्छाएँ हमारी अंतस्संज्ञा में दबी पड़ती रहती हैं। इसी प्रकार शक्ति, उग्रता, प्रचंडता, उथल पुथल, ध्वंस इत्यादि को हम जितने बढ़े चढ़े रूप में देखना चाहते हैं उतने बढ़े चढ़े रूपों में कहीं न देख हमारी इच्छा चेतना या संज्ञा के नीचे अज्ञात दशा में दबी पड़ी रहती है। वे ही इच्छाएँ तृप्ति के लिए कविता के रूप में व्यक्त होती हैं और श्रोताओं को भी तृप्त करती हैं।

इस संबंध में हम यहाँ इतना ही कहना चाहते हैं कि काव्य सर्वथा स्वप्न के रूप की वस्तु नहीं है। स्वप्न के साथ यदि उसका कुछ मेल है तो केवल इतना ही कि स्वप्न भी हमारी बाह्य इंद्रियों के सामने नहीं रहता और काव्य वस्तु भी। दोनों के आविर्भाव का स्थान भर एक है। स्वरूप में भेद है। कल्पना में आई हुई वस्तुओं की प्रतीति से स्वप्न में दिखाई पड़नेवाली वस्तुओं की प्रतीति भिन्न प्रकार की होती है। स्वप्न काल की प्रतीति प्रायः प्रत्यक्ष ही के समान होती है। दूसरी बात यह है कि काव्य में शोक के प्रसंग भी रहते हैं। शोक वासना की तृप्ति शायद ही कोई प्राणी चाहता हो।

उपर्युक्त सिद्धांत का ही एक अंग कामवासना का सिद्धांत है जिसके अनुसार काव्य का संबंध और कलाओं के समान कामवासना की तृप्ति से है। यहाँ पर इतना ही समझ रखना आवश्यक है कि यह मत काव्य को ललित कलाओं में गिनने का परिणाम है। कलाओं के संबंध में, जिनका लक्ष्य केवल सौंदर्य की अनुभूति उत्पन्न करना है, यह मत कुछ ठीक कहा जा सकता है। इसी से ६४ कलाओं का उल्लेख हमारे यहाँ कामशास्त्र के भीतर हुआ है। पर काव्य की गिनती कलाओं में नहीं की गई है।

अब तक जो कुछ कहा गया है वह प्रस्तुत के संबंध में है। पर काव्य में प्रस्तुत के अतिरिक्त अप्रस्तुत भी बहुत अधिक अपेक्षित होता है, क्योंकि साम्यभावना काव्य का बड़ा शक्तिशाली अस्त्र है। कहने की आवश्यकता नहीं कि अप्रस्तुत की योजना भी कल्पना ही द्वारा होती है। आधुनिक पाश्चात्य समीक्षा क्षेत्र में तो 'कल्पना' शब्द से अधिकतर अप्रस्तुत विधायिनी कल्पना ही समझी जाती है। अप्रस्तुत की योजना के संबंध में भी वही बात समझनी चाहिए जो प्रस्तुत के संबंध में हम कह आए हैं अर्थात् उसकी योजना भी यदि किसी भाव के संकेत पर होगी—सौंदर्य, माधुर्य, भीषणता, कांति, दीप्ति इत्यादि की भावना में वृद्धि करनेवाली होगी—तब तो वह काव्य के प्रयोजन की होगी; यदि केवल रंग, आकृति, छोटाई, बड़ाई आदि का ही हिसाब किताब बैठाकर की जायगी तो निष्फल ही नहीं बाधक भी होगी। भाव की प्रेरणा से जो अप्रस्तुत लाए जाते हैं उनकी प्रभविष्णुता पर कवि की दृष्टि रहती है; इस बात पर रहती है कि इनके द्वारा भी वैसी ही भावना जगे जैसी प्रस्तुत के संबंध में है।

केवल शास्त्र स्थिति-संपादन से कविकर्म की सिद्धि समझ कुछ लोगों ने स्त्री की कटि की सूक्ष्मता व्यक्त करने के लिये भिड़ या सिंहनी की कटि सामने रख दी है। चंद्रमंडल और सूर्यमंडल के उपमान के लिये दो घंटे सामने कर दिए हैं पर ऐसे अप्रस्तुत विधान केवल छोटाई बड़ाई या आकृति को ही पकड़कर, केवल उसी का हिसाब किताब बैठाकर हुए हैं; उस सौंदर्य की भावना की प्रेरणा से नहीं जो उस नायिका या चंद्रमंडल के संबंध में रही होगी। यह देखकर संतोष होता है कि हिंदी की वर्तमान कविताओं में प्रभावसाम्य पर ही विशेष दृष्टि रहती है।

भाषाशैली को अधिक व्यंजक, मार्मिक और चमत्कारपूर्ण बनाने में भी कल्पना ही काम करती है। कल्पना की सहायता यहाँ पर भाषा की लक्षणा और व्यंजना नाम की शक्तियाँ करती हैं। लक्षणा के सहारे ही कवि ऐसी भाषा का प्रयोग वेधड़क कर जाते हैं जैसी सामान्य व्यवहार में नहीं सुनाई पड़ती। ब्रज-भाषा के कवियों में घनानंद इस प्रसंग में सबसे अधिक उल्लेख योग्य हैं। भाषा को वे इतनी वशवर्तिनी समझते थे कि अपनी भावना के प्रवाह के साथ उसे जिधर चाहते थे उधर बेधड़क मोड़ते थे। कुछ उदाहरण लीजिए—

(१) अरसानि गही वह बानि कछू सरसानि सों आनि निहोरत है।

(२) ह्वै है सोऊ घरी भाग उघरी अनंदघन
सुरस बरसि, लाल, देखिहौ हमैं हरी।

(३) उघरो जग, छाय रहे 'घनआनंद' चातक ज्यों तकिए अब तौ।

ऊपर के उद्धरणों के रेखांकित स्थलों में भाषा की मार्मिक वक्रता एक एक करके देखिए। (१) बानि धीमी या शिथिल पड़ गई कहने में उतनी व्यंजकता न दिखाई पड़ी अतः कवि ने कृष्ण का आलस्य न कहकर उनकी बानि (आदत) का आलस्य करना कहा। (२) अपने को खुले भाग्यवाली न कहकर नायिका ने उस घड़ी को खुले भाग्यवाली कहा, इससे सौभाग्य दशा एक व्यक्ति ही तक न रहकर उस घड़ी के भीतर संपूर्ण जगत् में व्याप्त प्रतीत हुई। विशेषण के इस विपर्यय से कितनी व्यंजकता आ गई ! (३) मेघ का छाना और उघड़ना तो बराबर बोला जाता है, पर कवि ने मेघ के छाए रहने और श्रीकृष्ण के आँखों में छाए रहने के साथ ही साथ जग का उघड़ना (खुलना, तितर बितर होना या तिरोहित होना) कह दिया जिसका लक्ष्यार्थ हुआ जगत् के फैले हुए प्रपंच का आँखों के सामने से हट जाना, चारों ओर शून्य दिखाई पड़ना।

आजकल हमारी वर्तमान काव्यधारा की प्रवृत्ति इसी प्रकार की लाक्षणिक वक्रता की ओर विशेष है। यह अच्छा लक्षण है। इसके द्वारा हमारी भापा की अभिव्यंजना शक्ति के प्रसार की बहुत कुछ आशा है। श्री सुमित्रानंदन पंत की रचना से कुछ उदाहरण लेकर देखिए—

(१) धूलि की ढेरी में अनजान। छिपे हैं मेरे मधुमय गान।

(२) रुदन, क्रीड़ा, आलिंगन।
शशि की सी ये कलित कलाएँ किलक रही हैं पुर पुर में।

(३) मर्म पीड़ा का हास।

घनानंद की वाग्विशेषताओं को ध्यान में रखते हुए अब ऊपर के उद्धरणों के रेखांकित प्रयोगों की लाक्षणिक प्रक्रिया देखिए—

(१) धूलि की ढेरी=तुच्छ या असार कहा जानेवाला संसार। मधुमय गान=मधुमय गान के विषय=मधुर और सुंदर वस्तुएँ। (२) कलाएँ किलक रही हैं=जोर से हंस रही हैं=आनंद का प्रकाश कर रही हैं। (३) पीड़ा के हास=पीड़ा का विकास या प्रसार (विरोध का चमत्कार)।

इन प्रयोगों का आधार या तो किसी न किसी प्रकार की साम्य भावना है अथवा किसी वस्तु को उपलक्षण या प्रतीक के रूप मे ग्रहण। दोनों बातें कल्पना ही के द्वारा होती हैं। उपलक्षणों या प्रतीकों का एक प्रकार का चुनाव है जो मूर्तिमत्ता, मार्मिकता या आतिशय्य आदि की दृष्टि से होता है—जैसे, शोक या विषाद के स्थान पर अश्रु, हर्ष और आनंद के स्थान पर हास, प्रिय प्रेमी के लिए मुकुल मधुप, यौवन काल या संयोग काल के लिए मधुमास, शुभ्र के स्थान पर

रजत या हंस, दीप्त के स्थान पर स्वर्ण इत्यादि। यह सारा व्यवसाय कल्पना ही का है।

काव्य की पूर्ण अनुभूति के लिए कल्पना का व्यापार कवि और श्रोता दोनों के लिए अनिवार्य है। काव्य की कोई उक्ति कान में पड़ते समय जब काव्यवस्तु के साथ साथ वक्ता या बोद्धव्य पात्र की कोई मूर्त भावना भी खड़ी रहती है तभी पूरी तन्मयता प्राप्त होती है।

प्रत्यक्ष रूपविधान के उपादान से ही कल्पित रूपविधान होता है। जन्मांध अपने मन में स्पष्ट रूपविधान नहीं कर सकते। जिस प्रकार प्रत्यक्ष अनुभूति से कलानुभूति या काव्यानुभूति को एकदम अलग कहने की चाल योरप में चली उसी प्रकार प्रत्यक्ष रूपविधान से कल्पित रूपविधान को असंबद्ध घोषित करने की रूढ़ि प्रतिष्ठित हुई। 'कल्पना' की एक निराली दुनिया कही जाने लगी और कवि लोग दूसरी सृष्टि बनानेवाले विश्वामित्र हुए। पर थोड़ा विचार करने पर यह उक्ति स्तुतिपरक ही ठहरती है। सारे वर्ण और सारी रूपरेखाएँ जिनसे कल्पित मूर्तिविधान होता है बाह्य जगत् के प्रत्यक्ष बोध से प्राप्त हुई हैं। हम मनुष्य, पशु, पक्षी, वृक्ष, लता, तृण, गुल्म, नदी, पर्वत, भूमि, चट्टान इत्यादि देखी हुई वस्तुओं के अतिरिक्त वस्तुओं की कल्पना नहीं कर सकते। लंबाई, चौड़ाई, ऊँचाई (या गहराई) के अतिरिक्त और विस्तार मन में नहीं ला सकते। हम इतना ही कर सकते हैं कि चार मुँहवाले या घोड़े के मुँहवाले मनुष्य की कल्पना करें, सोने के पंखवाले पक्षी उड़ाएँ, मरकत पद्मराग की प्रभा वाले पेड़ खड़े करें, सोने की रेत पर चाँदी की धारा बहाएँ; माणिक्य और नीलम की चट्टानें बिछाएँ। पर असली ढाँचे मनुष्य, पशु, पक्षी, पेड़, रेत, नदी, चट्टान आदि के ही रहेंगे, उनमें रंग, रूप चाहे जैसे भरें। ऐसी दशा में यह कहना कि प्रत्यक्ष रूपविधान से कवि के काल्पनिक रूपविधान का कोई संबंध नहीं, बात बनाना ही माना जायगा।

इन ढाँचों को लेकर हम विलक्षण रंग रूप की वस्तुएँ खड़ी कर सकते हैं, पर यह स्पष्ट समझ रखना चाहिए कि उन वस्तुओं का रूप रंग प्रकृति से जितना ही दूर घसीटा जायगा उतनी ही वे वस्तुएँ कल्पना में कम देर तक टिकेंगी। घोड़े के मुँहवाले किन्नर, पुखराज की चट्टानों और सोने की रेत के बीच से बहती हुई नदियाँ, आग के बने हुए शरीर एक क्षण के लिए मन में आ सकते हैं, पर सोने की चिड़ियों की तरह चट उड़ जायँगे। हृदय के मर्म को स्पर्श करने के लिए, सच्ची और गहरी अनुभूति उत्पन्न करने के लिए आवश्यक है कि कल्पना में आई हुई वस्तुएँ कुछ देर टिकें, मन उनका बिंबग्रहण कुछ काल तक किए रहे।

काव्यभूमि जीवन से जगत् से पूरे नहीं है। यह वस्तु व्यापारयोजना जो केवल विलक्षणता, नवीनता या अलौकिकता दिखाने के लिए की जाएगी, जिसमें जगत् या जीवन का कोई मार्मिक पक्ष, गंभीर या साधारण, व्यक्त होता न दिखाई पड़ेगा, वह काव्य का ठीक लक्ष्य पूरा न कर सकेगी।

काव्य में लोक मंगल और माधुर्य

आत्मबोध और जगद्बोध के बीच ज्ञानियों ने गहरी खाई खोदी पर हृदय ने कभी उसकी परवा न की; भावना दोनों को एक ही मानकर चलती रही। इस दृश्य जगत् के बीच जिस आनंद मंगल की विभूति का साक्षात्कार होता रहा उसी के स्वरूप की नित्य और चरम भावना द्वारा भक्तों के हृदय में भगवान् के स्वरूप की प्रतिष्ठा हुई। लोक में इसी स्वरूप के प्रकाश को किसी ने 'रामराज्य' कहा, किसी ने 'आसमान की बादशाहत'। यद्यपि मूसाइयों और उनके अनुगामी ईसाइयों की धर्म-पुस्तक में आदम खुदा की प्रतिमूर्ति बताया गया, पर लोक के बीच नर में नारायण की दिव्य कला का सम्यक् दर्शन और उसके प्रति हृदय का पूर्ण निवेदन भारतीय भक्तिमार्ग में ही दिखाई पड़ा।

सत्, चित् और आनंद—ब्रह्म के इन तीन स्वरूपों में से काव्य और भक्ति-मार्ग 'आनंद' स्वरूप को लेकर चले। विचार करने पर लोक में इस आनंद की दो अवस्थाएँ पाई जायँगी—साधनावस्था और सिद्धावस्था। अभिव्यक्ति के क्षेत्र में ब्रह्म के 'आनंद' स्वरूप का सतत आभास नहीं रहता, उसका आविर्भाव और तिरोभाव होता रहता है। इस जगत् में न तो सदा और सर्वत्र लहलहाता बसंत-विकास रहता है, न सुख-समृद्धि-पूर्ण हास विलास। शिशिर के आतंक से सिमटी और झोंके झेलती वनस्थली की खिन्नता और हीनता के बीच से ही क्रमशः आनंद की अरुण आभा धुंधली धुंधली फूटती हुई अंत में वसंत की पूर्ण प्रफुल्लता और प्रचुरता के रूप में फैल जाती है; इसी प्रकार लोक की पीड़ा, बाधा, अन्याय, अत्याचार के बीच दबी हुई आनंद ज्योति भीषण शक्ति में परिणत होकर अपना मार्ग निकालती है और फिर लोकमंगल और लोकरंजन के रूप में अपना प्रकाश करती है।

कुछ कवि और भक्त तो जिस प्रकार आनंद मंगल के सिद्ध या आविर्भूत स्वरूप को लेकर सुख सौंदर्यमय माधुर्य, सुषमा, विभूति, उल्लास, प्रेमव्यापार इत्यादि उपभोग पक्ष की ओर आकर्षित होते हैं, उसी प्रकार आनंद मंगल की साधनावस्था या प्रयत्न पक्ष को लेकर पीड़ा, बाधा, अन्याय, अत्याचार आदि के दमन में तत्पर शक्ति के संचरण में भी—उत्साह, क्रोध, करुणा, भय, घृणा इत्यादि की गतिविधि में भी—पूरी रमणीयता देखते हैं। वे जिस प्रकार प्रकाश

को फैला हुआ देखकर मुग्ध होते हैं उसी प्रकार फैलने के पूर्व उसका अंधकार को हटाना देखकर भी। ये ही पूर्ण कवि हैं, क्योंकि जीवन की अनेक परिस्थितियों के भीतर ये सौंदर्य का साक्षात्कार करते हैं। साधनावस्था या प्रयत्न पक्ष को ग्रहण करनेवाले कुछ ऐसे कवि भी होते हैं जिनका मन सिद्धावस्था या उपभोग-पक्ष की ओर नहीं जाता, जैसे भूषण। इसी प्रकार कुछ कवि या भावुक आनंद के केवल सिद्ध स्वरूप या उपभोग पक्ष में ही अपनी वृत्ति रमा सकते हैं। उनका मन सदा सुखसौंदर्यमय माधुर्य, दीप्ति, उल्लास, प्रेम, क्रीड़ा इत्यादि के प्राचुर्य ही की भावना में लगता है। इसी प्रकार की भावना या कल्पना उन्हें कला क्षेत्र के भीतर समझ पड़ती है।

उपर्युक्त दृष्टि से हम काव्यों के दो विभाग कर सकते हैं—

(१) आनंद की साधनावस्था या प्रयत्न को लेकर चलनेवाले। (२) आनंद की सिद्धावस्था या उपभोग पक्ष को लेकर चलनेवाले।

डंटन (Theodore Watts-Dunton) ने जिसे शक्ति-काव्य (Poetry as an energy) कहा है वह हमारे प्रथम प्रकार के अंतर्गत आ जाता है जिसमें लोक प्रवृत्ति को परिचालित करनेवाला प्रभाव होता है, जो पाठकों या श्रोताओं के हृदय में भावों की स्थायी प्रेरणा उत्पन्न कर सकता है पर डंटन ने शक्ति-काव्य से भिन्न को जो कला-काव्य (Poetry as an art) कहा है वह कला का उद्देश्य केवल मनोरंजन मानकर। वास्तव में कला की दृष्टि दोनों प्रकार के काव्यों में अपेक्षित है। साधनावस्था या प्रयत्न पक्ष को लेकर चलनेवाले काव्यों में भी यदि कला में चूक हुई तो लोकगति को परिचालित करनेवाला स्थायी प्रभाव न उत्पन्न हो सकेगा। यही तक नहीं; व्यंजित भावों के साथ पाठकों की सहानुभूति या साधारणीकरण तक, जो रस की पूर्ण अनुभूति के लिये आवश्यक है, न हो सकेगा। यदि 'कला' का वही अर्थ लेना है जो कामशास्त्र की चौंसठ कलाओं में है—अर्थात् मनोरंजन या उपभोग मात्र का विधायक तो काव्य के संबंध में दूर ही से इस शब्द को नमस्कार करना चाहिए।

आनंद की साधनावस्था या प्रयत्न पक्ष को लेकर चलनेवाले काव्यों के उदाहरण हैं—रामायण, महाभारत, रघुवंश, शिशुपालवध, किरातार्जुनीय। हिंदी में रामचरितमानस, पदमावत (उत्तरार्ध), हम्मीररासो, पृथ्वीराजरासो, छत्रप्रकाश इत्यादि प्रबंधकाव्य; भूषण आदि कवियों के वीररसात्मक मुक्तक तथा आल्हा आदि प्रचलित वीरगाथात्मक गीत। उर्दू के वीररसात्मक मरसिये। योरपीय भाषाओं में इलियड, ओडेसी, पैराडाइज़ लास्ट, रिवोल्ट ऑफ् इसलाम इत्यादि प्रबंधकाव्य तथा पुराने बैलेड (Ballads)।

आनंद की सिद्धावस्था या उपभोग पक्ष को लेकर चलनेवाले काव्यों के उदाहरण हैं—आर्यासप्तशती, गाथासप्तशती, अमरुशतक, गीतगोविंद तथा शृंगार के फुटकल पद्य। हिंदी में सूरसागर, कृष्णभक्त कवियों की पदावली, बिहारी-

सतसई, रीतिकाल के कवियों के फुटकल शृंगारी पद्य, रास पंचाध्यायी ऐसे वर्णनात्मक काव्य तथा आजकल की अधिकांश छायावादी कविताएँ। फारसी उर्दू के शेर और गज़लें। अँगरेज़ी की लीरिक कविताएँ (Lyrics) तथा कई प्रकार की वर्णनात्मक कविताएँ।

आनंद की साधनावस्था

लोक में फैली दु:ख की छाया को हटाने में ब्रह्म की आनंदकला जो शक्तिमय रूप धारण करती है उसकी भीषणता में भी अद्भुत मनोहरता, कटुता में भी अपूर्व मधुरता, प्रचंडता में भी गहरी आर्द्रता साथ लगी रहती है। विरुद्धों का यही सामंजस्य कर्मक्षेत्र का सौंदर्य है जिसकी ओर आकर्षित हुए बिना मनुष्य का हृदय नहीं रह सकता। इस सामंजस्य का और कई रूपों में दर्शन होता है। किसी कोट-पतलून-हैट वाले को धारा प्रवाह संस्कृत बोलते अथवा किसी पंडित वेशधारी सज्जन को अँगरेज़ी की प्रगल्भ वक्तृता देते सुन व्यक्तित्व का जो एक चमत्कार सा दिखाई पड़ता है उसकी तह में भी सामंजस्य का यही सौंदर्य समझना चाहिए। भीषणता और सरसता, कोमलता और कठोरता, कटुता और मधुरता, प्रचंडता और मृदुता का सामंजस्य ही लोकधर्म का सौंदर्य है। आदि कवि वाल्मीकि की वाणी इसी सौंदर्य के उद्घाटन महोत्सव का दिव्य संगीत है। सौंदर्य का यह उद्घाटन असौंदर्य का आवरण हटाकर होता है। धर्म और मंगल की यह ज्योति अधर्म और अमंगल की घटा को फाड़ती हुई फूटती है। इससे कवि हमारे सामने असौंदर्य, अमंगल, अत्याचार, क्लेश इत्यादि भी रखता है; रोष, हाहाकार और ध्वंस का दृश्य भी लाता है। पर सारे भाव, सारे रूप और सारे व्यापार भीतर भीतर आनंद कला के विकास में ही योग देते पाए जाते हैं।

वह व्यवस्था या वृत्ति, जिससे लोक में मंगल का विधान होता है, 'अभ्युदय' की सिद्धि होती है, धर्म है। अत: अधर्म वृत्ति को हटाने में धर्म वृत्ति की तत्परता—चाहे वह उग्र और प्रचंड हो, चाहे कोमल और मधुर—भगवान् की आनंद-कला के विकास की ओर बढ़ती हुई गति है। यह गति यदि सफल हुई तो 'धर्म की जय' कहलाती है। इस गति में भी सुंदरता है और इसकी सफलता में भी। यह बात नहीं है कि जब यह गति सफल होती है तभी इसमें सुंदरता आती है। गति में सुंदरता रहती ही है; आगे चलकर चाहे यह सफल हो, चाहे विफल। विफलता में भी एक निराला ही विषण्ण सौंदर्य होता है। तात्पर्य यह कि वह गति आदि से अंत तक सुंदर होती है—अंत चाहे सफलता के रूप में हो चाहे विफलता के।

आनंद कला के प्रकाश की ओर बढ़ती हुई गति की विफलता में भी सौंदर्य का दर्शन क[illegible]ले अनेक कवि हुए हैं। अँगरेज़ कवि शेली संसार में फैले पाषंड, अन्याय और [illegible]ाचार के दमन तथा मनुष्य मनुष्य के बीच सीधे सरल प्रेमभाव के सार्वभौम संसार का स्वप्न देखनेवाले कवि थे। उनके 'इसलाम का विप्लव'

(The Revolt of Islam) नामक द्वादश सर्गबद्ध महाकाव्य में मनुष्य जाति के उद्धार में रत नायक और नायिका (Laon and Cythna) में मंगल शक्ति के अपूर्व संचय की छटा दिखाकर तथा उनके द्वारा एक बार दुर्दांत अत्याचार के पराभव के मनोरम आभास से अनुरंजित करके अंत में उस शक्ति की विफलता की विषादमयी छाया से लोक को फिर आवृत्त दिखाकर छोड़ दिया है।

जैसा ऊपर कह आए हैं, मंगल अमंगल के द्वंद्व में कवि लोग अंत में मंगल शक्ति की जो सफलता दिखा दिया करते हैं उसमें सदा शिक्षावाद (Didacticism) या अस्वाभाविकता की गंध समझकर नाक भौं सिकोड़ना ठीक नहीं। अस्वाभाविकता तभी आएगी जब बीच का विधान ठीक न होगा अर्थात् जब प्रत्येक अवसर पर सत्पात्र सफल और दुष्ट पात्र विफल या ध्वस्त दिखाए जायँगे। पर सच्चे कवि ऐसा कभी नहीं करते। इस जगत् में अधर्म प्रायः दुर्दमनीय शक्ति प्राप्त करता है जिसके सामने धर्म की शक्ति बार बार उठकर व्यर्थ होती रहती है। कवि जहाँ मंगल शक्ति की सफलता दिखाता है वहाँ कला की दृष्टि से सौंदर्य का प्रभाव डालने के लिये; धर्मशासक की हैसियत से डराने के लिए नहीं कि यदि ऐसा कर्म करोगे तो ऐसा फल पाओगे। कवि कर्मसौंदर्य के प्रभाव द्वारा प्रवृत्ति या निवृत्ति अंतःप्रकृति में उत्पन्न करता है, उसका उपदेश नहीं देता।

कवि सौंदर्य से प्रभावित रहता है और दूसरों को भी प्रभावित करना चाहता है। किसी रहस्यमयी प्रेरणा से उसकी कल्पना में कई प्रकार के सौंदर्यों का जो मेल आपसे आप हो जाया करता है उसे पाठक के सामने भी वह प्रायः रख देता है जिस पर कुछ लोग कह सकते हैं कि ऐसा मेल क्या संसार में बराबर देखा जाता है। मंगल शक्ति के अधिष्ठान राम और कृष्ण जैसे पराक्रमशाली और धीर हैं वैसा ही उनका रूप माधुर्य और उनका शील भी लोकोत्तर है। लोक हृदय आकृति और गुण, सौंदर्य और सुशीलता; एक ही अधिष्ठान में देखना चाहता है। इसी से 'यत्राकृतिस्तत्र गुणा वसंति' सामुद्रिक की यह उक्ति लोकोक्ति के रूप में चल पड़ी। नैषध में नल हंस से कहते हैं—

न तुला-विषये तवाकृतिर्न वचो वर्त्मनि ते सुशीलता।
त्वदुदाहरणाऽकृतौ गुणा इति सामुद्रिक-सार-मुद्रणा॥

(नैषधीय चरित, द्वितीय सर्ग, ५।)

भीतरी और बाहरी सौंदर्य, रूप सौंदर्य और कर्म सौंदर्य के मेल की यह आदत धीरोदात्त आदि भेद निरूपण से बहुत पुरानी है और बिलकुल छूट भी नहीं सकती। यह हृदय की एक भीतरी वासना की तुष्टि के हेतु कला की रहस्यमयी प्रेरणा है। १९वीं शताब्दी के कवि शेली—जो राजशासन, धर्मशासन, समाजशासन आदि सब प्रकार की शासन व्यवस्था के घोर विरोधी थे—इस

प्रेरणा से पीछा न छुड़ा सके। उन्होंने भी अपने प्रबंध काव्यों में रूप सौंदर्य और कर्म सौंदर्य का ऐसा ही मेल किया है।

आज भी किसी कवि से राम की शारीरिक सुंदरता कुंभकर्ण को और कुंभकर्ण की कुरूपता राम को न देते बनेगी। अपने समय में उठी हुई किसी खास हवा की झोंक में प्राचीन आर्ष काव्यों के पूर्णतया निर्दिष्ट स्वरूपवाले आदर्श पात्रों को एकदम कोई नया मनमाना रूप देना भारती के पवित्र मंदिर में व्यर्थ गड़बड़ मचाना है। शुद्ध मर्मानुभूति द्वारा प्रेरित कुशल कवि भी प्राचीन आख्यानों को बराबर लेते आए हैं और अब भी लेते हैं। वे पात्रों में अपनी नवीन उद्भावना का, अपनी नई कल्पित बातों का बराबर आरोप करते हैं, पर वे बातें उन पात्रों के चिरप्रतिष्ठित आदर्शों के मेल में होती हैं। केवल अपने समय की परिस्थिति विशेष को लेकर जो भावनाएँ उठती हैं उनके आश्रय के लिए जबकि नये आख्यानों और नये पात्रों की उद्भावना स्वच्छंदतापूर्वक की जा सकती है तब पुराने आदर्शों को विकृत या खंडित करने की क्या आवश्यकता है ?

कर्म सौंदर्य के जिस स्वरूप पर मुग्ध होना मनुष्य के लिए स्वाभाविक है और जिसका विधान कविपरंपरा बराबर करती चली आ रही है, उसके प्रति उपेक्षा प्रकट करने और कर्म सौंदर्य के एक दूसरे पक्ष में ही केवल प्रेम और भ्रातृभाव के प्रदर्शन और आचरण में ही काव्य का उत्कर्ष मानने का जो एक नया फैशन टालसटाय के समय में चला है वह एकदेशीय है। दीन और असहाय जनता को निरंतर पीड़ा पहुँचाते चले जानेवाले क्रूर आततायियों को उपदेश देने, उससे दया की भिक्षा माँगने और प्रेम जताने तथा उनकी सेवाशुश्रूषा करने में ही कर्त्तव्य की सीमा नहीं मानी जा सकती, कर्मक्षेत्र का एकमात्र सौंदर्य नहीं कहा जा सकता। मनुष्य के शरीर के जैसे दक्षिण और वाम दो पक्ष हैं वैसे ही उसके हृदय के भी कोमल और कठोर, मधुर और तीक्ष्ण, दो पक्ष हैं और बराबर रहेंगे। काव्य कला की पूरी रमणीयता इन दोनों पक्षों के समन्वय के बीच मंगल या सौंदर्य के विकास में दिखाई पड़ती है।

भावों की प्रक्रिया की समीक्षा से पता चलता है कि उदय से अस्त तक भाव-मंडल का कुछ भाग तो आश्रय की चेतना के प्रकाशन (Conscious) में रहता है और कुछ अंतस्संज्ञा के क्षेत्र (Subconscious region) में छिपा रहता है। संचारी भावों के संचरण काल में कभी कभी उनके स्थायी भाव कारण रूप में अंतस्संज्ञाओं के भीतर पड़ जाते हैं। रति भाव में संचारी होकर आई हुई असूया या ईर्ष्या ही को लीजिए। जिस क्षण में वह अपनी चरम सीमा पर पहुँची हुई होती है उस क्षण में आश्रय को ही रतिभाव की कोमल सत्ता का ज्ञान नहीं रहता, उस क्षण में उसके भीतर ईर्ष्या की ही तीक्ष्ण प्रतीति रहती है और बाहर ईर्ष्या के ही लक्षण दिखाई देते हैं। जिस प्रकार किसी आश्रय के भीतर कोई एक भाव स्थायी रहता है और अनेक भाव तथा अंतर्दशाएँ उसके संचारी के रूप में आती हैं

उसी प्रकार किसी प्रबंधकाव्य के प्रधान पात्र में कोई मूल प्रेरक मात्र या बीजभाव रहता है जिसकी प्रेरणा से घटना चक्र चलता है और अनेक भावों के स्फुरण के लिये जगह निकलती चलती है। इस बीजभाव को साहित्य ग्रंथों में निरूपित स्थायी भाव और अंगी भाव दोनों से भिन्न समझना चाहिए।

बीजभाव द्वारा स्फुरित भावों में कोमल और मधुर—कठोर और तीक्ष्ण—दोनों प्रकार के भाव रहते हैं। यदि बीजभाव की प्रकृति मंगलविधायिनी होती है तो उसकी व्यापकता और निर्विशेषता के अनुसार सारे प्रेरित भाव तीक्ष्ण और कठोर होने पर भी सुंदर होते हैं। ऐसे बीजभाव की प्रतिष्ठा जिस पात्र में होती है उसके सब भावों के साथ पाठकों की सहानुभूति होती है अर्थात् पाठक और श्रोता भी रसरूप में उन्हीं भावों का अनुभव करते हैं जिन भावों की वह व्यंजना करता है। ऐसे पात्र की गति में बाधा डालनेवाले पात्रों के उग्र या तीक्ष्ण भावों के साथ पाठकों का वास्तव में तादात्म्य नहीं होता; चाहे उनकी व्यंजना में रस की निष्पत्ति करनेवाले तीनों अवयव वर्तमान हों। राम यदि रावण के प्रति क्रोध या घृणा की व्यंजना करेंगे तो पाठक या श्रोता का भी हृदय उस क्रोध या घृणा की अनुभूति में योग देगा। इस क्रोध या घृणा में भी काव्य का पूर्ण सौंदर्य होगा। पर रावण यदि राम के प्रति क्रोध या घृणा की व्यंजना करेगा तो रस के तीनों अवयवों के कारण 'शास्त्र-स्थिति संपादन' चाहे हो जाय पर उस व्यंजित भाव के साथ पाठक के भाव का तादात्म्य कभी न होगा, पाठक केवल चरित्र द्रष्टामात्र रहेगा। उसका केवल मनोरंजन होगा, भाव में लीन करनेवाली प्रथम कोटि की रसानुभूति न होगी।

ऊपर कहा गया है कि किसी शुभ बीजभाव की प्रेरणा से प्रवर्तित तीक्ष्ण और उग्रभावों की सुंदरता की मात्रा उस बीजभाव की निर्विशेषता और व्यापकता के अनुसार होती है। जैसे, यदि करुणा किसी व्यक्ति की विशेषता पर अवलंबित होगी—कि पीड़ित व्यक्ति हमारा कुटुंबी, मित्र आदि है—तो उस करुणा के द्वारा प्रवर्तित तीक्ष्ण या उग्र भावों में उतनी सुंदरता न होगी। पर बीजरूप में अंतस्संज्ञा में स्थित करुणा यदि इस ढब की होगी कि इतने पुरवासी इतने देशवासी या इतने मनुष्य पीड़ा पा रहे हैं तो उसके द्वारा प्रवर्तित तीक्ष्ण या उग्र भावों का सौंदर्य उत्तरोत्तर अधिक होगा। यदि किसी काव्य में वर्णित दो पात्रों में से एक तो अपने भाई को अत्याचार और पीड़ा से बचाने के लिये अग्रसर हो रहा है और दूसरा किसी बड़े भारी जनसमूह को, तो गति में बाधा डालनेवालों के प्रति दोनों के प्रदर्शित क्रोध के सौंदर्य के परिमाण में बहुत अंतर होगा।

भावों की छानबीन करने पर मंगल का विधान करनेवाले दो भाव ठहरते हैं—करुणा और प्रेम। करुणा की गति रक्षा की ओर होती है और प्रेम की रंजन की ओर लोक में प्रथम साध्य रक्षा है। रंजन का अवसर उसके पीछे आता है। अतः साधनावस्था या प्रयत्नपक्ष को लेकर चलनेवाले काव्यों का बीजभाव करुणा

ही ठहरता है। इसी से शायद अपने दो नाटकों में रामचरित को लेकर चलनेवाले महाकवि भवभूति ने 'करुण' को ही एकमात्र रस कह दिया। रामायण का बीजभाव करुणा है जिसका संकेत क्रौंच को मारनेवाले निषाद के प्रति वाल्मीकि के मुँह से निकले वचन द्वारा आरंभ ही में मिलता है। उसके उपरांत भी बालकांड के १५वें सर्ग में इसका आभास दिया गया है जहाँ देवताओं ने ब्रह्मा से रावण द्वारा पीड़ित लोक की दारुण दशा का निवेदन किया है। उक्त आदि काव्य के भीतर लोकमंगल की शक्ति के उदय का आभास ताड़का और मारीच के दमन के प्रसंग में ही मिल जाता है। पंचवटी से वह शक्ति जोर पकड़ती दिखाई देती है। सीताहरण होने पर भी उसमें आत्मगौरव और दांपत्य प्रेम की प्रेरणा का भी योग हो जाता है। ध्यान देने की यह बात है कि इस आत्मगौरव और दांपत्य प्रेम की प्रेरणा बीच से प्रकट होकर उस विराट् मंगलोन्मुखी गति में समन्वित हो जाती है। यदि राक्षसराज पर चढ़ाई करने का मूल कारण केवल आत्मगौरव या दांपत्य प्रेम होता तो राम के कालाग्नि सदृश क्रोध में काव्य का वह लोकोत्तर सौंदर्य न होता। लोक के प्रति करुणा जब सफल हो जाती है, लोक जब पीड़ा और विघ्न बाधा से मुक्त हो जाता है, तब रामराज्य में जाकर लोक के विधान का अवकाश मिलता है।

जो कुछ ऊपर कहा गया है उससे यह स्पष्ट है कि काव्य का उत्कर्ष केवल प्रेमभाव की कोमल व्यंजना में ही नहीं माना जा सकता जैसा कि टालसटाय के अनुयायी या कुछ कलावादी कहते हैं। क्रोध आदि उग्र और प्रचंड भावों के विधान में भी, यदि उनकी तह में करुणाभाव अव्यक्त रूप में स्थित हों, पूर्ण सौंदर्य का साक्षात्कार होता है। स्वतंत्रता के उन्मत्त उपासक, घोर परिवर्तनवादी शेली के महाकाव्य The Revolt of Islam (दे रिवोल्ट आव इसलाम) के नायक नायिका अत्याचारियों के पास जाकर उपदेश देनेवाले गिड़गिड़ानेवाले, अपनी साधुता, सहनशीलता और शांतवृत्ति का चमत्कारपूर्ण प्रदर्शन करनेवाले नहीं हैं। वे उत्साह की उमंग में प्रचंड वेग से युद्धक्षेत्र में बढ़नेवाले, पापंड लोकपीड़ा और अत्याचार देख पुनीत क्रोध के सात्त्विक तेज से तमतमानेवाले, भय या स्वार्थ-वश आततायियों की सेवा स्वीकार करनेवालों के प्रति उपेक्षा प्रकट करनेवाले हैं। शेली ने भी काव्य कला का मूलतत्त्व प्रेमभाव ही माना था पर अपने को सुख सौंदर्यमय माधुर्य भाव तक ही बद्ध न रखकर प्रबंधक्षेत्र में भी अच्छी तरह घुसकर भावों की अनेकरूपता का विन्यास किया था। स्थिर (Static) सौंदर्य और गत्यात्मक (Dynamic) सौंदर्य, उपभोग पक्ष और प्रयत्न पक्ष, दोनों उनमें पाए जाते हैं।

टालसटाय के मनुष्य मनुष्य में भ्रातृप्रेम संचार को ही एकमात्र काव्यतत्त्व कहने का बहुत कुछ कारण सांप्रदायिक था। इसी प्रकार कलावादियों का केवल कोमल और मधुर की लीक पकड़ना मनोरंजन मात्र की हलकी रुचि और दृष्टि

की परिमिति के कारण समझना चाहिए। टालसटाय के अनुयायी प्रत्यक्ष पक्ष को लेते अवश्य हैं पर केवल पीड़ितों की सेवाशुश्रूषा की दौड़धूप, आततायियों पर प्रभाव डालने के लिए साधुता के लोकोत्तर प्रदर्शन, त्याग, कष्ट, सहिष्णुता इत्यादि में ही उसका सौंदर्य स्वीकार करते हैं। साधुता की इस मृदुल गति को वे 'आध्यात्मिक शक्ति' कहते हैं। पर भारतीय दृष्टि से हम उसे भी प्राकृतिक शक्ति मनुष्य की अंतःप्रकृति की सात्त्विक विभूति—मानते हैं। विदेशी अर्थ में इस 'आध्यात्मिक' शब्द का प्रयोग हमारी देशभाषाओं में भी प्रचार पा रहा है। 'अध्यात्म' शब्द की मेरी समझ में काव्य या कला के क्षेत्र में कोई कहीं जरूरत नहीं है।

पूर्ण प्रभविष्णुता के लिए काव्य में हम भी सत्वगुण की सत्ता आवश्यक मानते हैं, पर दोनों रूपों में—दूसरे भावों की तह में अर्थात् अंतस्संज्ञा में स्थित अव्यक्त बीजरूप में भी और प्रकाशरूप में भी। हम पहले कह आए हैं कि लोक में मंगलविधान की ओर प्रवृत्त करनेवाले दो भाव हैं—करुणा और प्रेम। यह भी दिखा आए हैं कि क्रोध, युद्धोत्साह आदि प्रचंड और उग्र वृत्तियों की तह में यदि इन दोनों में से कोई भाव बीजरूप में स्थित होगा तभी सच्चा साधारणीकरण और पूर्ण सौंदर्य का प्रकाश होगा। उच्च दशा का प्रेम और करुणा दोनों सत्त्व-गुण प्रधान हैं। त्रिगुणों में सत्त्वगुण सबके ऊपर है। यहाँ तक कि उसकी ऊपरी सीमा नित्य पारमार्थिक सत्ता के पास तक—व्यक्त और अव्यक्त की संधि तक—जा पहुँचती है। इसी से शायद वल्लभाचार्य ने सच्चिदानंद के 'सत्' स्वरूप का प्रकाश करनेवाली शक्ति को 'संधिनी' कहा है। व्यवहार में सत् शब्द के दो अर्थ लिए जाते हैं——'जो वास्तव में हो', तथा 'अच्छा या शुभ।'

जबकि अव्यक्तावस्था से छूटी हुई प्रकृति के व्यक्त स्वरूप जगत् में आदि से अंत तक सत्त्व, रजस् और तमस् तीनों गुण रहेंगे तब समष्टि रूप में लोक के बीच मंगल का विधान करने वाली ब्रह्म की आनंद कला के प्रकाश की यही पद्धति हो सकती है कि तमोगुण और रजोगुण दोनों सत्त्वगुण के अधीन होकर उसके इशारे पर काम करें। इस दशा में किसी ओर अपनी प्रवृत्ति के अनुसार काम करने पर भी समष्टि रूप में और सब ओर वे सत्त्वगुण के लक्ष्य की ही पूर्ति करेंगे। सत्त्वगुण के इस शासन में कठोरता, उग्रता और प्रचंडता भी सात्त्विक तेज के रूप में भासित होगी। इसी से अवतार रूप में हमारे यहाँ भगवान की मूर्ति एक ओर तो 'वज्रादपि कठोर' और दूसरी ओर 'कुसुमादपि मृदु' रखी गई है—

कलिसहु चाहि कठोर अति, कोमल कुसुमहु चाहि।

साधना या प्रयत्न में तत्पर करने के लिये फल की सुंदरता या सुखदता की

पूर्ण भावना जागरित करने की आवश्यकता हुआ करती है। साध्य आनंद की प्रचुरता तथा उस आनंद के विषय की सुंदरता या सुख-

आनंद की सिद्धावस्था

दता हमारे मन में जितना ही घर करेंगी उतनी ही अधिक तन्मयता के साथ हम उस आनंद तथा उसके विषय तक पहुँचानेवाली साधना में प्रवृत्त होंगे। एक बहुत ही ऊँचे प्रकार का सुख देनेवाली वस्तु का नाम सुंदरता है। लड्डू खाना, इत्र सूंघना, मुलायम गद्दे पर सोना, कोमल संगीत सुनना, सुंदर रूप देखना ये सब सुखद होते हैं। इनमें से पिछली दो बातों का सुख पहली तीन बातों के सुख से ऊँचे दरजे का जान पड़ता है। कारण विचारने पर यही सुझाई पड़ता है कि आँख और कान दोनों का ज्ञान व्यापार में प्रधान योग रहता है। अतः इनका सुख शेष और इंद्रियों के सुखों से ऊँचे दरजे का होना चाहिए। वास्तव में यदि यह सुख अपने शुद्ध रूप में रखा जाय, और प्रकार के स्थूल सुखों से मिलाया न जाय, तो ऊँचा जरूर दिखाई देता है।

दर्शन वृत्ति की बोध दशा भी होती है और रागात्मिका दशा भी। नई वस्तुओं को देखकर जानकारी भी हो सकती है, प्रेम, क्रोध आदि भी। मन की दर्शन वृत्ति की रागात्मिका दशा ही सौंदर्य की अनुभूति कहलाती है। जो सुदर्शन हो, जिसकी आकृति रुचिकर हो, वही सुंदर होता है यद्यपि इस शब्द का प्रयोग लक्षणा से और विस्तृत अर्थ में भी किया जाता है। उदाहरण के लिए 'कर्म सौंदर्य' शब्द लीजिए जिसका व्यवहार हमने अन्यत्र अनेक स्थलों पर किया है। रूप सौंदर्य से मध्यम कोटि की वस्तु नाद सौंदर्य या शब्द माधुर्य है। जिस प्रकार दर्शन वृत्ति की बोध दशा और रागात्मिका दशा ये दो दशायें होती हैं, उसी प्रकार श्रवण वृत्ति की भी। शब्द द्वारा ज्ञान संचार और माधुर्य संचार दोनों होते हैं। वार्तालाप, उपदेश, व्याख्यान इत्यादि में शब्द द्वारा हमें नई नई बातों की जानकारी होती है; संगीत में हमें शब्द द्वारा माधुर्य की अनुभूति होती है। कहने की आवश्यकता नहीं कि नाद के संबंध में 'सुंदर', 'मधुर', 'कोमल' आदि शब्दों का प्रयोग भी लाक्षणिक ही होता है। शास्त्रीय दृष्टि से इस प्रकार के लाक्षणिक प्रयोग भाषा की त्रुटि सूचित करते हैं। श्रवण के विषय शब्द की रुचिरता के लिए यदि कोई अलग शब्द होता तो दर्शनेंद्रिय, रसनेंद्रिय और त्वगिंद्रिय की अनुभूतियों से लिए हुए 'सुंदर', 'मधुर' और 'कोमल' शब्द अधिकतर कवियों और साहित्य समीक्षकों के ही काम में आते।

रूप और गति दोनों दृष्टि के विषय हैं। अतः दर्शन वृत्ति को तुष्ट करनेवाले दो प्रकार के विषय ठहरते हैं रूप और गति। प्रयत्न पक्ष में गति की रुचिरता का वर्णन साधनावस्था के अंतर्गत हो चुका है। उपभोग पक्ष में गति की रुचिरता हमें नृत्यकला आदि में दिखाई पड़ती है। इस प्रकार दर्शन और श्रवण दोनों के उपभोग पक्ष को लेकर कई कलाओं का प्रादुर्भाव हुआ—दर्शन की तुष्टि के लिए

चित्रकला, मूर्तिकला और नृत्यकला का; श्रवण की तुष्टि के लिए संगीत का। काव्य का इतना व्यापक विधान होता है कि उसमें इन सबका थोड़ा बहुत योग रहा करता है पर इससे यह न समझना चाहिए कि उपभोगपक्ष की तुष्टि ही काव्य का एकांत लक्ष्य है। रसात्मक तुष्टि का क्षेत्र उप भोगवृत्ति से और आगे तक है, यह बात साधनावस्था के अंतर्गत कही जा चुकी है। गोस्वामी तुलसीदास जी का 'रामचरितमानस' मनोरंजन करके या जी बहलाकर ही नहीं रह जाता। वह हृदय के मूल में सत्त्व की ज्योति जगाता है।

पर यहाँ हमें उस काव्यभूमि का वर्णन करना है जिसमें 'आनंद' अपनी सिद्धावस्था में दिखाई पड़ता है; जहाँ सब प्रकार के प्रयत्नों की अशांति तिरो-हित और उपभोग की कला जगी रहती है। 'आनंद' का ध्वज यहाँ चलता नहीं दिखाई पड़ता, गड़ा दिखाई पड़ता है। यहाँ नगाड़े की धमक, गर्जन-तर्जन और हुंकार नहीं, विप्लव, ध्वंस और हाहाकार नहीं, वेग और तेज की तिग्मिता नहीं। यह दीप्ति, माधुर्य और कोमलता की स्निग्ध भूमि है, लहलाते सरस प्रसार और परिमल घटित पुष्पहास का कलकंठ कूजित क्षेत्र है; मद और उल्लास की मृदुल तरंगमयी संगीत धारा का मानस लोक है। इस भूमि का प्रवर्तक भाव है —प्रेम।

देश के विस्तार और काल की दौड़ के बीच ऐसी भूमियाँ कहीं कहीं और कभी कभी मिल जाया करती हैं। सच पूछिए तो मनुष्य अपने जीवन पथ पर इन्हीं के लोभ में बराबर दौड़ता चला जाता है। जिनके भीतर सत्त्व की ज्योति अत्यंत क्षीण या मंद होती है, जिन्हें धर्म के सौंदर्य का साक्षात्कार नहीं होता, जिसका मन कर्म की भावना में न लगकर फल ही की भावना में लगता है, वे इसी स्वर्ग की भावना से बहुत से गिनाए हुए पुण्य कार्य, बिना उनके संपादन का प्राकृत सुख अनुभव किए, यों ही रूखे सूखे ढंग से करते पाए जाते हैं।

ऊपर कह आए हैं कि उस काव्य भूमि में जहाँ आनंद अपनी सिद्धावस्था में दिखाई पड़ता है प्रवर्तक भाव है प्रेम। इसी भाव के विविध प्रकार के आलंबनों और उद्दीपनों का चित्रण इस भूमि के विभाव पक्ष में पाया जाता है। दीप्ति, माधुर्य और कोमलता के नाना रूप यहाँ मिलते हैं। बाहर नयनाभिराम रूपरेखा, विकसित वर्ण वैचित्र्य, दीप्ति-विभूति-प्रभूत चमक दमक, शीतल स्निग्ध छाया, कलकंठ स्वर स्पंदित सौरभ समन्वित समीर, स्मित आनन, चपल भ्रूविलास; हास परिहास, संगीतसज्जा, वीणा की झंकार इत्यादि हैं तो भीतर सौंदर्य की मादक अनुभूति, प्रेमोल्लास, स्वपन, स्मृति विस्मृति, व्रीड़ा क्रीड़ा, दर्शन पिपासा, उत्कंठा, मुग्धता इत्यादि।

इस भूमि के मानस या अभ्यंतर पक्ष की एक खासी उलझन हमारे पुराने आचार्य सुलझा गए हैं। यद्यपि प्रेमदशा के भीतर सुखात्मक और दुःखात्मक दोनों प्रकार के भाव पाए जाते हैं पर कान में 'प्रेमानंद' शब्द ही पड़ता है, प्रेमापन्न

नहीं। इससे 'प्रेम आनंद स्वरूप है' यह लोक धारणा प्रकट होती है, जो साहित्य मीमांसकों को भी मान्य है। वियोग काल की सारी अश्रुधारा इस आनंद स्वरूप को नहीं धो सकती; अश्रुधारा के तल में आनंद की रेखाएँ दिखाई पड़ती रहती हैं। बात यह है कि वियोग काल चाहे कितना ही दारुण हो उसके बीच बीच में मिलने की लालसा जागती रहती है, संयोग की कल्पना के सुख का अनुभव होता रहता है, प्रिय के रूप आदि का ध्यान आने पर मन लुभाता रहता है। यह लालसा या यह लुब्धता, आनंद के ढंग की चीज है, दुःख के ढंग की नहीं। आनंद के रूप में ही प्रेम का उदय होता है और उसका यह भीतरी रूप बराबर बना रहता है। किसी के रूप सौंदर्य और शील सौंदर्य का पहले पहल साक्षात्कार या परिचय होते ही सबसे पहली अनुभूति आनंद की होती है; सबसे पहले हृदय विकसित और लुब्ध होता है। सारांश यह कि प्रेमकाल जीवन का आनंदकाल ही है। इसी से भक्तिमार्ग में वल्लभाचार्य जी ने भक्ति या प्रेम ही को साध्य कह दिया है।

प्रेम वास्तव में राग का ही पूर्ण विकसित रूप है। राग और द्वेष दोनों की स्थिति वासना के रूप में प्रत्येक प्राणी में होती है। वासनात्मक अवस्था में इन दोनों के विषय सामान्य रहते हैं। सामान्यतः सुख देनेवाली या चिरकाल से साथ रहने वाली वस्तुओं के प्रति राग और दुःख देनेवाली वस्तुओं के प्रति द्वेष का बीज सबके हृदय क्षेत्र में ढँका रहता है। यही राग व्यक्त होकर किसी विशेष व्यक्ति की ओर पहले पहल उन्मुक्त होता है तब 'लुभाना' कहलाता है और जब उस विशेष में जाकर स्थिर हो जाता है तब प्रेम कहा जाता है। सीधी बात यह कि वासनात्मक अवस्था से भावात्मक अवस्था में आया हुआ राग ही अनुराग या प्रेम है। राग वास्तव में व्यक्तिबद्ध नहीं होता। किसी के रूप, गुण आदि का उत्कर्ष सुनकर जो पूर्वराग होता है वह भी उत्तेजित राग ही रहता है। यद्यपि उत्तेजना व्यक्ति विशेष के ही उत्कर्ष का परिचय पाकर होती है पर पूर्वराग की दशा में प्रेम की अनन्यता और पूर्ण एकनिष्ठता नहीं रहती; वह पीछे प्राप्त होती है। किसी के प्रति पूर्वराग उत्पन्न होने पर यह संभावना रहती है कि अन्य समय उससे अधिक उत्कर्षवाले किसी दूसरे का परिचय पाकर वह उस पर हो जाय।

राग मिलानेवाली वासना है और द्वेष अलग करनेवाली। रासायनिक मूल द्रव्यों के राग से ही सृष्टि का विकास होता है। राग की अभिव्यक्ति विशेष दांपत्य और वात्सल्य भाव से ही सजीव प्राणियों की परंपरा चिरकाल से चलती आ रही है। प्रेम में पागल की प्रवृत्ति प्रत्यक्ष है। माता का प्रेम शिशु का पालन करता है। पर प्रेम द्वारा पालन का विधान एक परिमित क्षेत्र के भीतर तथा अबाध और निर्विघ्न दशा में ही संभव है। विघ्न और बाधा की दशा में प्रेम काम करता हुआ दिखाई नहीं देता; एक ओर करुणा और दूसरी ओर क्रोध का प्रवर्तन ही देखा जाता है। अत्याचार द्वारा उपस्थित घोर विघ्न बाधा की दशा में

ोमपात्र की भी रक्षा का सीधा लगाव प्रेम से नहीं रहता, करुणा से रहता है।

उपर्युक्त विवेचन से यह स्पष्ट है कि 'आनंद' की सिद्धावस्था—शांति सुख की अवस्था—लेकर चलनेवाले कवियों का ही 'प्रेम' को बीजभाव मानना ठीक है, 'आनंद' की साधनावस्था लेकर चलनेवालों का नहीं। पर आनंद की साधनावस्था या प्रयत्नपक्ष को लेकर चलनेवाले योरपीय लोकमंगलवादियों का एक दल, जिसके अनुयायी, हमारे यहाँ के श्री रवींद्रनाथ ठाकुर भी हैं, मनुष्य मनुष्य के बीच भातृप्रेम को ही काव्यभूमि का एकमात्र आधिकारिक भाव मानता है। इस दल के लोग साधनावस्था को लेकर भी माधुर्य और कोमलता के बाहर नहीं जाना चाहते। ये अपने हृदयंगत काव्यदेश की कोमलता और मधुरता के साथ तीक्ष्णता, कठोरता और उग्रता का सामंजस्य नहीं कर सकते। अत: काव्य के कोमल और मधुर पक्ष में ही लीन रहते हैं। ऐसे लोग लोकरक्षा की साधनावस्था के विधान में 'प्रेम' को ही बीज भाव बनाना चाहते हैं। पर साधनावस्था के वर्णन में हम कह आये हैं कि उक्त विधान में हमारे यहाँ के कवियों ने 'करुणा' को ही बीजभाव रखा है। इन दोनों मतों में, सच पूछिए तो, तत्त्वभेद नहीं है; दृष्टिभेद है। प्रेम को बीजभाव माननेवालों की दृष्टि उसके मूल वासनात्मक रूप 'राग' की ओर रहती है जो मनुष्य की अंत:प्रकृति में निहित रहकर संपूर्ण सजीव सृष्टि के साथ किसी गूढ़ संबंध की अनुभूति के रूप में समय समय पर जगा करता है। अच्छी तरह देखा जाय तो मनुष्य की प्रकृति के भीतर अव्यक्त रूप में यह रागात्मक संबंधसूत्र चर-अचर सारे प्राणियों के साथ जुड़ा हुआ है। केवल मनुष्य मनुष्य को ही जोड़नेवाला नहीं है। पर इतने असीम और व्यापक रूप में वासनात्मक राग ही रह सकता है उसका व्यक्त और स्फुरित स्वरूप प्रेम नहीं। प्रेम का आलंबन परिमित, परिचित और निर्दिष्ट होगा अपरिमित, अपरिचित और अनिर्दिष्ट नहीं।

राग की वासना दो भावों का प्रवर्तन करती है—प्रेम का और करुणा का। इनमें से प्रेम का व्यापार परिमित, परिचित और निर्दिष्ट के प्रति होता है। प्रेम के लिए व्यक्ति की कोई विशेषता अपेक्षित होती है। अपने प्रवर्तक 'राग' के समान उसमें निर्विशेषता नहीं होती। इस प्रकार की निर्विशेषता करुणा ही में होती है।

यदि किसी अत्याचार-पीड़ित अपरिचित को देख कोई व्याकुल होकर सहायता के लिए दौड़ पड़े तो प्रेम को बीजभाव माननेवाला कहेगा 'उसके हृदय में बड़ा प्रेम है', पर करुणा को बीजभाव मानने वाला कहेगा 'वह बड़ा दयालु है'। इनमें से प्रथम जिसे 'प्रेम' कहता है वह वास्तव में प्रत्यक्षप्रेरणा करनेवाले करुणाभाव के मूल में रहने वाली 'राग' नाम की वासना है। यह पहले कहा जा चुका है कि राग नाम की वासना का विषय सामान्य होता है और 'प्रेम' नामक ाव का आलंबन कोई निर्दिष्ट विशेष होता है। आर्द्र होकर सहायता करने वाले [illegible] ।चित पीड़ित व्यक्ति से प्रेम था, यह न कहा जाता है न कहा जा

सकता है। कहा यहीं तक जा सकता है कि उसकी अंत:प्रकृति में सामान्यत: सब जीवों के प्रति जो राग की वासना निहित थी उसी के प्रभाव से करुणा उत्पन्न हुई जिसने उसे व्याकुल और सहायता के लिए सन्नद्ध किया। यह कहा जा चुका है कि शुद्ध करुणा के उद्रेक के लिए पीड़ित आलंबन में किसी प्रकार की विशेषता अपेक्षित नहीं। यह बात नहीं है कि जिससे प्रेम हो उसी की पीड़ा देख करुणा उत्पन्न हो। करुणा बैर प्रीति कुछ नहीं देखती। करुणा करनेवाले के मन में केवल यही रहता है कि उसके समान ही सुख दु:ख अनुभव करनेवाला कोई प्राणी है जिसे कष्ट या पीड़ा पहुँच रही है। इससे स्पष्ट है कि करुणा प्रेम से एक स्वतंत्र भाव है। वह रक्षा का कार्य प्रेम के संचारी के रूप में करती हो यह बात भी नहीं है, यह कार्य उसका अपना है। उसका मूल चाहे अंतर्निहित राग की वासना में हो, पर कविता अव्यक्त मूल को लेकर नहीं चलती; व्यक्त प्रसार को लेकर चलती है।

कविता अभिव्यंजना है। वह अभिव्यक्ति या विकास को लेकर चलती है। इसी दृष्टि से हमारे यहाँ के कवियों ने लोकरक्षा के विधान में करुणा को ही बीजभाव रखा है। करुणा से रक्षा का विधान होता है; प्रेम से पालन और रंजन का। रक्षा और पालन में अंतर अच्छी तरह समझ लेना चाहिए। विष्णु भगवान् जगत् का पालन तो हर समय करते रहते हैं, पर रक्षा समय समय पर किया करते हैं। रक्षा आपद्ग्रस्त की होती है; पालन रक्षित का होता है। लोक-मंगल की साधनावस्था या प्रयत्न रक्षा को लेकर चलनेवाले कवियों या समीक्षकों को 'करुणा' ही को बीजभाव कहना चाहिए। सिद्धावस्था की प्रशांत भूमि पर चलनेवाले कवियों का ही 'प्रेमतत्त्व' को बीजभाव कहना ठीक है।

यहाँ पर अब हमें सिद्धावस्था के संबंध में ही विचार करना है जो काव्य की प्रशांत, निर्विघ्न और अबाध भूमि है। इस भूमि में पालन और रंजन का ही पूर्ण प्रसाद दिखाई पड़ता है। इस भूमि का एक मात्र अधिष्ठाता देवता 'प्रेम' है। उसी के द्वारा पालन और रंजन दोनों संपन्न होते हैं। वात्सल्य भाव द्वारा पालन का और दांपत्य भाव द्वारा रंजन का विधान होता है। इसका तात्पर्य यह नहीं कि इनके अतिरिक्त अन्य प्रकार के प्रेम द्वारा पालन और रंजन नहीं होता। इन दोनों भावों को रस पद्धति में मुख्य रूप से ग्रहण करने का अभिप्राय केवल इतना ही है कि इनमें पालन और रंजन दोनों चरम उत्कर्ष को पहुँचते हैं। आनंद की सिद्धावस्था पर ही दृष्टि रखनेवाले कवियों का 'प्रेम' को ही प्रवर्तक या बीजभाव मानना ठीक है, किंतु पालन और रंजन दोनों पक्षों के सहित। पर महाराज भोज ने रंजन पक्ष ही लेकर शृंगार (दांपत्य भाव) को ही एकमात्र रस कहा है। इससे यह प्रकट होता है कि काव्य समीक्षा के क्षेत्र में सिद्धांत या 'वाद' बहुत कुछ रुचिवैचित्र्य के इशारे पर खड़े हुआ करते हैं; सम्यक् दृष्टि के अनुरोध से कम। काव्य के जिस देश की ओर किसी की रुचि अधिक होती है उसी को वह काव्य का संपूर्ण देश मानना चाहता है।

आरंभ में ही यह कहा जा चुका है कि आनंद की सिद्धावस्था या उपभोग पक्ष का प्रदर्शन करनेवाली काव्यभूमि दीप्ति, माधुर्य और कोमलता की भूमि है जिसमें प्रवर्तक या बीजभाव प्रेम है। काव्य की इस भोगभूमि में दुःखात्मक भावों को बेधड़क चले आने की इजाज़त नहीं। आने के पहले उन्हें प्रेम का पूरा शासन स्वीकार करना पड़ता है और बहुत दबकर आना पड़ता है। पड़ोसियों नाकों दम करनेवाले माघ में लू चलानेवाले विरहताप की अपेक्षा बीच बीच में छानेवाली आशासुख की शीतलता अधिक ही मानी गई है। यहाँ अमर्ष, ईर्ष्या, त्रास इत्यादि स्वतंत्र होकर सिर नहीं उठा सकते। हास्य और आश्चर्य नामक आनंदात्मक भाव अलबत्ता स्वतंत्र बिचर सकते हैं। आश्चर्य असामान्यत्व पर होता है, अतः उसका आविर्भाव काव्य की कर्मभूमि और भोगभूमि—आनंद की साधनावस्था और सिद्धावस्था—दोनों में देखा जाता है। यहाँ हमें केवल भोगभूमि की चर्चा करनी है। इस भूमि में आश्चर्य के विषय असामान्य शोभा, सौंदर्य, दीप्ति, आमोत्सर्ग, विरह वेदना इत्यादि पाए जाते हैं।

बहुत से लोग इस असामान्य या विरल को ही काव्य की एकमात्र सामग्री मानते हैं जिनमें से कुछ तो उसे प्रस्तुत अर्थ या विषय के स्वरूप में और कुछ उक्ति के स्वरूप में देखना चाहते हैं। आनंद की सिद्धावस्था लेकर चलनेवाले काव्यों में अर्थात् काव्य की भोगभूमि में आश्चर्य अधिकतर रंजन का अंग होकर आया करता है। विभाव पक्ष में असामान्य शोभा, दीप्ति, प्राचुर्य, प्रफुल्लता, कोमलता, सौकुमार्य इत्यादि के अद्‌भुत या अलौकिक रंजन की योजना की जाती है। सारांश यह कि मन और इंद्रियों के सुखद विषय ही काव्य की इस भूमि में लिए जाते हैं। अतः उन विषयों की प्रचुरता और असामान्यता या चमत्कार के रुचि-वाले कवि बाह्य प्रकृति का चित्रण उसकी असाधारण विभूति को—उसकी चमक दमक, सजावट, वैचित्र्य, अनोखेपन इत्यादि को—लेकर ही करते हैं। इसी रुचि को बहुत से लोग कला की रुचि मानते हैं। उनके मत से जगत् के साधारण और अरुचिर के बीच से असाधारण और रुचिर को छाँट छाँटकर सजाना ही और कलाओं के समान काव्यकला का भी काम है। श्रीयुत् रवींद्रनाथ ठाकुर अपने 'साहित्य धर्म' नामक निबंध में कहते हैं—

> कोठार और रसोईघर की गृहस्थ को रोज़ आवश्यकता पड़ती है, पर संसार के लोगों से वह उन्हें छिपाए रखने की कोशिश करता है। बैठक के बिना भी काम चल सकता है, फिर भी उसी घर में सारा साज सामान रहता है; पूरी सजावट रहती है। घर का मालिक उसी घर में तसवीरें टाँगकर, कार्पेट बिछाकर उसपर सदा के लिए अपनी छाप लगा देना चाहता है। उस घर को उसने

> खास तौर से छाँटा। उसी के द्वारा वह सबसे परिचित होना चाहता है—अपनी व्यक्तिगत महिमा से।…… इसीलिए बैठक अलंकृत रहती है।

इस कथन का अभिप्राय यह है कि इसी 'सजावट की रुचि' का ही एक रूप काव्य की रुचि है। इसी रुचि की प्रेरणा से कवि की कल्पना काम करती है और इसी रुचि की तुष्टि के लिए कविता पढ़ी या सुनी जाती है। पर जो कुछ अब तक कहा जा चुका है उसके अनुसार ऊपर उद्‌धृत कथन काव्य के केवल एक पक्ष विशेष का निरूपण करता है। यह अवश्य है कि इस पक्ष पर खड़े होनेवाले पहले भी रहे हैं और अब भी बहुत से लोग हैं। शृंगार को ही एकमात्र रस माननेवाले महाराज भोज का ज़िक्र हो चुका है। भोज ऐसे राजाओं के दरबार में रत्नों की जगमगाहट और यश की चाँदनी फैलानेवाली वाणी का बहुत ही अनुरंजनकारी संग्रह हमारे साहित्य में है। फारस की शायरी भी अधिकतर चुनी हुई सजावट ही लेकर चली है। फ्रांस और इटली के प्रभाव से योरप में भी 'सजावट और अनूठेपन' की वासना को ही कला की मूल वासना समझनेवाले बहुत से हैं।

कहना न होगा कि 'सजावट और अनूठेपन' का यह सिद्धांत असामान्यतावाद के ही अंतर्गत है। काव्य का यह असामान्यतावाद धीरे धीरे उस लोकोत्तरवाद तक पहुँचा जिसका प्रतिपादन काव्य को आध्यात्मिक क्षेत्र में ले जाने के लिए किया गया। श्रीयुत् रवींद्र कहते हैं—

> जिसे सीमा में बाँध सकें उसका नाम भी रखा जा सकता है, किंतु जो सीमा के बाहर है, जो पकड़ने या छूने में नहीं आ सकता, उसे बुद्धि द्वारा नहीं पाते, बोध के अंदर—किसी भीतरी तह में—पाते हैं। उपनिषद् से ब्रह्म के संबंध में कहा है—न तो उसे मन में पाते हैं, न वचन में। उसे जब पाते हैं तब आनंद के अनुभव में? हमारी इस अनुभव की भूख आत्मा की भूख है। वह इसी अनुभव से अपने को पहचानती है। जिस प्रेम में, जिस ध्यान में, जिस दर्शन में केवल इस अनुभव की भूख मिटती है वही स्थान पाता है साहित्य में, रूपकला में।

श्रीयुत् रवींद्र के उपर्युक्त दोनों कथनों को मिलाकर विचार करने पर यह स्पष्ट हो जाता है कि उनका लक्ष्य आनंद की सिद्धावस्था या उपभोग पक्ष को भासित करनेवाली काव्यभूमि की ओर है। यह कहा जा चुका है कि इस भूमि में शोभा, दीप्ति, प्राचुर्य, प्रफुल्लता, कोमलता इत्यादि द्वारा रंजन की योजना की जाती है। प्रथम उद्धरण इसी भूमि की ओर स्पष्ट संकेत करता है। उसमें सजावट की रुचि का—शोभन, दीप्त और रुचिर के चुनाव की प्रवृत्ति का पूरा आभास मिलता है। इस उपभोग या रंजन की जो वृद्धि आश्चर्य के मेल से होती है उसकी ओर

दूसरा उद्धरण इशारा करता है। उस उद्धरण में शोभासौंदर्य की असीमता के आनंद का उल्लेख है जो आगे चलकर इस प्रकार बताया गया है—

> बाहर जिस अखंड आकाश में ग्रह-ताराओं का मेला लगा रहता है उसकी असीमता का आनंद सिर्फ हमारे अनुभव में ही है। जीवनलीला के लिए वह आकाश बिल्कुल फालतू है। जमीन के भीतर रहनेवाला कीड़ा इस बात का सबूत है।

विभावपक्ष में शोभन और दीप्त को चुनकर उनकी असामान्य योजना द्वारा अद्भुत रंजन की सामग्री तैयार करना तथा भावपक्ष में अनुभूति और व्यंजना का वैचित्र्य प्रदर्शित करना काव्य में कलावाद के नए और पुराने अनुयायियों का लक्ष्य रहा है। शोभा और दीप्ति की लोकोत्तर कल्पना हमारे यहाँ के भक्तों में भी भगवान् की विभूति की भावना मानी जाती है और विलायती ढंग की 'आध्यात्मिक कविता' में भी असीम और अनंत की झाँकी समझी जाती है। हमारे यहाँ के भक्तिमार्ग में इसे 'अचिन्त्यैश्वर्य्ययोग' कहते हैं।

माधुर्य

असामान्यता, दीप्ति, चमत्कार इत्यादि से सर्वथा स्वतंत्र आकर्षण माधुर्य का है। इस गुण के अधिष्ठान का असामान्य, अलौकिक या दीप्त होना आवश्यक नहीं। सामान्य से सामान्य, तुच्छ से तुच्छ वस्तुओं और दृश्यों में माधुर्य का पूरा आकर्षण रहता है। महाकवि कालिदास ने बरसात में चारों ओर दिखाई पड़नेवाले खुमी के पौधों, तुरंत के जुते खेतों की सोंधी मिट्टी और 'भ्रूविला सानभिज्ञ' गाँव की सीधी सादी स्त्रियों और पुरानी कहानी कहते हुए बुड्ढों तक में इस माधुर्य का साक्षात्कार किया है। परम भावुक अंग्रेज़ कवि वर्ड्सवर्थ (Wordsworth) का हृदय पगडंडी के किनारे उगे हुए गर्द से मैले तुच्छ से तुच्छ फल के पौधे (Meanest flower) को भी अपनाता था। हृदय की पूरी व्यापकता हम दीप्ति और माधुर्य, असामान्य और सामान्य दोनों पक्षों के रसात्मक ग्रहण में मानते हैं। साहित्य की पुस्तकों में 'सब अवस्थाओं में पाई जानेवाली रमणीयता' को माधुर्य कहा है—

सर्वावस्थाविशेषेषु माधुर्य्यं रमणीयता।

—(साहित्यदर्पण ३–९७)

सामान्य से सामान्य प्राकृतिक वस्तुओं में, नगण्य से नगण्य के जीवन व्यापार में इस माधुर्य का अनुभव होता है। अतीत की स्मृति में, कौमार अवस्था के परिचित पुराने पेड़ों और उजाड़ टीलों में, किसानों के झोंपड़ों में, काई और कीचड़ भरे तालों में, चरकर लौटती हुई गायों के धूल उड़ाते हुए झुंड में, गड़रियों और ग्वालों की कमली में, ऊसर की पगडंडियों में मन को लीन करनेवाला जो गुण है, वह माधुर्य है। प्रत्येक देश के सच्चे कवियों ने सीधे सादे और सामान्य में भी

बराबर इस माधुर्य का अनुभव किया है। इस माधुर्य की अनुभूति के स्वरूप को दीप्ति और सज्जा की अनुभूति के स्वरूप से सर्वथा भिन्न समझना चाहिए। जैसे घास के चौरस मैदान को मखमली कालीन या पन्ने का फर्श कहने से माधुर्य की अनुभूति के ठीक स्वरूप की व्यंजना नहीं होगी। ऐसे कथन में केवल दीप्ति और सजावट की भावना पाई जायगी।

रूपसौंदर्य के अंतर्गत प्राय: दीप्ति और माधुर्य दोनों मिले रहते हैं। दीप्ति चकित और स्तंभित करती है। प्रेमकाव्यों में कहीं कहीं नायिका के रूप को देखते ही नायक जो मूर्च्छित होकर गिर जाया करते हैं उसे दीप्ति का प्रभाव समझना चाहिए। जायसी की पद्मावत में शिव मंदिर में प्रवेश करती हुई पद्मिनी को देखते ही राजा रत्नसेन तो मूर्च्छित हो ही गए, शिव और देवता लोग भी स्तब्ध हो गए। रूप में लोभ उत्पन्न करनेवाली या लुभानेवाली वस्तु, मन को पास खींचने वाली शक्ति माधुर्य है। दीप्ति मात्र में चिपक नहीं होती। लोग न जाने कितने दमकते हुए रूप देखते हैं, चकित होते हैं पर सब जगह उनका मन नहीं चिपका करता। प्रेम के रूप में राग का आविर्भाव माधुर्य पाकर ही होता है। पर इस माधुर्य की अनुभूति व्यक्तिगत होती है। दीप्ति का स्वीकार तो बहुत से आदमी एक साथ करते हैं; पर किसी व्यक्ति या वस्तु में माधुर्य दस पाँच आदमियों में एक या दो ही आदमी देखेंगे। लैला में मजनूँ की ही आँख ने माधुर्य देखा था। सांनिध्य और संपर्क की प्रबल प्रवृत्ति जगाने वाली दशा, जिसे आसक्ति कहते हैं, माधुर्य भावना के संचार से ही प्राप्त होती है। भवधारा के भीतर भीतर चलनेवाली जो भावधारा है मनुष्य के हृदय को द्रवीभूत करके उसमें मिलानेवाली भावना माधुर्य की है। 'कविता क्या है' नामक प्रबंध में काव्य को हमने भावयोग कहा है। इस भावयोग की चरम साधना से हृदय को जो मुक्तावस्था प्राप्त होती है वह इसी माधुर्य की अनुभूति के सहारे। भेद में अभेद की रसात्मक प्रतीति इसी माधुर्य का स्वाद है जिसे हमारे यहाँ के भक्तों ने भगवान् का प्रसाद बताया है—ऐसा प्रसाद जिससे आत्मा का पोषण होता है।

साधारणीकरण और व्यक्ति वैचित्र्यवाद

किसी काव्य का श्रोता या पाठक जिन विषयों को मन में लाकर रति, करुणा, क्रोध, उत्साह इत्यादि भावों तथा सौंदर्य, रहस्य, गांभीर्य आदि भावनाओं का अनुभव करता है वे अकेले उसी के हृदय से संबंध रखनेवाले नहीं होते; मनुष्यमात्र की भावात्मक सत्ता पर प्रभाव डालनेवाले होते हैं। इसी से उक्त काव्य को एक साथ पढ़ने या सुननेवाले सहस्रों मनुष्य उन्हीं भावों या भावनाओं का थोड़ा या बहुत अनुभव कर सकते हैं। जब तक किसी भाव का कोई विषय इस रूप में नहीं लाया जाता कि वह सामान्यतः सबके उसी भाव का आलंबन हो सके, तब तक उसमें रसोद्बोधन की पूर्ण शक्ति नहीं आती। इसी रूप में लाया जाना हमारे यहाँ 'साधारणीकरण' कहलाता है। यह सिद्धांत यह घोषित करता है कि सच्चा कवि वही है जिसे लोकहृदय की पहचान हो, जो अनेक विशेषताओं और विचित्रताओं के बीच मनुष्य जाति के सामान्य हृदय को देख सके। इसी लोकहृदय में हृदय के लीन होने की दशा का नाम रसदशा है।

किसी काव्य में वर्णित किसी पात्र का किसी कुरूप और दुःशील स्त्री पर प्रेम हो सकता है; पर उसी स्त्री के वर्णन द्वारा श्रृंगार रस का आलंबन नहीं खड़ा हो सकता। अतः ऐसा काव्य, केवल भावप्रदर्शक ही होगा, विभाव विधायक कभी नहीं हो सकता। इसी प्रकार रौद्र रस के वर्णन में जब तक आलंबन का चित्रण इस रूप में न होगा कि वह मनुष्यमात्र के क्रोध का पात्र हो सके, तब तक वह वर्णन भावप्रदर्शक मात्र रहेगा, उसका विभावपक्ष या तो शून्य अथवा अशक्त होगा। पर भाव और विभाव दोनों पक्षों के सामंजस्य के बिना पूरी और सच्ची रसानुभूति हो नहीं सकती। केवल भावप्रदर्शक काव्यों में भी होता यह है कि पाठक या श्रोता अपनी ओर से अपनी भावना के अनुसार आलंबन का आरोप किए रहता है।

काव्य का विषय सदा 'विशेष' होता है, 'सामान्य' नहीं; वह 'व्यक्ति' सामने लाता है, 'जाति' नहीं। यह बात आधुनिक कला समीक्षा के क्षेत्र में पूर्णतया स्थिर हो चुकी है। अनेक व्यक्तियों के रूप गुण आदि के विवेचन द्वारा कोई वर्ग या जाति ठहराना, बहुत सी बातों को लेकर कोई सामान्य सिद्धांत प्रतिपादित करना, यह सब तर्क और विज्ञान का काम है—निश्चयात्मिका बुद्धि का व्यवसाय

है। काव्य का काम है कल्पना में 'बिंब' (images) या मूर्त्त भावना उपस्थित करना; बुद्धि के सामने कोई विचार (concept) लाना नहीं। 'बिंब' जब होगा तब विशेष या व्यक्ति का ही होगा, सामान्य या जाति का नहीं।[1]

इस सिद्धांत का तात्पर्य यह है कि शुद्ध काव्य की उक्ति सामान्य तथ्य कथन या सिद्धांत के रूप में नहीं होती। कविता वस्तुओं और व्यापारों का बिंब ग्रहण कराने का प्रयत्न करती है, अर्थग्रहण मात्र से उसका काम नहीं चलता। बिंब-ग्रहण जब होगा तब विशेष या व्यक्ति का ही होगा, सामान्य या जाति का नहीं। जैसे, यदि कहा जाय कि 'क्रोध में मनुष्य बावला हो जाता है' तो यह काव्य की उक्ति न होगी। काव्य की उक्ति तो किसी क्रुद्ध मनुष्य के उग्र वचनों और उन्मत्त चेष्टाओं को कल्पना में उपस्थित भर कर देगी। कल्पना में जो कुछ उपस्थित होगा वह व्यक्ति या वस्तुविशेष ही होगा। सामान्य या 'जाति' की तो मूर्त्त भावना हो ही नहीं सकती।[2]

अब यह देखना चाहिए कि हमारे यहाँ विभावन व्यापार में जो 'साधारणीकरण' कहा गया है, उसके विरुद्ध तो यह सिद्धांत नहीं जाता? विचार करने पर स्पष्ट हो जायगा कि दोनों में कोई विरोध नहीं पड़ता। विभावादिक साधारणतया प्रतीत होते हैं, इस कथन का अभिप्राय यह नहीं है कि रसानुभूति के समय

---

1. अभिव्यंजनावाद (Expressionism) के प्रवर्त्तक क्रोसे (Benedetto Croce) ने कला के बोध पक्ष और तर्क के बोध पक्ष को इस प्रकार अलग अलग दिखाया है—(क) Intuitive knowledge, knowledge obtained, through the imagination, knowledge of the individual or individual things. (ख) Logical knowledge, knowledge obtained through the intellect, knowledge of the universal, knowledge of the relations between individual things.

—Aesthetic by Benedetto Croce

2. साहित्यशास्त्र में नैयायिकों की बातें ज्यों की त्यों ले लेने से काव्य के स्वरूप निर्णय में जो बाधा पड़ी है, उसका एक उदाहरण शक्तिग्रहण का प्रसंग है। उसके अंतर्गत कहा गया है कि संकेतग्रह 'व्यक्ति' का नहीं होता है, 'जाति' का होता है। तर्क में भाषा के संकेत पक्ष (Symbolic aspect) से ही काम चलता है जिसमें अर्थग्रहण मात्र पर्याप्त होता है। अतः न्याय में तो जाति का संकेतग्रह कहना ठीक है। पर काव्य में भाषा के प्रत्यक्षीकरण पक्ष (Presentative aspect) से काम लिया जाता है जिसमें शब्द द्वारा सूचित वस्तु का बिंब-ग्रहण होता है—अर्थात् उसकी मूर्ति कल्पना में खड़ी हो जाती है। काव्यमीमांसा के क्षेत्र में न्याय का यह हाथ बढ़ाना डाक्टर सतीशचन्द्र विद्याभूषण को भी खटका है। उन्होंने कहा है—It is, however, to be regretted that during the last 500 years the Nyay has been mixed up with Law, Rhetoric, etc., and thereby has hampered the growth of those branches of knowledge upon which it has grown up as a sort of parasite.

—Introduction (The Nyaya Sutras)

संकेत के रूप में आते हैं। 'साधारणीकरण' का अभिप्राय यह है कि पाठक या श्रोता के मन में जो व्यक्तिविशेष या वस्तुविशेष आती है, वह जैसे काव्य में वर्णित 'आश्रय' के भाव का आलंबन होती है, वैसे ही सब सहृदय पाठकों या श्रोताओं के भाव का आलंबन हो जाता है। जिस व्यक्तिविशेष के प्रति किसी भाव की व्यंजना कवि का पात्र करता है, पाठक या श्रोता की कल्पना में वह व्यक्तिविशेष ही उपस्थित रहता है। हाँ, कभी कभी ऐसा भी होता है कि पाठक या श्रोता की मनोवृत्ति या संस्कार के कारण वर्णित व्यक्तिविशेष के स्थान पर कल्पना में उसी के समान धर्मवाली कोई मूर्ति विशेष आ जाती है। जैसे, यदि किसी पाठक या श्रोता का किसी सुंदरी से प्रेम है तो शृंगार रस की फुटकल उक्तियाँ सुनने के समय रह रहकर आलंबन रूप में उसकी प्रेयसी की मूर्ति ही उसकी कल्पना में आएगी। यदि किसी से प्रेम न हुआ तो सुंदरी की कोई कल्पित मूर्ति उसके मन में आएगी। कहने की आवश्यकता नहीं कि यह कल्पित मूर्ति भी विशेष ही होगी—व्यक्ति की ही होगी।

कल्पना में मूर्ति तो विशेष ही की होगी, पर वह मूर्ति ऐसी होगी जो प्रस्तुत भाव का आलंबन हो सके, जो उसी भाव को पाठक या श्रोता के मन में भी जगाए जिसकी व्यंजना आश्रय अथवा कवि करता है। इससे सिद्ध हुआ कि साधारणीकरण आलंबनत्व धर्म का होता है। व्यक्ति तो विशेष ही रहता है; पर उसमें प्रतिष्ठा ऐसे सामान्य धर्म की रहती है जिसके साक्षात्कार से सब श्रोताओं या पाठकों के मन में एक ही भाव का उदय थोड़ा या बहुत होता है। तात्पर्य यह है कि आलंबन रूप में प्रतिष्ठित व्यक्ति, समान प्रभाववाले कुछ धर्मों की प्रतिष्ठा के कारण, सबसे भावों का आलंबन हो जाता है। 'विभावादि सामान्य रूप में प्रतीत होते हैं'—इसका तात्पर्य यही है कि रसमग्न पाठक के मन में यह भेदभाव नहीं रहता कि यह आलंबन मेरा है या दूसरे का। थोड़ी देर के लिए पाठक या श्रोता का हृदय लोक का सामान्य हृदय हो जाता है। उसका अपना अलग हृदय नहीं रहता।

'साधारणीकरण' के प्रतिपादन में पुराने आचार्यों ने श्रोता (या पाठक) और आश्रय (भाव व्यंजना करनेवाला पात्र) के तादात्म्य की अवस्था का ही विचार किया है जिसमें आश्रय किसी काव्य या नाटक के पात्र के रूप में आलंबन रूप किसी दूसरे पात्र के प्रति किसी भाव की व्यंजना करता है और श्रोता (या पाठक) उसी भाव का रसरूप में अनुभव करता है। पर रस की एक नीची अवस्था और है जिसका हमारे यहाँ के साहित्य ग्रंथों में विवेचन नहीं हुआ है। उसका भी विचार करना चाहिए। किसी भाव की व्यंजना करनेवाला, कोई क्रिया या व्यापार करनेवाला पात्र भी शील की दृष्टि से श्रोता (या दर्शक) के किसी भाव का—जैसा श्रद्धा, भक्ति, घृणा, रोष, आश्चर्य, कुतूहल या अनुराग का—आलंबन होता है। इस दशा में श्रोता या दर्शक उसी भाव का अनुभव नहीं

करता जिसकी व्यंजना पात्र अपने आलंबन के प्रति करता है, बल्कि व्यंजना करनेवाले उस पात्र के प्रति किसी और ही भाव का अनुभव करता है। यह दशा भी एक प्रकार की रस दशा ही है—यद्यपि इसमें आश्रय के साथ तादात्म्य और उसके आलंबन का साधारणीकरण नहीं रहता। जैसे, कोई क्रोधी या क्रूर प्रकृति या पात्र यदि किसी निरपराध या दीन पर क्रोध की प्रबल व्यंजना कर रहा है तो श्रोता या दर्शक के मन में क्रोध का रसात्मक संचार न होगा, बल्कि क्रोध प्रदर्शित करनेवाले उस पात्र के प्रति अश्रद्धा, घृणा आदि का भाव जागेगा। ऐसी दशा में आश्रय के साथ तादात्म्य या सहानुभूति न होगी, बल्कि श्रोता या पाठक उक्त पात्र के शीलद्रष्टा या प्रकृतिद्रष्टा के रूप में प्रभाव ग्रहण करेगा और यह प्रभाव भी रसात्मक ही होगा। पर इस रसात्मकता को हम मध्यम की कोटि ही मानेंगे।

जहाँ पाठक या दर्शक किसी काव्य या नाटक में सन्निविष्ट पात्र या आश्रय के शील द्रष्टा के रूप में स्थित होता है वहाँ भी पाठक या दर्शक के मन में कोई न कोई भाव थोड़ा बहुत अवश्य जगा रहता है; अंतर इतना ही पड़ता है कि उस पात्र का आलंबन पाठक या दर्शक का आलंबन नहीं होता, बल्कि वह पात्र ही पाठक या दर्शक के किसी भाव का आलंबन रहता है। इस दशा में भी एक प्रकार का तादात्म्य और साधारणीकरण होता है। तादात्म्य कवि के उस अव्यक्त भाव के साथ होता है, जिसके अनुरूप वह पात्र का स्वरूप संघटित करता है। जो स्वरूप कवि अपनी कल्पना में लाता है उसके प्रति उसका कुछ न कुछ भाव अवश्य रहता है वह उसके किसी भाव का आलंबन अवश्य होता है। अतः पात्र का स्वरूप कवि के जिस भाव का आलंबन रहता है, पाठक या दर्शक के भी उसी भाव का आलंबन प्रायः हो जाता है। जहाँ कवि किसी वस्तु (जैसे—हिमालय, विंध्याचल) या व्यक्ति का केवल चित्रण करके छोड़ देता है वहाँ कवि ही आश्रय के रूप में रहता है। उस वस्तु या व्यक्ति का चित्रण उसके प्रति कोई भाव रखकर ही करता है। उसी के भाव के साथ पाठक या दर्शक का तादात्म्य रहता है; उसी का आलंबन पाठक या दर्शक का आलंबन हो जाता है।

आश्रय की जिस भावव्यंजना को श्रोता या पाठक का हृदय कुछ भी अपना न सकेगा, उसका ग्रहण केवल शील वैचित्र्य के रूप में होगा और उसके द्वारा घृणा, विरक्ति, अश्रद्धा, क्रोध, आश्चर्य, कुतूहल इत्यादि में से ही कोई भाव उत्पन्न होकर अपरितुष्ट दशा में रह जायगा। उस भाव की तुष्टि तभी होगी जब कोई दूसरा पात्र आकर उसकी व्यंजना वाणी और चेष्टा द्वारा उस बेमेल या अनुपयुक्त भाव की व्यंजना करनेवाले प्रथम पात्र के प्रति करेगा। इस दूसरे पात्र की भाव व्यंजना के साथ श्रोता या दर्शक की पूर्ण सहानुभूति होगी। अपरितुष्ट भाव की आकुलता का अनुभव प्रबंधकाव्यों, नाटकों और उपन्यासों के प्रत्येक पाठक को थोड़ा बहुत होगा। जब कोई असामान्य दुष्ट अपनी मनोवृत्ति की व्यंजना किसी

स्थल पर करता है तब पाठक के मन में बार बार यही आता है कि उस दुष्ट के प्रति उसके मन में जो घृणा या क्रोध है उसकी भरपूर व्यंजना वचन या क्रिया द्वारा कोई पात्र आकर करता। क्रोधी परशुराम तथा अत्याचारी रावण की कठोर बातों का जो उत्तर लक्ष्मण और अंगद देते हैं उससे कथा श्रोताओं की अपूर्व तुष्टि होती है।

इस संबंध में सबसे अधिक ध्यान देने की बात यह है कि शील विशेष के परिज्ञान से उत्पन्न भाव की अनुभूति और आश्रय के साथ तादात्म्य दशा की अनुभूति (जिसे आचार्यों ने रस कहा है) दो भिन्न कोटि की रसानुभूतियाँ हैं। प्रथम में श्रोता या पाठक अपनी पृथक् सत्ता अलग सँभाले रहता है, द्वितीय में अपनी पृथक् सत्ता का कुछ क्षणों के लिए विसर्जन कर आश्रय की भावात्मक सत्ता में मिल जाता है। उदात्त वृत्तिवाले आश्रय की भाव व्यंजना में भी यह होगा कि जिस समय तक पाठक या श्रोता तादात्म्य की दशा में पूर्ण रसमग्न रहेगा उस समय तक भाव व्यंजना करनेवाले आश्रय को अपने से अलग रखकर उसके शील आदि की ओर दत्तचित्त न रहेगा। उस दशा के आगे पीछे ही वह उसकी भावात्मक सत्ता से अपनी भावात्मक सत्ता को अलग कर उसके शील सौंदर्य की भावना कर सकेगा। भाव व्यंजना करनेवाले किसी पात्र या आश्रय के शील सौंदर्य की भावना जिस समय रहेगी, उस समय वही श्रोता या पाठक का आलंबन रहेगा और उसके प्रति श्रद्धा, भक्ति या प्रीति टिकी रहेगी।

हमारे यहाँ के आचार्यों ने श्रव्य काव्य और दृश्य काव्य दोनों में रस की प्रधानता रक्खी है, इसी से दृश्य काव्य में भी उनका लक्ष्य तादात्म्य और साधारणीकरण की ओर रहता है। पर योरप के दृश्य काव्यों में शील वैचित्र्य या अंतःप्रकृति वैचित्र्य की ओर ही प्रधान लक्ष्य रहता है जिसके साक्षात्कार से दर्शक को आश्चर्य या कुतूहल मात्र की अनुभूति होती है। अतः इस वैचित्र्य पर थोड़ा विचार कर लेना चाहिए। वैचित्र्य साक्षात्कार से केवल तीन बातें हो सकती हैं—(१) आश्चर्यपूर्ण प्रसादन, (२) आश्चर्यपूर्ण अवसादन, या (३) कुतूहल-मात्र।

आश्चर्यपूर्ण प्रसादन शील के चरम उत्कर्ष अर्थात् सात्त्विक आलोक के साक्षात्कार से होता है। भरत का राम की पादुका लेकर विरक्त रूप में बैठना, राजा हरिश्चंद्र का अपनी रानी से आधा कफ़न माँगना, नागानंद नाटक में जीमूतवाहन का भूखे गरुड़ से अपना मांस खाने के लिए अनुरोध करना इत्यादि शील वैचित्र्य के ऐसे दृश्य हैं जिनसे श्रोता या दर्शक के हृदय में आश्चर्य मिश्रित श्रद्धा या भक्ति का संचार होता है। इस प्रकार के उत्कृष्ट शीलवाले पात्रों का शील विचित्र होने पर भी भावव्यंजना के समय उनके साथ पाठक या श्रोता का तादात्म्य हो सकता है।

आश्चर्यपूर्ण प्रसादन शील के अत्यंत पतन अर्थात् तामसी घोरता के साक्षात्कार से होता है। यदि किसी काव्य या नाटक में हूणसम्राट् मिहिरगुल पहाड़ की चोटी पर से गिराये जाते हुए मनुष्य के तड़फने, चिल्लाने आदि की भिन्न भिन्न चेष्टाओं पर भिन्न भिन्न ढंग से अपने आह्लाद की व्यंजना करे, तो उसके आह्लाद में किसी श्रोता या दर्शक का हृदय योग न देगा, बल्कि उसकी मनोवृत्ति की विलक्षणता और घोरता पर स्तंभित, क्षुब्ध या कुपित होगा। इसी प्रकार दुःशीलता की और और विचित्रताओं के प्रति श्रोता की आश्चर्यमिश्रित विरक्ति, घृणा आदि जगेगी।

जिन सात्विकी और तामसी प्रकृतियों की चरम सीमा का उल्लेख ऊपर हुआ है, सामान्य प्रकृति से उनकी आश्चर्यजनक विभिन्नता केवल उनकी मात्रा में होती है। वे किसी वर्गविशेष की सामान्य प्रकृति के भीतर समझी जा सकती हैं जैसे, भरत आदि की प्रकृति शीलवानों की प्रकृति के भीतर और मिहिरगुल की प्रकृति क्रूरों की प्रकृति के भीतर मानी जा सकती है। पर कुछ लोगों के अनुसार ऐसी अद्वितीय प्रकृति भी होती है जो किसी वर्ग विशेष की भी प्रकृति के भीतर नहीं होती। ऐसी प्रकृति के साक्षात्कार से न स्पष्ट प्रसादन होगा, न स्पष्ट अवसादन—एक प्रकार का मनोरंजन या कुतूहल ही होगा। ऐसी अद्वितीय प्रकृति के चित्रण को डंटन (Theodore Watts Dunton) ने कवि की नाटकीय या निरपेक्ष दृष्टि (Dramatic or Absolute Vision) का सूचक और काव्यकला का चरम उत्कर्ष कहा है। उनका कहना है कि साधारणतः कवि या नाटककार भिन्न भिन्न पात्रों की उक्तियों की कल्पना अपने ही को उनकी परिस्थिति में अनुमान करके किया करते हैं। वे वास्तव में यह अनुमान करते हैं कि यदि हम उनकी दशा में होते तो कैसे वचन मुँह से निकालते। तात्पर्य यह है कि उनकी दृष्टि सापेक्ष होती है, वे अपनी ही प्रकृति के अनुसार चरित्र चित्रण करते हैं। पर निरपेक्ष दृष्टिवाले नाटककार एक नवीन नर प्रकृति की सृष्टि करते हैं। नूतन निर्माणवाली कल्पना उन्हीं की होती है।

डंटन ने निरपेक्ष दृष्टि को उच्चतम शक्ति जो ठहराया उन्हें संसार भर में दो ही तीन कवि उक्त दृष्टि से संपन्न मिले जिनमें मुख्य शेक्सपियर हैं, पर शेक्सपियर के नाटकों में कुछ विचित्र अंतःप्रकृति के पात्रों के होते हुए भी अधिकांश ऐसे पात्र हैं जिनकी भावव्यंजना के साथ पाठक या दर्शक का पूरा तादात्म्य रहता है। 'जूलियस सीजर' नाटक में अंटोनियो के लम्बे भाषण से जो क्षोभ उमड़ा पड़ता है उसमें किसका हृदय योग न देगा? डंटन के अनुसार शेक्सपियर की दृष्टि निरपेक्षता के उदाहरणों में हैमलेट का चरित्र चित्रण है। पर विचारपूर्वक देखा जाय तो हैमलेट की मनोवृत्ति भी ऐसे व्यक्ति की मनोवृत्ति है, जो अपनी माता का घोर विश्वासघात और जघन्य शीलच्युति देख अर्द्धविक्षिप्त सा हो गया हो। परिस्थिति के साथ उसके वचनों का सामंजस्य उसकी बुद्धि की

अव्यवस्था का द्योतक है अतः उसका चरित्र भी एक वर्ग विशेष के चरित्र के भीतर आता जाता है। उसके बहुत से भाषणों को प्रत्येक सहृदय व्यक्ति अपनाता है। उदाहरण के लिए आत्मग्लानि और क्षोभ से भरे हुए वे वचन जिनके द्वारा वह स्त्री जाति की भर्त्सना करता है। अतः हमारे देखने में ऐसी मनोवृत्ति का प्रदर्शन, जो किसी दशा में किसी की हो नहीं सकती, केवल ऊपरी मनबहलाव के लिए खड़ा किया हुआ कृत्रिम तमाशा ही होगा। पर डंटन साहब के अनुसार ऐसी मनोवृत्ति का चित्रण नूतन सृष्टिकारिणी कल्पना का सबसे बड़ा उज्ज्वल उदाहरण होगा।

'नूतन सृष्टि निर्माणवाली कल्पना' की चर्चा जिस प्रकार योरप में चलती आ रही है, उसी प्रकार भारतवर्ष में भी। पर हमारे यहाँ यह कथन अर्थवाद के रूप में—कवि और कवि कर्म की स्तुति के रूप में ही गृहीत हुआ, शास्त्रीय सिद्धांत या विवेचन के रूप में नहीं। योरप में अलबत्ता यह एक सूत्र सा बनकर काव्य समीक्षा के क्षेत्र में भी जा घुसा है। इसके प्रचार का परिणाम वहाँ यह हुआ कि रचनाएँ इस ढंग की भी हो चलीं जिनमें कवि ऐसी अनुभूतियों की व्यंजना की नकल करता है जो न वास्तव में उसकी होती हैं और न किसी की हो सकती हैं। इस नूतन सृष्टि निर्माण के अभिनय के बीच 'दूसरे जगत् के पंछियों' की उड़ान शुरू हुई। शेली के पीछे पागलपन की नकल करनेवाले बहुत से खड़े हुए थे; वे अपनी बातों का ऐसा रूपरंग बनाते थे जो किसी और दुनिया का लगे या कहीं का न जान पड़े।

यह उस प्रवृत्ति का हद से बाहर पहुँचा रूप है, जिसका आरंभ योरप में एक प्रकार से पुनरुत्थान-काल[१] (Renaissance) के साथ ही हुआ था। ऐसा कहा जाता है कि उस काल में पहले के काव्य की रचना काल को अखण्ड, अनंत और भेदातीत मानकर तथा लोक को एक सामान्य सत्ता समझकर की जाती थी। रचना करनेवाले यह ध्यान रखकर नहीं लिखते थे कि इस काल का स्वरूप आने वाला काल कुछ और प्रकार का होगा अथवा इस वर्तमान काल का स्वरूप सर्वत्र एक ही नहीं है—किसी जनसमूह के बीच पूर्ण सभ्यकाल है, किसी के बीच उससे

---

१. After Shelley's music began to captive the world certain poets set to work upon the theory that between themselves and the other portion of the human race there is a wide gulf fixed. Their theory was that, they were to sing, as far as possible, like birds of another world............It might also be said that the poetic atmosphere became that of the supreme palace of wonder. —Bedlam

Bailey, Dobell and Smith were not Bedlamites, but men of common, sense. They only affected madness. The country from which the followers of Shelley sing to our lower world was named 'Nowhere'.

—Poetry and the Renaissance of Wonder by Theodore Watts Dunton.

कुछ कम; किसी जनसमुदाय के बीच कुछ असभ्य काल है, किसी के बीच उससे बहुत अधिक। इसी प्रकार उन्हें इस बात की ओर ध्यान देने की आवश्यकता नहीं होती थी कि लोक भिन्न भिन्न व्यक्तियों से बना होता है जो भिन्न भिन्न रुचि और प्रवृत्ति के होते हैं। 'पुनरुत्थानकाल' से धीरे धीरे इस तथ्य की ओर ध्यान बढ़ता गया, प्राचीनों की भूल प्रगट होती गई। अंत में इशारे पर आँख मूँदकर दौड़नेवाले बड़े बड़े पंडितों ने पुनरुत्थान की कालधारा को मथकर 'व्यक्तिवाद' रूपी नया रत्न निकाला। फिर क्या था ? शिक्षित समाज में व्यक्तिगत विशेषताएँ देखने दिखाने की चाह बढ़ने लगी।

काव्यक्षेत्र में किसी 'वाद' का प्रचार धीरे धीरे उसकी सारसत्ता को ही चर जाता है। कुछ दिनों में लोग कविता लिखकर 'वाद' लिखने लगते हैं। कला या काव्य के क्षेत्र में, 'लोक' और 'व्यक्ति' उपर्युक्त धारणा कहाँ तक संगत है, इस पर थोड़ा विचार कर लेना चाहिए। लोक के बीच जहाँ बहुत सी भिन्नताएँ देखने में आती हैं वहाँ कुछ अभिन्नता भी पायी जाती है। एक मनुष्य की आकृति से दूसरे मनुष्य की आकृति नहीं मिलती, पर सब मनुष्यों की आकृतियों को एक साथ लें तो एक ऐसी सामान्य आकृति भावना भी बँधती है जिसके कारण हम सबको मनुष्य कहते हैं। इसी प्रकार सबकी रुचि और प्रकृति में भिन्नता होने पर भी कुछ ऐसी अंतर्भूमियाँ हैं जहाँ पहुँचने पर अभिन्नता मिलती है। ये अंतर्भूमियाँ नर समष्टि की रागात्मिका प्रकृति के भीतर हैं। लोक हृदय की यह सामान्य अंतर्भूमि परखकर हमारे यहाँ 'साधारणीकरण' सिद्धांत की प्रतिष्ठा की गई है। वह सामान्य अंतर्भूमि कल्पित या कृत्रिम नहीं है। काव्य रचना की रूढ़ि या परंपरा, सभ्यता के न्यूनाधिक विकास, जीवन व्यापार के बदलने वाले बाहरी रूप रंग इत्यादि पर यह स्थित नहीं है। इसकी नींव गहरी है। इसका संबंध हृदय के भीतरी मूल देश से है, उसका सामान्य वासनात्मक सत्ता से है।

जिस 'व्यक्तिवाद' का ऊपर उल्लेख हुआ है, उसने स्वच्छंदता के आन्दोलन (Romantic movement) के उत्तर काल से बड़ा ही विकृत रूप धारण किया। यह 'व्यक्तिवाद' यदि पूर्ण रूप से स्वीकार किया जाय तो कविता लिखना व्यर्थ ही समझिए। कविता इसीलिए लिखी जाती है कि एक ही भावना सैकड़ों, हजारों क्या, लाखों दूसरे आदमी ग्रहण करें। जब एक के हृदय के साथ दूसरे के हृदय की कोई समानता ही नहीं तब एक के भावों को दूसरा क्यों और कैसे ग्रहण करेगा ? ऐसी अवस्था में तो यही संभव है कि हृदय द्वारा मार्मिक या भीतरी ग्रहण की बात ही छोड़ दी जाय; व्यक्तिगत विशेषता के वैचित्र्य द्वारा ऊपरी कुतूहल मात्र उत्पन्न कर देना ही बहुत समझा जाय। हुआ भी यही। और हृदयों से अपने सहृदयता की भिन्नता और विचित्रता दिखाने के लिए बहुत से लोग एक

एक काल्पनिक हृदय निर्मित करके दिखाने लगे। काव्यक्षेत्र 'नकली हृदयों' का एक कारखाना हो गया।

ऊपर जो कुछ कहा गया उससे जान पड़ेगा कि भारतीय काव्य दृष्टि भिन्न भिन्न विशेषों के भीतर से 'सामान्य' के उद्घाटन की ओर बराबर रही है। किसी न किसी 'सामान्य' के प्रतिनिधि होकर ही 'विशेष' हमारे यहाँ के काव्यों में आते रहे हैं। पर योरोपीय काव्य दृष्टि इधर बहुत दिनों से विरल विशेष के विधान की ओर रही है। हमारे यहाँ कवि उसे सच्चे तार की झंकार सुनाने में ही संतुष्ट रहे जो मनुष्य मात्र के हृदय के भीतर से होता हुआ गया है। पर उन्नीसवीं शताब्दी के बहुत से विलायती कवि ऐसे हृदयों के प्रदर्शन में लगे जो न कहीं होते हैं और न हो सकते हैं। सारांश यह है कि हमारी वाणी भावक्षेत्र के बीच 'भेदों में अभेद' को ऊपर करती रही और उनकी वाणी झूठे सच्चे विलक्षण भेद खड़े करके लोगों को चमत्कृत करने में लगी।

'कल्पना' और 'व्यक्तित्व' की, पाश्चात्य समीक्षा क्षेत्र में, इतनी अधिक मुनादी हुई कि काव्य के और सब पक्षों से दृष्टि हटकर इन्हीं दो पर जा जमी। 'कल्पना' काव्य का बोध पक्ष है। कल्पना में आई हुई रूप व्यापार योजना का कवि या श्रोता को अंतःसाक्षात्कार का बोध होता है। पर इस बोधपक्ष के अतिरिक्त काव्य का भावपक्ष भी है। कल्पना को रूप योजना के लिए प्रेरित करनेवाले और कल्पना में आई हुई वस्तुओं में श्रोता या पाठक को रमानेवाले रति, करुणा, क्रोध, उत्साह, आश्चर्य इत्यादि भाव या मनोविकार होते हैं। इसी से भारतीय दृष्टि ने भावपक्ष को प्रधानता दी और रस के सिद्धांत की प्रतिष्ठा की। पर पश्चिम में 'कल्पना' 'कल्पना' की पुकार के सामने धीरे-धीरे समीक्षकों का ध्यान भावपक्ष से हट गया और बोधपक्ष ही पर भिड़ गया। काव्य की रमणीयता उस हल्के आनंद के रूप में ही मानी जाने लगी जिस आनंद के लिए हम नई नई सुंदर भड़कीली और विलक्षण वस्तुओं को देखने जाते हैं। इस प्रकार कवि तमाशा दिखानेवाले के रूप में और श्रोता या पाठक तटस्थ तमाशबीन के रूप में समझे जाने लगे। केवल देखने का आनंद कुछ विलक्षण को देखने का कुतूहल मात्र होता है।

'व्यक्तित्व' ही को ले उड़ने से जो परिणाम हुआ है, उसका कुछ आभास ऊपर दिया जा चुका है। 'कल्पना' और 'व्यक्तित्व' पर एकदेशीय दृष्टि रख कर पश्चिम में कई प्रसिद्ध 'वादों' की इमारतें खड़ी हुईं। इटली निवासी क्रोसे (Benedetto Croce) ने अपने 'अभिव्यंजनावाद' के निरूपण में बड़े कठोर आग्रह के साथ कला की अनुभूति को ज्ञान या बोध स्वरूप ही माना है। उन्होंने उसे स्वयं प्रकाश ज्ञान (Intuition)—प्रत्यक्ष ज्ञान तथा बुद्धि व्यवसाय सिद्ध या विचार प्रसूत ज्ञान से भिन्न केवल कल्पना में आई हुई वस्तु व्यापार योजना का ज्ञान मात्र माना है। वे इस ज्ञान को प्रत्यक्ष ज्ञान और विचार प्रसूत ज्ञान

''नों से सर्वथा निरपेक्ष स्वतंत्र और स्वतः पूर्ण मानकर चले हैं। वे इस निरपेक्षता को बहुत दूर तक घसीट लाए हैं। भावों या मनोविकारों तक को उन्होंने काव्य की उक्ति का विधायक अवयव नहीं माना है। पर न चाहने पर भी अभिव्यंजना या उक्ति के अनभिव्यक्ति पूर्व रूप से भावों की सत्ता उन्हें स्वीकार करनी पड़ी है। उससे अपना पीछा वे छुड़ा नहीं सके हैं।[1]

काव्य समीक्षा के क्षेत्र में व्यक्ति की ऐसी दीवार खड़ी हुई, 'विशेष' के स्थान पर सामान्य या विचार सिद्ध ज्ञान के आ घुसने का इतना डर समाया कि कहीं कहीं आलोचना भी काव्य रचना के ही रूप में होने लगी। कला की कृति की परीक्षा के लिए विवेचन पद्धति का त्याग सा होने लगा। हिंदी की मासिक पत्रिकाओं में समालोचना के नाम पर आजकल जो अद्भुत और रमणीय शब्द-योजनामात्र कभी कभी देखने में आया करती है, वह इसी पाश्चात्य प्रवृत्ति का अनुकरण है। पर यह भी समझ रखनी चाहिए कि योरप में साहित्य संबंधी आंदोलनों की आयु बहुत थोड़ी होती है। आंदोलन दस बारह वर्ष से ज्यादा नहीं चलता। ऐसे आंदोलनों के कारण वहाँ इस बीसवीं शताब्दी में आकर कार्यक्षेत्र के बीच बड़ी गहरी गड़बड़ी और अव्यवस्था फैली। काव्य की स्वाभाविक उमंग के स्थान पर नवीनता के लिए आकुलतामात्र रह गई। कविता चाहे हो, चाहे न हो, कोई नवीन रूप या रंगढंग अवश्य खड़ा हो। पर कोरी नवीनता केवल मरे हुए आंदोलन का इतिहास छोड़ जाय तो छोड़ जाय, कविता नहीं खड़ी कर सकती। केवल नवीनता और मौलिकता की बढ़ी-चढ़ी सनक में सच्ची कविता की ओर ध्यान कहाँ तक रह सकता है? कुछ लोग तो नए नए ढंग की उच्छृंखलता, वक्रता, असंबद्धता, अनर्गलता इत्यादि का ही प्रदर्शन करने में लगे। थोड़े से ही सच्ची भावनावाले कवि प्रकृत मार्ग पर चलते दिखाई पड़ने लगे। समालोचना भी अधिकतर हवाई ढंग की होने लगी।[2]

योरप में इधर पचास वर्ष के भीतर 'रहस्यवाद', 'कलावाद', 'व्यक्तिवाद' इत्यादि जो अनेक 'वाद' चले थे, वे अब वहाँ मरे हुए आंदोलन समझे जाते हैं।

---

१. Matter is emotivity not aesthetically elaborated i.e. impression. Form is elaboration and expression.........Sentiments or impressions pass by means of words from the obscure region of the soul into the clarity of the contemplative spirit.

—Aesthetic

२. Wherever attempts at sheer newness in poetry were made, they merely ended in dead movements.

.........Criticism became more dogmatic and unreal, Poetry more eccentric and chastic.

—'A Survey of Modernist Poetry' by Laura Riding and Ropert Graues (1927)

इन नाना 'वादों' से ऊबकर लोग अब फिर साफ हवा में आना चाहते हैं। किसी कविता के संबंध में किसी 'वाद' का नाम लेना अब फैशन के खिलाफ माना जाने लगा है। अब कोई वादी समझे जाने में कवि अपना मान नहीं समझते।[1]

---

1. The modernist poet does not have to issue a programme declaring his intentions toward the reader or to issue an announcement of tactics. He does not have to call himself an individualist (as the Imagist poet did) or a mystic (as the poet of the Anglo-Irish dead movement did) or a naturalist (as the poet of the Georgian dead movement did).

—A Survey of Modernist Poetry by Laura Riding and Robert Graues (1927)

व्यावहारिकी

श्री वल्लभाचार्य के दार्शनिक सिद्धांत

वल्लभाचार्यजी विष्णुस्वामी के सिद्धांत के अनुयायी थे जिसका सम्यक् प्रतिपादन उन्होंने अपने अणुभाष्य आदि ग्रंथों द्वारा किया। विष्णुस्वामी एक द्रविड़ राजा के मंत्री के पुत्र थे। नाभाजी ने अपने भक्तमाल में विष्णुस्वामी की शिष्य-परंपरा में चार नाम दिए हैं—ज्ञानदेव, नामदेव, त्रिलोचन और वल्लभ। विष्णुस्वामी के दार्शनिक सिद्धांत का पूर्णतया निरूपण वल्लभाचार्यजी ने किया, अतः यह उन्हीं का सिद्धांत कहा जाता है। रामानुज से लेकर वल्लभाचार्य तक जितने भक्त, दार्शनिक या आचार्य हुए हैं सबका लक्ष्य शंकराचार्य के मायावाद या विवर्तवाद को हटाने का था जिसके भीतर उपासना या भक्ति, अविद्या या भ्रांति ही ठहरती थी।

शंकराचार्यजी ने निर्गुण और अव्यक्त को ही ब्रह्मलक्षण स्वीकार करके इस निरंतर बदलते रहनेवाले नामरूपात्मक जगत् को ब्रह्म की सत्ता से भिन्न केवल भ्रांत प्रतीति या माया कहा। जगत् की वास्तव सत्ता न होते हुए भी मन की जिस वृत्ति द्वारा उसकी सत्ता की प्रतीति होती है शंकर के अद्वैतवाद में वह विवर्त कही गई है। सर्प न होने पर भी रस्सी में उसके होने की जो मिथ्या प्रतीति होती है, वह विवर्त के कारण। इस विवर्तवाद की प्रतिष्ठा शंकर ने परिणामवाद के प्रतिषेध में की है। उनका कहना है कि ब्रह्म का पारमार्थिक स्वरूप नित्य, एक-रस और अविकारी है, उसका परिणाम या विकार (एक रूप से दूसरे रूप को प्राप्त होना) हो नहीं सकता। अतः ब्रह्म जगत् का उपादान कारण नहीं हो सकता। इसी प्रकार ब्रह्म सर्वकामनारहित, नित्य शुद्धबुद्ध मुक्त होकर निमित्त कारण भी नहीं हो सकता। ब्रह्म न कर्ता है न भोक्ता। शंकराचार्य ने उपनिषदों में कथित ईश्वर, सर्वज्ञ, सर्वशक्तिमान, सर्वकर्मा इत्यादि को ब्रह्म का पारमार्थिक रूप नहीं माना बल्कि अविद्यात्मक उपाधिविशिष्ट रूप कहा। इस प्रकार उन्होंने ब्रह्म के दो रूप बताए—एक नामरूपविकारभेदोपाधि-विशिष्ट या सगुण और दूसरा सर्वोपाधिविवर्जित या निर्गुण। इसी दूसरे निर्गुण निराकार और निर्विशेष (ऐब्सोल्यूट) को ही उन्होंने ब्रह्म का असली या पारमार्थिक रूप

स्वीकार किया।[1] सोपाधि या सगुणरूप को उन्होंने केवल व्यावहारिक अर्थात् उपासना के लिए माना।

वल्लभाचार्यजी ने उपनिषद् के वाक्यों और बादरायण के ब्रह्मसूत्रों को ही लेकर ब्रह्म को उभयलिंगयुक्त अर्थात् निर्गुण और सगुण दोनों माना। उन्होंने 'सर्ववाद' स्वीकार करके ब्रह्म में सब धर्म—मनुष्य की बुद्धि को परस्पर विरुद्ध जान पड़ते हुए धर्म—भी माने।[2] उनसे पूर्व निंबार्क ने भी यही पक्ष ग्रहण किया था। दोनों ने 'अरूप, अशब्द' इत्यादि निषेधवाचक श्रुतियों में इयत्ता का निषेध—इस बात का निषेध कि ब्रह्म सर्वरूप, सर्वकर्म इत्यादि ही है, आगे कुछ और नहीं—कहा। दोनों रूपों में जो विरोध दिखाई पड़ता है वह वास्तविक नहीं, विरोधाभास मात्र है। वल्लभाचार्यजी ने शंकरकृत व्यावहारिक और पारमार्थिक तथा सोपाधि निरुपाधि या सगुण निर्गुण का भेद उपनिषद् या ब्रह्मसूत्र द्वारा सिद्ध नहीं स्वीकार किया। उन्होंने कहा कि सारे श्रुति वाक्य के समन्वय के लिए बादरायण ने ब्रह्मसूत्रों की रचना की है और उन सूत्रों के आरंभ में जिज्ञासा के उपरांत 'जन्माद्यस्य यतः' (जिससे इस जगत् की उत्पत्ति, स्थिति और लय होता है) द्वारा जिस ब्रह्म का निर्देश किया है वह केवल निर्विशेष और निर्गुण नहीं हो सकता, सर्वशक्तिमान् और सर्वधर्मा ही हो सकता है। जब ब्रह्म सर्वकर्मा और सर्वशक्तिमान् ठहरा तब कारण रूप में सर्वकर्ता और सर्वभोक्ता भी वही है।

वल्लभाचार्यजी ने ब्रह्मसूत्र के 'आत्मकृतेः परिणामात् (१-४-२६)' को लेकर कहा कि यह सारी सृष्टि ब्रह्म की ही आत्मसृष्टि या आत्मकृति है। किस लिए? केवल लीला या खेल के लिए, जैसा कि बादरायण ने अपने 'लोकवतु लीलाकैवल्यम् (२-१-३३)' सूत्र में कहा है। जबकि अपने को सृष्टिरूप में परिणत करना और अपने को अंशरूप जीवों में बिखराना ब्रह्म की लीला मात्र है तब इस कर्तृत्व से उसके आनंद स्वरूप में किसी प्रकार की बाधा नहीं पड़ सकती। वह केवल आनंद का ही भोक्ता बना रहता है।

'उसने अपने को स्वयं किया', 'बहुत हो जाना चाहिए', 'एक मैं हूँ बहुत हो

१. द्विरूपं हि ब्रह्मावगम्यते; नामरूपविकारभेदोपाधिविशिष्टं; तद्विपरीतं च सर्वोपाधिविवर्जितम्।···

अपि च यत्र तु निरस्तसर्वविशेषं पारमेश्वरं रूपं उपदिश्यते, भवति तत्र शास्त्रम्।

—शारीरक भाष्य

२. वल्लभाचार्यजी ने 'उभयव्यपदेशात् अहिकुण्डलवत्' इस ब्रह्मसूत्र (३-२-२७) को लेकर कहा है—

यथा सर्पः ऋजुरनेकाकारः कुण्डलश्च भवति तथा ब्रह्मस्वरूप सर्वप्रकार भक्तेच्छया तथा स्फुरति।·········तस्मात् सकलविरुद्धधर्मा भगवत्येव वर्त्तन्त इति न कापि श्रुतिरूपचरितार्थेति सिद्धम्।

—अणुभाष्य।

जाऊँ'[1] आदि श्रुतियों का आशय लेकर, जिनसे ब्रह्म का कर्त्ता और कर्म दोनों होना ध्वनित होता है, ब्रह्मसूत्र में प्रकृति ब्रह्म से अलग नहीं कही गई है।[2] इस प्रकार ब्रह्म जगत् का निमित्त कारण और उपादान दोनों बताया गया है। शंकराचार्य ने यह सब कथन ईश्वर या सोपाधि ब्रह्म के संबंध में माना है। और आचार्यों ने भी ब्रह्म को परिणामी या विकारी होने से बचाया है। रामानुज और श्रीकंठ ने चिदचिद्विशिष्ट ब्रह्म के शरीर को उपादान कहा है, भास्कर और निंबार्क ने ब्रह्म की शक्ति को, विज्ञानभिक्षु ने प्रकृति को, जो ब्रह्म से अविभक्त है। विष्णुस्वामी और वल्लभाचार्य ने ही साहस के साथ सीधे ब्रह्म का ही परिणाम स्वीकार किया है। उन्होंने कहा है कि अक्षर (ब्रह्म) अपनी आविर्भाव तिरोभाव की अचिंत्य शक्ति से जगत् के रूप में परिणत भी होता है और उसके परे भी रहता है। ब्रह्म का यह परिणाम रूप अर्थात् जगत् असत् या मिथ्या नहीं है, यह भी सत् है। ब्रह्म के विकार या परिणाम नामरूप ब्रह्म से अनन्य हैं; उसी प्रकार जैसे मिट्टी के बने हुए घड़े आदि भिन्न भिन्न होने पर भी मिट्टी से अनन्य हैं; सोने के बने हुए कड़े, कुंडल इत्यादि गहने भिन्न भिन्न होने पर भी सोने से अनन्य हैं। कारण से बना हुआ कार्य उससे अनन्य होता है, मिथ्या नहीं होता।[3]

यहाँ तक तो ब्रह्म और जगत् का संबंध लेकर जो मतभेद है वह दिखाया गया। अब ब्रह्म और जीवात्मा का संबंध लेकर जो मतभेद है उसका उल्लेख किया जाता है। 'पादोऽस्य सर्वा भूतानि' इस वेदवाक्य का आशय 'अंशो नाना-व्यपदेशात्' इस ब्रह्मसूत्र में प्रकट किया गया है। 'शंकराचार्य' जी ने ब्रह्म को 'निष्कल' और 'निरवयव' बतानेवाले उपनिषद्वाक्यों को ही प्रमाण मानकर 'ब्रह्म' का अंश होना नहीं माना है और सूत्र के 'अंश' को 'अंश इव' के अर्थ में ग्रहण किया है। वल्लभाचार्य ने 'यथाग्नेः क्षुद्राः विस्फुलिंगाः' (जैसे अग्नि से छोटी छोटी चिनगारियाँ निकलती हैं वैसे ही ब्रह्म से जीव निकलते हैं) इस श्रुति और 'अंशो नानाव्यपदेशात्' इस सूत्र के अनुसार जीव को ब्रह्म का ही वास्तव

---

१. 'तदात्मानं स्वयमकुरुत', 'बहु स्यां प्रजायेय', 'एकोऽहं बहु स्याम्'।

२. 'प्रकृतिश्च प्रतिज्ञादृष्टानुपराधात्' (१-४-२२)।
'आत्मकृतेः परिणामात्' (१-४-२६)।

३. इस संबंध में श्रुति यह है—'तथा सोम्यैकेन मृत्पिण्डेन सर्वं मृण्मयं विज्ञातं स्याद्वा-चारंभणं विकारो नामधेयं मृत्तिकेत्येव सत्यम्'। उपनिषदों में कार्य कारण के अनन्यत्व के दृष्टांत इसी प्रकार के दिए गए हैं, पर शंकराचार्य ने अपनी ओर से भ्रांति या मिथ्यात्वसूचक दृष्टांत दिए हैं—जैसे मृगतृष्णा के जल का ऊसर मैदान से अनन्यत्व, सर्प का रज्जु से, रजत का शुक्ति से। इस पर वल्लभ ने कहा है—'तदनन्यत्वं प्रतीयते कार्यस्य कारणानन्यत्वं, न मिथ्यात्वम्'। वल्लभ ने कारण की सत्यता से कार्य की सत्यता मानी है। मिट्टी से अलग घड़े की सत्यता नहीं है, पर मूलतः मिट्टी होने में उसकी सत्यता है। जैनदर्शन में 'द्रव्य' और 'पर्याय' का संबंध इसी प्रकार कहा गया है।

अंश माना है।[1] विज्ञानभिक्षु ने भी जीव को वास्तव अंश माना है। रामानुज ने 'अंश' का अर्थ (ब्रह्मविशेष्य का) विशेषण लिया है और निंबार्क ने (शक्तिमान् ब्रह्म की) शक्ति।

इसी प्रकार जीवात्मा के स्वरूप को लेकर भी मतभेद है। शंकर ने जीवात्मा और ब्रह्म के स्वरूप में कोई भेद नहीं माना है। वे ब्रह्म के समान ही जीवात्मा को भी नित्य ज्ञानस्वरूप और विभु (सर्वव्यापी) मानते हैं। इसके विरुद्ध उपर्युक्त 'स्फुलिंग' के दृष्टांत तथा जीवात्मा की 'गति आगति' के उल्लेख को लेकर रामानुज, निंबार्क आदि भक्त आचार्यों ने जीवात्मा को अणुरूप माना है। वल्लभाचार्यजी ने भी अपने भाष्य में जीव के अणुत्व का ही प्रतिपादन किया है जिससे उनका भाष्य 'अणुभाष्य' कहलाता है। उनका मत है कि जीवात्मा जो कहीं कहीं विभु या ब्रह्म ही कहा गया है[2] वह ब्रह्म के साथ उनकी अनन्यता की दृष्टि से। जब जीव ज्ञान द्वारा ब्रह्मभाव को प्राप्त करता है अर्थात् ब्रह्मदशा में होता है तब वह अलबत्त विभु हो जाता है। यद्यपि जीवात्मा ब्रह्म से अनन्य है, पर ब्रह्म अधिक है यह भेद है।[3] इस प्रकार जीवात्मा एक ओर तो ब्रह्म से अनन्य है, दूसरी ओर भिन्न है। अनन्य वस्तु भिन्न हो सकती है। शंकर ने जीवात्मा को ज्ञानस्वरूप कहा है, पर वल्लभ ने ज्ञाता माना है।

शंकराचार्य ने जीवात्मा को ब्रह्म ही के समान अकर्ता, अभोक्ता माना है। उसके अनुसार कर्म करना और भोग करना दोनों औपाधिक या आविद्यक हैं। उनका कहना है कि कर्तृत्व यदि जीवात्मा में स्वाभाविक हो तब तो वह जीवात्मा से उसी प्रकार कभी अलग ही नहीं हो सकता जैसे ताप अग्नि से कभी अलग नहीं हो सकता और जीव का मोक्ष असंभव हो जायगा। कर्तृत्व दुःखरूप है, अतः वह दुःख में ही पड़ा रहेगा। वल्लभाचार्य का यह उत्तर है कि कर्म सदा दुःखरूप हो, यह आवश्यक नहीं। कर्म दुःखमय तब होता है जब वह अभिमानपूर्वक किया जाता है कि 'मैं कर रहा हूँ'। ब्रह्मविद् जो कर्म करता है वह अपने को कर्ता मानकर नहीं, ब्रह्म को असली कर्ता मानकर।[4] इस प्रकार उसके सारे कर्म ब्रह्म को अर्पित हो जाते हैं। व्यक्तिगत सत्ता का लोकसत्ता में लय हो जाने से प्रिय अप्रिय की परिमित भावना का परिहार हो जाता है। इस दशा को प्राप्त जीव कर्ता और

---

१. विस्फुलिंगा इवाग्नेर्हि जडजीवा विनिर्गताः।
सर्वतो पाणिपादान्तात् सर्वतोऽक्षि शिरोमुखात्॥
निरिन्द्रियात् स्वरूपेण तादृशादिति निश्चयः।
सदंशेन जडाः पूर्वं चिदंशेनेतरे अपि॥
अन्यधर्मतिरोभावान्मूलेच्छातोऽस्वतंत्रिणः।

२. जैसे 'तत्त्वमसि' आदि महावाक्यों में।

३. अधिकं तु भेदनिर्देशात् (ब्रह्मसूत्र २-१-१८)।

४. परात् तु तच्छ्रुतेः (२-३-४१) अर्थात् जीव का कर्तृत्व परब्रह्म ही से है।

दुःख से परे रहता है।

दर्शन के क्षेत्र में वल्लभाचार्यजी की सबसे गहरी पहुँच उनके आविर्भाव-तिरोभाव के प्रखर सिद्धांत में दिखाई पड़ती है। वह सिद्धांत यह है। अक्षर ब्रह्म अपने सत्, चित् और आनंद इन तीनों स्वरूपों का आविर्भाव और तिरोभाव करता रहता है। तीनों स्वरूपों का प्रकाश तीन भिन्न भिन्न शक्तियों से होता है—'सत्' का प्रकाश 'संधिनी' से, 'चित्' का 'संवित्' से और 'आनंद' का 'ह्लादिनी' से। पुरुषोत्तम (ब्रह्म) में ये तीनों शक्तियाँ अनावृत रहती हैं, अर्थात् सत्, चित् और आनंद तीनों स्वरूपों का प्रकाश रहता है। जीव में 'संधिनी' और 'संवित्' अनावृत रहती हैं और 'ह्लादिनी' आवृत रहती है—अर्थात् 'सत्' और 'चित्' का आविर्भाव रहता है और 'आनंद' का तिरोभाव। जड़ में केवल 'संधिनी' अनावृत रहती है और 'संवित्' और 'ह्लादिनी' दोनों आवृत रहती हैं—अर्थात् केवल 'सत्' का आविर्भाव रहता है और 'चित्' और 'आनंद' का तिरोभाव। इस व्यवस्था के अनुसार न तो ब्रह्म ही को ग्रस्त करनेवाली उससे अन्य कोई दूसरी वस्तु माया है और न जीवात्मा को ही। जीवात्मा भी वस्तुतः ब्रह्म ही है जिसमें 'आनंदस्वरूप' आवृत रहता है। इस प्रकार आत्मा और परमात्मा के शुद्ध अद्वैतभाव का प्रदिपादन करने से वल्लभाचार्यजी का सिद्धांत 'शुद्धाद्वैतवाद' कहलाता है।

वल्लभाचार्य जी के आविर्भाव तिरोभाव सिद्धांत के लिए ब्रह्मसूत्रों में संकेत मिलता है; जैसे, जीव का ब्रह्म स्वरूप ब्रह्म के अभिध्यान से तिरोहित रहता है; ब्रह्म की प्राप्ति होने पर उसका आविर्भाव होता है। पर इस सिद्धांत को वल्लभ ही ने पूर्ण रूप से पल्लवित किया। इस आविर्भाव तिरोभाव का स्वतंत्र रीति से विचार करने पर प्रकट होता है कि अस्तित्व, ज्ञान और हृदय तीनों बातें वल्लभ ने पुरुषोत्तम या ब्रह्म में मानी हैं। मनुष्य में भी ये तीनों बातें—बहुत थोड़े परिणाम में सही—पाई जाती हैं। मनुष्य भी अपने हृदय द्वारा आनंद का थोड़ा बहुत अनुभव करता है। फिर वल्लभाचार्यजी ने जीवात्मा में 'आनंद' को तिरोहित क्यों कहा? 'आनंद' से उनका अभिप्राय उस निरपेक्ष आनंद का है जो ब्रह्मदशा में ही प्राप्त हो सकता है, जब कि जगत् के सारे व्यापार खेल या लीला के रूप में ही दिखाई पड़ने लगते हैं और उनमें से किसी के कारण दुःख का संपर्क नहीं होता। पर जीवात्मा में 'सत्' और 'चित्' का जो अनावृत होना उन्होंने कहा है वह पूर्ण अनावरण या प्रकाश नहीं कहा जा सकता। 'सत्' और 'चित्' का अंशतः प्रकाश ही ब्रह्मांश जीव में कहा जा सकता है। अतः उसमें 'आनंद' का भी अंशतः प्रकाश मानने में कोई बाधा नहीं प्रतीत होती। उपर्युक्त ब्रह्मदशा के निरपेक्ष आनंद के ढंग का आनंद भी जीव को भगवान् की लीला, मनोहर काव्य आदि के श्रवण से प्राप्त होता देखा जाता है। इस दृष्टि से सत्, चित् और आनंद तीनों का अंशतः प्रकाश मनुष्य में कहा जाए तो असंगत न होगा।

सूरदास का शृंगार वर्णन

सूर के प्रेम की उत्पत्ति में रूपलिप्सा और साहचर्य दोनों का योग है। बालक्रीड़ा के सखा सखी आगे चलकर यौवनक्रीड़ा के सखा सखी हो जाते हैं। गोपियों ने उद्धव से साफ कहा—'लरिकाई को प्रेम कहो अलि, कैसे छूटै ?' केवल एक साथ रहते रहते भी दो प्राणियों में स्वभावत: प्रेम हो जाता है ? कृष्ण एक तो बाल्यावस्था से ही गोपियों के बीच रहे, दूसरे सुंदरता में भी अद्वितीय थे। अत: गोपियों के प्रेम का क्रमश: विकास दो प्राकृतिक शक्तियों के प्रभाव से होने के कारण बहुत ही स्वाभाविक प्रतीत होता है। बालक्रीड़ा इस प्रकार क्रमश: यौवनक्रीड़ा के रूप में परिणत होती गई है कि संधि का पता ही नहीं चलता। रूप का आकर्षण बाल्यावस्था से ही आरंभ हो जाता है। राधा और कृष्ण के विशेष प्रेम की उत्पत्ति सूर ने रूप के आकर्षण द्वारा ही कही है।

खेलन हरि निकले ब्रज खोरी।
गए श्याम रवि तनया के तट अंग लसति चंदन की खोरी।
औचक ही देखी तहँ राधा, नैन बिसाल भाल दिए रोरी।
सूर श्याम देखत ही रीझे, नैन नैन मिलि परी ठगोरी॥

बूझत श्याम, कौन तू गोरी।
'कहाँ रहति, काकी तू बेटी ? देखी नाहिं कहूँ ब्रज खोरी'।
'काहे को हम ब्रज तन आवति खेलति रहति आपनी पोरी।
सुनति रहति श्रवनन नंद ढोटा करत रहत माखन दधि चोरी'।
'तुम्हरो कहा चोरि हम लैहैं ? खेलन चलो संग मिलि जोरी।
सूरदास प्रभु रसिक सिरोमनि बातन भुरइ राधिका भोरी'॥

इस खेल ही में इतनी बड़ी बात पैदा हो गई, जिसे प्रेम कहते हैं। प्रेम का आरंभ उभय पक्ष में सम है। आगे चलकर कृष्ण के मथुरा चले जाने पर उसमें कुछ विषमता दिखाई पड़ती है। कृष्ण यद्यपि गोपियों को भूले नहीं हैं, उद्धव के मुख से उनका वृत्तांत सुनकर वे आँखों में आँसू भर लाते हैं, पर गोपियों ने जैसा वेदनापूर्ण उपालंभ दिया है, उससे अनुराग की कमी ही व्यंजित होती है।

शृंगार और वात्सल्य के क्षेत्र में सूर की समता को और कोई कवि नहीं पहुँचा है। शृंगार के संयोग और वियोग दोनों पक्षों का इतना प्रचुर विस्तार और किसी कवि में नहीं मिलता। वृंदावन में कृष्ण और गोपियों का संपूर्ण जीवन क्रीड़ामय है और वह संपूर्ण क्रीड़ा संयोगपक्ष है। उसके अंतर्गत विभावों की परिपूर्णता, कृष्ण और राधा के अंगप्रत्यंग की शोभा के अत्यंत प्रचुर और चमत्कारपूर्ण वर्णन में तथा वृंदावन के करील कुंजों, लोनी लताओं, हरेभरे कछारों, खिली हुई चाँदनी, कोकिलकूजन आदि में देखी जाती है। अनुभावों और संचारियों का इतना बाहुल्य कहाँ मिलेगा। सारांश यह कि संयोगसुख के जितने प्रकार के क्रीड़ाविधान हो सकते हैं, वे सब सूर ने लाकर इकट्ठे कर दिए हैं। यहाँ तक कि कुछ ऐसी बातें भी आ गई हैं—जैसे कृष्ण के कंधे पर चढ़कर फिरने का राधा का आग्रह—जो कम रसिक लोगों को अरुचिकर स्त्रैणता प्रतीत होगी।

सूर का संयोगवर्णन एक क्षणिक घटना नहीं है, प्रेम संगीतमय जीवन की एक गहरी चलती धारा है, जिसमें अवगाहन करनेवाले को दिव्य माधुर्य के अतिरिक्त और कहीं कुछ नहीं दिखाई पड़ता। राधाकृष्ण के रंग रहस्य के इतने प्रकार के चित्र सामने आते हैं कि सूर का हृदय प्रेम की नाना उमंगों का अक्षय भांडार प्रतीत होता है। प्रेमोदयकाल की विनोदवृत्ति और हृदय प्रेरित हावों की छटा चारों ओर छलकी पड़ती है। राधा और कृष्ण का गाय चराते समय वन में भी साथ हो जाता है, एक दूसरे के घर आने जाने भी लगे हैं, इसलिए ऐसी बातें नित्य न जाने कितनी हुआ करती हैं—

करि ल्यो न्यारी, हरि, आपनि गैया।
नहिंन बसात लाल कछु तुमसों, सबै ग्वाल इक ठैंया।

धेनु दुहत अति ही रति बाढ़ी।
एक धार दोहनि पहुँचावत, एक धार जहँ प्यारी ठाढ़ी।
मोहनकर तें धार चलति पय मोहनी मुख अति छवि बाढ़ी।।

तुम पै कौन दुहावै गैया ?
इत चितवत, उत धार चलावत, एहि सिखयो है मैया ?

यशोदा के इस कथन का कि बार बार तू यहाँ क्यों उत्पात मचाने आती राधा जो उत्तर देती है उसमें प्रेम के आविर्भाव की कैसी सीधीसादी और भोली-भाली व्यंजना है—

बार बार तू ह्यां जनि आवै।
'मैं कहा करौं सुतहि नहिं बरजति, घर तें मोहिं बुलावै।

मोसों कहत तोहि बिनु देखे रहत न मेरो प्रान।
छोह लगत मोको सुनि बानी, महरि! तिहारी ग्रान'।।

प्रेम नाम की मनोवृत्ति का जैसा विस्तृत और पूर्ण परिज्ञान सूर को था, वैसा और किसी कवि को नहीं। इनका सारा संयोगवर्णन लंबी चौड़ी प्रेमचर्या है जिसमें आनंदोल्लास के न जाने कितने स्वरूपों का विधान है। रासलीला, दानलीला, मानलीला इत्यादि सब उसी के अतर्भूत हैं। पीछे कवि ने एक 'अष्टयाम' रचकर प्रेमचर्या दिखाने का प्रयत्न किया; पर वह अधिकतर एक घर के भीतर के भोगविलास की कृत्रिम दिनचर्या के रूप में है। उसमें न तो वह अनेकरूपता है न प्राकृतिक जीवन की वह उमंग।

आलंबन की रूपप्रतिष्ठा के लिये कृष्ण के अंगप्रत्यंग का सूर ने जो सैकड़ों पदों में वर्णन किया है, वह तो किया ही है, आश्रय पक्ष में नेत्र व्यापार और उसके अद्भुत प्रभाव पर एक दूसरी ही पद्धति पर बड़ी ही रम्य उक्तियाँ और बहुत अधिक हैं। रूप को हृदय तक पहुँचानेवाले नेत्र ही हैं। इससे हृदय की सारी आकुलता, अभिलाषा और उत्कंठा का दोष इन्हीं रूपवाहकों के सिर मढ़कर सूर ने इनके प्रभावप्रदर्शन के लिए बड़े अनूठे ढंग निकाले हैं। कहीं इनकी न बुझनेवाली प्यास की परेशानी दिखाई है; कहीं इनकी चपलता और निरंकुशता पर इन्हें कोसा है; पीछे बिहारी, रामसहाय, रसलीन और रसनिधि ने भी इस पद्धति का बहुत कुछ अनुकरण किया, पर यहाँ तो भांडार भरा हुआ है। इस प्रकार के नेत्र-व्यापार वर्णन आश्रय पक्ष और आलंबन पक्ष दोनों में होते हैं। सूर ने आश्रय पक्ष में ही इस प्रकार के वर्णन किए हैं; जैसे—

मेरे नैना बिरह की बेलि बई।
सींचत नीर नैन के सजनी मूल पताल गई।
बिगसति लता सुभाय ग्रापने, छाया सघन भई।
ग्रब कैसे निरुवारौं, सजनी! सब तन पसरि छई।।

आलंबन पक्ष में सूर के नेत्रवर्णन उपमा उत्प्रेक्षा आदि से भरी रूपचित्रण की शैली पर ही हैं; जैसे—

देखि, री! हरि के चंचल नैन।
खंजन मीन मृगज चपलाई नहिं पटतर एक सैन।
राजिवदल, इंदीवर, शतदल कमल कुशेशय जाति।
निसि मुद्रित, प्रातहि वै बिगसत, ये बिगसत दिन राति।
ग्ररुन ग्रसित सित झलक पलक प्रति को बरनै उपमाय।
मनौ सरस्वती गंग जमुन मिलि ग्रागम किन्ही ग्राय।

आलंबन में स्थित नेत्र क्या करते हैं; इसका वर्णन सूर ने बहुत ही कम किया है। पिछले कुछ कवियों ने इस पक्ष में भी चमत्कारपूर्ण उक्तियाँ कही हैं। जैसे—सूर ने तो 'अरुन, असित सित झलक' पर गंगा, यमुना और सरस्वती की उत्प्रेक्षा की है, पर गुलाम नबी (रसलीन) ने उसी झलक की यह करतूत दिखाई है—

अमिय हलाहल मद भरे स्वेत, स्याम, रतनार।
जियत, मरत, झुकि झुकि परत जेहि चितवत एक बार।

मुरली पर कही हुई उक्तियाँ भी ध्यान देने योग्य हैं; क्योंकि उनसे प्रेम की सजीवता टपकती है। यह वह सजीवता है, जो भरे हुए हृदय से छलककर निर्जीव वस्तुओं पर भी अपना रंग चढ़ाती है। गोपियों की छेड़छाड़ कृष्ण ही तक नहीं रहती, उनकी मुरली तक भी—जो जड़ और निर्जीव है—पहुँचती है। उन्हें वह मुरली कृष्ण के संबंध से कभी इठलाती, कभी चिढ़ाती और कभी प्रेमगर्व दिखाती जान पड़ती है उसी संबंध भावना से वे उसे कभी फटकारती हैं, कभी उसका भाग्य सराहती हैं और कभी उससे ईर्ष्या प्रकट करती हैं—

माई री! मुरली अति गर्व काहू बदति नहिं आज।
हरि के मुख कमल देखु पायो सुखराज॥
मुरली तऊ गोपालहि भावति।
सुन, री सखि! जदपि नँदनंदहि नाना भाँति नचावति।
राखति एक पायँ ठाढ़े करि, अति अधिकार जनावति।
आपुन पौढ़ि अधर सज्जा पर कर पल्लव सों पद पलुटावति।
भृकुटी कुटिल, कोप नासापुट हम पर कोपि कँपावति॥

हृदय के पारखी सूर ने संबंधभावना की शक्ति का अच्छा प्रसार दिखाया है। कृष्ण के प्रेम ने गोपियों में इतनी सजीवता भर दी है कि कृष्ण क्या कृष्ण की मुरली तक से छेड़छाड़ करने को उनका जी चाहता है। हवा से लड़नेवाली स्त्रियाँ देखी नहीं, तो कम से कम सुनी बहुतों ने होंगी, चाहे उनकी जिंदादिली की कद्र न की हो। मुरली के संबंध में कहे हुए गोपियों के वचन से दो मानसिक तथ्य उपलब्ध होते हैं—आलंबन के साथ किसी वस्तु की संबंधभावना का प्रभाव तथा अत्यत अधिक या फालतू उमंग के स्वरूप। मुरली संबंधिनी उक्तियों में प्रधानता पहली बात की है, यद्यपि दूसरे तत्त्व का भी मिश्रण है। फालतू उमग के बहुत अच्छे उदाहरण उस समय देखने में आते हैं, जब कोई स्त्री अपने प्रिय को कुछ दूर पर देख कभी ठोकर खाने पर कंकड़ पत्थर को दो चार मीठी गालियाँ सुनाती है, कभी रास्ते में पड़ती हुई पेड़ की टहनी पर भ्रभंग सहित झुँझलाती है और कभी अपने किसी साथी को यों ही ढकेल देती है।

यह सूचित करने की आवश्यकता तो कदाचित् न हो कि रूप पर मोहित होना, दर्शन के लिए आकुल रहना, वियोग में तड़पना आदि गोपियों के पक्ष में जितना कहा गया है उतना कृष्ण पक्ष में नहीं। यह यहाँ के शृंगारी कवियों की—विशेषत: फुटकल पद्य रचनेवालों की—सामान्य प्रवृत्ति ही रही है। तुल्यानुराग होने पर भी स्त्रियों की प्रेमदशा या कामदशा का वर्णन करने में ही यहाँ के कवियों का मन अधिक लगा है। पुराने प्रबंधकाव्यों में तो यह भेद उतना लक्षित नहीं होता, पर पीछे के काव्यों में वह स्पष्ट झलकता है। वाल्मीकिजी ने रामायण में सीताहरण के उपरांत राम और सीता दोनों वियोगदु:ख वर्णन में प्राय: समान ही शब्द व्यय किया है। कालिदास ने मेघदूत का आरंभ यक्ष की विरहावस्था से करके उत्तर मेघ में यक्षिणी के विरह का वर्णन किया है। उनके नाटकों में भी प्राय: यही बात पाई जाती है, अत: मेरी समझ में शृंगार में नायिका की प्रेमदशा या विरहदशा का प्राधान्य श्रीमद्‌भागवत और ब्रह्मवैवर्तपुराण की कृष्णलीला के अधिकाधिक प्रचार के साथ हुआ, जिसमें एक ओर तो अनंत सौंदर्य की स्थापना की गई और दूसरी ओर स्वाभाविक प्रेम का उदय दिखाया गया।

पुरुष आलंबन हुआ और स्त्री आश्रय। जनता के बीच प्रेम के इस स्वरूप ने यहाँ तक प्रचार पाया कि क्या नगरों में, क्या ग्रामों में सर्वत्र प्रेम के गीतों के नायक कृष्ण हुए और नायिका राधा। 'बनवारी' या 'कन्हैया' नायक का एक सामान्य नाम सा हो गया। दिल्ली के पिछले बादशाह मुहम्मदशाह रँगीले तक को होली के दिनों में 'कन्हैया' बनने का बहुत शौक हुआ करता था।

और देशों की फुटकल शृंगारी कविताओं में प्रेमियों के ही विरह आदि के वर्णन की प्रधानता देखी जाती है। जैसे एशिया के अरब, फारस आदि देशों में वैसे ही यूरोप के इटली आदि काव्यसंगीतप्रिय देशों में भी यही पद्धति प्रचलित रही। इटली में पीट्रार्क की शृंगारी कविता एक प्रेमिक के हृदय का उद्‌गार है। भारत मे कृष्णकथा के प्रभाव से नायक के आकर्षक रूप में प्रतिष्ठित होने से पुरुषों की प्राधान्य वासना की अधिक तृप्ति हुई। आगे चलकर पुरुषत्व पर इसका कुछ बुरा प्रभाव भी पड़ा। बहुतेरे शौर्य पराक्रम आदि पुरुषोचित गुणों से मुंह मोड़ 'चटक मटक लटक' लाने में लगे—बहुत जगह तो माँगपट्टी, सुरमे, मिस्सी तक की नौबत पहुँची। यूरोप में, जहाँ स्त्री प्रधान आकर्षक के रूप में प्रतिष्ठित हुई, इसका उलटा हुआ। वहाँ स्त्रियों के बनाव, सिंगार और पहनावे के खर्च के मारे पुरुषों के नाकों दम हो गया।

सूर के संयोग वर्णन की बात हो चुकी। इनका विप्रलंभ भी ऐसा ही विस्तृत और व्यापक है। वियोग की जितनी अंतर्दशाएँ हो सकती हैं, जितने ढंगों से उन दशाओं का साहित्य में वर्णन हुआ है और सामान्यत: हो सकता है, वे उसके भीतर मौजूद हैं। आरंभ वात्सल्य रस के वियोगपक्ष से हुआ है। कृष्ण के मथुरा न लौटने पर नंद और यशोदा दु:ख के सागर में मग्न हो गए हैं। अनेक दु:खात्मक

भावतरंगें उनके हृदय में उठती हैं। कभी यशोदा नंद से खीभकर कहती है—

छाँड़ि सनेह चले मथुरा, कत दौरि न चीर गह्यो ।
फाटि न गई बज्र की छाती, कत यह सूल सह्यो ॥

इस पर नंद यशोदा पर उलट पड़ते हैं—

तब तू मारिबोई करति ।
रिसनि आगे कहे जो आवत, अब लै भाँड़े भरति ।
रोस कै कर दाँवरी लै फिरति घर घर धरति ।
कठिन हिय करि तब जो बाँध्यो, अब बृथा करि मरति ॥

यह 'झुँझलाहट' वियोगजन्य है, प्रेमभाव के ही अंतर्गत है और कितनी स्वाभाविक है! सुख शांति के भंग का कैसा यथातथ्य चित्र है।

आगे देखिए, गहरी 'उत्सुकता' और 'अधीरता' के बीच 'विरक्ति' (निर्वेद) और तिरस्कारमिश्रित 'खिझलाहट' का यह मेल कैसा अनूठा उतरा है। यशोदा नंद से कहती हैं—

नंद ! ब्रज लीजै ठोकि बजाय ।
देहु बिदा मिलि जाहि मधुपुरी जहँ गोकुल के राय ॥

'ठोकि बजाय' में कितनी व्यंजना है! 'तुम अपना ब्रज अच्छी तरह सँभालो; तुम्हें इसका गहरा लोभ है; मैं जाती हूँ।' एक एक वाक्य के साथ हृदय लिपटा हुआ आता दिखाई दे रहा है। एक वाक्य दो दो तीन तीन भावों से लदा हुआ है। श्लेष आदि कृत्रिम विधानों से मुक्त ऐसा ही भावगुरुत्व हृदय को सीधे जाकर स्पर्श करता है। इसे भावशवलता कहें या भावपंचामृत; क्योंकि एक ही वाक्य 'नंद ! ब्रज लीजै ठोकि बजाय' में कुछ निर्वेद, कुछ तिरस्कार और कुछ अमर्ष इन तीनों की मिश्र व्यंजना—जिसे शवलता ही कहने से संतोष नहीं होता—पाई जाती है। शवलता के प्रदत्त उदाहरणों मे प्रत्येक भाव अलग शब्दों या वाक्यों द्वारा निर्दिष्ट किया जा सकता है; पर उक्त वाक्य में यह बात नहीं है।

ग्वाल और सखाओं की भी यही दशा हो रही है। कभी वे व्याकुल अधीर होते हैं, कभी कृष्ण की निष्ठुरता पर क्षुब्ध होकर कहते हैं—

भए हरि मधुपुरी राजा, बड़े बंस कहाय ।
सूत मागध बदत बिरुदहि बरनि बसुद्यौ तात ।
राजभूषन अंग भ्राजत, अहिर कहत लजात ॥

वियुक्त प्रिय पुत्र के सुख के अनिश्चय की 'शंका' तक न पहुँचती हुई भावना

'दीनता' और क्षोभजन्य 'उदासीनता' किस प्रकार इन वचनों से टपक रही है—

सँदेसो देवकी सों कहियो ।
हौं तो धाय तिहारे सुत की, कृपा करति हीं रहियो ।
तुम तो टेव जानतिहि ह्वै हो, तऊ मोहि कहि आवै ।
प्रात उठत मेरे लाल लड़ैतहि माखन रोटी भावै ।

कृष्ण राजभवन में जा पहुँचे हैं, यह जानते हुए भी यशोदा के प्रेमपूर्ण हृदय में यह बात जल्दी नहीं बैठती कि कृष्ण के सुख का ध्यान जितना वे रखती थीं उतना संसार में और भी कोई रख सकता है। रसमग्न हृदय ही ऐसी दशाओं का अनुभव कर सकता है। केवल उदाहरण की लीक पीटने वालों के भाग्य में यह बात कहाँ !

आगे चलकर गोपियों की वियोगदशा का जो धाराप्रवाह वर्णन है उसका तो कहना ही क्या है । न जाने कितनी मानसिक दशाओं का संचार उसके भीतर है। कौन गिना सकता है ? संयोग और वियोग दो अंग होने से शृंगार की व्यापकता बहुत अधिक है। इसी से वह रसराज कहलाता है। इस दृष्टि से यदि सूरसागर को हम रससागर कहें तो बेखटके कह सकते हैं। कृष्ण के चले जाने पर सायं प्रभात तो उसी प्रकार होते हैं, पर 'मदन गोपाल बिना या तन की सबै बात बदली'। व्रज में पहले सायंकाल में जो मनोहर दृश्य देखने में आया करता था वह अब बाहर नहीं दिखाई पड़ता; पर मन से उसकी 'स्मृति' नहीं जाती—

एहि बेरियाँ बन तें ब्रज आवते ।
दूरहिं तें वह बेनु अधर धरि बारंबार बजावते ।।

संयोग के दिनों में आनंद की तरंगें उठानेवाले प्राकृतिक पदार्थों को वियोग के दिनों में देखकर जो दुःख होता है उसकी व्यंजना के लिए कवियों के उपालंभ की चाल बहुत दिनों से चली आती है। चंद्रोपालंभ संबंधिनी बड़ी सुंदर कविताएँ संस्कृत साहित्य में हैं। देखिए, सागरमंथन के समय चंद्रमा को निकालनेवालों तक, इस उपालंभ में, किस प्रकार गोपियाँ अपनी दृष्टि दौड़ाती हैं—

या बिनु होत कहा अब सूनो ?
लै किन प्रगट कियो प्राची दिसि, बिरहिनि को दुख दूनो ?
सब निरदय सुर, असुर, शैल सखि ! सायर सर्प समेत ।
धन्य कहौ वर्षा ऋतु, तमचुर और कमलन को हेत ।
जुग जुग जीवैं जरा बापुरी मिलै राहु अरु केत ।।

इसी पद्धति के अनुसार वे वियोगिनी गोपियाँ अपने उजड़े हुए नीरस जीवन

के मेल में न होने के कारण वृंदावन के हरेभरे पेड़ को कोसती हैं—

मधुबन ! तुम कत रहत हरे ?
बिरह बियोग श्यामसुंदर के ठाढ़े क्यों न जरे ?
तुम हौ निलज, लाज नहिं तुमको फिर सिर पहुप धरे ।
ससा स्यार औ बन के पखेरू धिक धिक सबन करे ।
कौन काज ठाढ़े रहे बन में, काहे न उकठि परे ?

इसी प्रकार रात उन्हें साँपिन सी लग रही है। साँपिन की पीठ काली और पेट सफेद होता है। ऐसा प्रसिद्ध है कि वह काटकर उलट जाती है जिससे सफेद भाग ऊपर हो जाता है। बरसात की अँधेरी रात में कभी कभी बादलों के हट जाने से जो चाँदनी फैल जाती है वह ऐसी ही लगती है—

पिया बिनु साँपिन कारी राति ।
कबहुँ जामिनी होति जुन्हैया डसि उलटी ह्वै जाति ॥

इस पद पर न जाने कितने लोग लट्टू हैं !

सूरदासजी का विरह स्थल जिस प्रकार घर की चारदीवारी के भीतर तक ही न रहकर यमुना के हरेभरे कछारों, करील के कुंजों और वनस्थलियों तक फैला है, उसी प्रकार उनका विरहवर्णन भी 'बैरिन भईं रतियाँ' और 'साँपिन भईं सेजिया' तक ही न रहकर प्रकृति के खुले क्षेत्र के बीच दूर दूर तक पहुँचता है। मनुष्य के आदिम वन्य जीवन के परंपरागत मधुर संस्कार को उद्दीप्त करने वाले इन शब्दों में कितना माधुर्य है—**एक बन ढूंढ़ि सकल बन ढूंढ़ौं, कतहूँ न श्याम लहौं ।** ऋतुओं का आना जाना उसी प्रकार लगा है। प्रकृति पर उनका रंग वैसा ही चढ़ता उतरता दिखाई पड़ता है। भिन्न भिन्न ऋतुओं की वस्तुएँ देख जैसे गोपियों के हृदय में मिलने की उत्कंठा उत्पन्न होती है वैसे ही कृष्ण के हृदय में क्यों नहीं उत्पन्न होती ? जान पड़ता है कि ये सब उधर जाती ही नहीं, जिधर कृष्ण बसते हैं। सब वृंदावन में ही आ आकर अपना अड्डा जमाती हैं—

मानौ, भाई ! सबन्ह इहै ही भावत ।
अब वहि देश नंदनंदन को कोउ न समौ जनावत ।
धरत न बन नवपत्र, फूल, फल पिक बसंत नहिं गावत ।
मुदित न सर सरोज अलि गुंजत, पवन पराग उड़ावत ।
पावस बिबिध बरन बर बादर उठि नहिं अंबर छावत ।
चातक मोर चकोर सोर करैं, दामिनि रूप दुरावत ॥

अपनी अंतर्दशा को ऋतुसुलभ व्यापारों के बीच बिंबप्रतिबिंब रूप में देखना

भावमग्न अंतःकरण की एक विशेषता है। इसके वर्णन में प्रस्तुत अप्रस्तुत का भेद मिट सा जाता है। ऐसे वर्णन पावस के प्रसंग में सूर ने बहुत अच्छे किए हैं। 'निसि दिन बरसत नैन हमारे' बहुत प्रसिद्ध पद है। विरहोन्माद में भिन्न भिन्न प्रकार की उठती हुई भावनाओं से रंजित होकर एक ही वस्तु कभी किसी रूप में दिखाई पड़ती है, कभी किसी रूप में। उठते हुए बादल कभी तो ऐसे भीषण रूप में दिखाई पड़ते हैं—

देखियत चहुँ दिसि तें घन घोरे।
मानौ मत्त मदन के हथियन बल करि बंधन तारे।
कारे तन प्रति चुवत गंड मद, बरसत थोरे थोरे।
रुकत न पवन बहावत हू पै, मुरत न अंकुस मोरे ।।

कभी अपने प्रकृत लोकसुखदायक रूप में ही सामने आते हैं और कृष्ण की अपेक्षा कहीं दयालु और परोपकारी लगते हैं—

बरु ये बदराऊ बरसन आए।
अपनी अवधि जानि, नंदनंदन ! गरजि गगन घन छाए।
कहियत है सुरलोक बसत, सखि ! सेवक सदा पराए।
चातक कुल की पीर जानि कै, तेउ तहाँ ते छाए।
तृण किए हरित, हरषि बेली मिलि, दादुर मृतक जिवाए ।।

'बरु' और 'बदराऊ' के 'ऊ' में कैसी व्यंजना है ! 'बादल तक'—जो जड़ समझे जाते हैं—आश्रितों के दुःख से द्रवीभूत होकर आते हैं।

प्रिय के साथ कुछ रूपसाम्य के कारण वे ही मेघ कभी प्रिय लगने लगते हैं—

आजु घन श्याम की अनुहारि।
उनै आए सवरे ते सजनी ! देखि, रूप की आरि।
इंद्रधनुष मनो नवल बसन छबि, दामिनि दसन बिचारि।
जनु बग पाँति माल मोतिन की चितवत हितहि निहारि ।।

इसी प्रकार पपीहा कभी तो अपनी बोली के द्वारा प्रिय का स्मरण कराकर दुःख बढ़ाता हुआ प्रतीत होता है और वह फटकार सुनाता है—

हौं तो मोहन के विरह जरी, रे तू कत जारत !
रे पापी तू पंखि पपीहा ? 'पिउ पिउ पिउ' अधिराति पुकारत।
सब जग सुखी दुखी तू जल बिनु तऊ न तन की बिथहि बिचारत।
सूरश्याम बिनु ब्रज पर बोलत, हठि अगिलोऊ जनम बिगारत।

और कभी समदु:खभोगी के रूप में अत्यंत सुहृद् जान पड़ता है और समान प्रेम व्रत पालन के द्वारा उनका उत्साह बढ़ाता प्रतीत होता है—

बहुत दिन जीवौ पपिहा प्यारो ।
बासर रैनि नाँव लै बोलत, भयौ बिरह जुर कारो ।
आपु दुखित पर दुखित जानि जिय चातक नाम तिहारो ।
देखौ सकल विचारि, सखो ! जिय बिछुरन को दुख न्यारो ।
जाहि लगै सोई पै जाने प्रेम बान अनियारो ।
सूरदास प्रभु स्वाति बूंद लगि, तज्यो सिंधु करि खारो ।।

काव्यजगत् की रचना करने वाली कल्पना इसी को कहते हैं । किसी भावोद्रेक द्वारा परिचालित अंतर्वृत्ति जब उस भाव के पोषक स्वरूप गढ़कर या काट छांटकर सामने रखने लगती है तब हम उसे सच्ची कविकल्पना कह सकते हैं ।

तुलसी की भावुकता

प्रबंधकार कवि की भावुकता का सबसे अधिक पता यह देखने से चल सकता है कि वह किसी आख्यान के अधिक मर्मस्पर्शी स्थलों को पहचान सका है या नहीं। राम कथा के भीतर से स्थल अत्यंत मर्मस्पर्शी हैं—राम का अयोध्या त्याग और पथिक के रूप में वनगमन; चित्रकूट में राम और भरत का मिलन; शबरी का आतिथ्य; लक्ष्मण को शक्ति लगने पर राम का विलाप; भरत की प्रतीक्षा। इन स्थलों को गोस्वामीजी ने अच्छी तरह पहचाना है; इनका उन्होंने अधिक विस्तृत और विशद वर्णन किया है।

एक सुंदर राजकुमार के—छोटे भाई और स्त्री को लेकर घर से निकलने और वन वन फिरने से अधिक मर्मस्पर्शी दृश्य क्या हो सकता है? इस दृश्य का गोस्वामीजी ने मानस, कवितावली और गीतावली तीनों में अत्यंत सहृदयता के साथ वर्णन किया है। गीतावली में तो इस प्रसंग के सबसे अधिक पद हैं। ऐसा दृश्य स्त्रियों के हृदय को सबसे अधिक स्पर्श करनेवाला उनकी प्रीति, दया और आत्मत्याग को सबसे अधिक उभारनेवाला होता है, यह बात समझकर मार्ग में उन्होंने ग्रामबधुओं का अन्निवेश किया है। ये स्त्रियाँ राम जानकी के अनुपम सौंदर्य पर स्नेहशिथिल हो जाती हैं, उनका वृत्तांत सुनकर राजा की निष्ठुरता पर पछताती हैं; कैकेयी की कुचाल पर भला बुरा कहती हैं। सौंदर्य के साक्षात्कार से थोड़ी देर के लिये उनकी वृत्तियाँ कोमल हो जाती हैं, वे अपने को भूल जाती हैं। यह कोमलता उपकार बुद्धि की जननी है—

सीता लषन सहित रघुराई। गाँव निकट जब निकसहिं जाई॥
सुनि सब बाल बृद्ध नर नारी। चलहिं तुरत गृह काज बिसारी॥
राम लषन सिय रूप निहारी। पाइ नयन फल होहिं सुखारी॥
सजल बिलोचन पुलक सरीरा। सब भए मगन देखि दोउ बीरा॥
रामहिं देखि एक अनुरागे। चितवत चले जाहिं संग लागे॥

एक देखि बट छाँह भलि, डासि मृदुल तृन पात।
कहहिं गँवाइय छिनुक स, गवनब अबहिं कि प्रात॥

राम जानकी के अयोध्या से निकलने का दृश्य वर्णन करने में गोस्वामीजी ने कुछ उठा नहीं रखा। सुशीलता के आगार रामचंद्र प्रसन्नमुख निकलकर दास दासियों को गुरु के सुपुर्द कर रहे हैं, सबसे वही करने की प्रार्थना करते हैं जिससे राजा का दुःख कम हो। उनकी सर्वभूतव्यापिनी सुशीलता ऐसी है कि उनके वियोग में पशु पक्षी भी विकल हैं। भरतजी जब लौटकर अयोध्या आए, तब उन्हें सर सरिताएँ भी श्रीहीन दिखाई पड़ीं, नगर भी भयानक लगा। भरत को यदि रामगमन का संवाद मिल गया होता तो हम इसे भरत के हृदय की छाया कहते। पर घर में जाने के पहले उन्हें कुछ भी वृत्त ज्ञात नहीं था। इससे हम सरसरिता के श्रीहीन होने का अर्थ उनकी निर्जनता, उनका सन्नाटापन लेंगे। लोग रामवियोग में विकल पड़े हैं। सरसरिता में जाकर स्नान करने का उत्साह उन्हें कहाँ ? पर यह अर्थ हमारे आपके लिये है। गोस्वामीजी ऐसे भावुक महात्मा के निकट तो राम के वियोग में अयोध्या की भूमि ही विषादमग्न हो रही है, आठ आठ आँसू रो रही है।

चित्रकूट में राम और भरत का जो मिलन हुआ है, वह शील और शील का, स्नेह और स्नेह का, नीति और नीति का मिलन है। इस मिलन से संघटित उत्कर्ष की दिव्य प्रभा देखने योग्य है। यह झाँकी अपूर्व है। 'भायप भगति' से भरे भरत नंगे पाँव राम को मनाने जा रहे हैं। मार्ग में जहाँ सुनते हैं कि यहाँ पर राम लक्ष्मण ने विश्राम किया था, उस स्थल को देख आँखों में आँसू लेते हैं।

राम बास थल बिटप बिलोके। उन अनुराग रहत नहिं रोके।।

मार्ग में लोगों से पूछते जाते हैं कि राम किस वन में हैं। जो कहता है कि हम उन्हें सकुशल देखे आते हैं, वह उन्हें राम लक्ष्मण के समान ही प्यारा लगता है। प्रिय संबंधी आनंद के अनुभव की आशा देनेवाला एक प्रकार से उस आनंद का जगानेवाला है—'उद्दीपन' है। सब माताओं से पहले राम कैकेयी से प्रेमपूर्वक मिले। क्यों ? क्या उसे चिढ़ाने के लिये ? कदापि नहीं। कैकेयी से प्रेमपूर्वक मिलने की सबसे अधिक आवश्यकता थी। अपना महत्त्व या सहिष्णुता दिखाने के लिये नहीं, उसके परितोष के लिये। अपनी करनी पर कैकेयी को जो ग्लानि थी, वह राम ही के दूर किए हो सकती थी, और किसी के किए नहीं। उन्होंने माताओं से मिलते समय स्पष्ट कहा था—

अंब ! ईस आधीन जग काहु न देइय दोषु।

कैकेयी को ग्लानि थी या नहीं, इस प्रकार के संदेह का स्थान गोस्वामीजी ने नहीं रखा। कैकेयी की कठोरता आकस्मिक थी, स्वभावगत नहीं। स्वभावगत भी होती तो भी राम की सरलता और सुशीलता उसे कोमल करने में समर्थ थी।

लखि सिय सहित सरल दोउ भाई। कुटिल रानि पछितानी अघाई॥
अवनि जमहि जाचति कैकेयी। महि न बीचु, बिधि मीचु न देई॥

जिस समाज के शील संदर्भ की मनोहारिणी छटा को देख वन के कोल किरात मुग्ध होकर सात्विक वृत्ति में लीन हो गए, उसका प्रभाव उसी समाज में रहनेवाली कैकेयी पर कैसे न पड़ता ?

भए सब साधु किरात किरातिनि राम दरस मिटि गइ कलुषाई।

कोलकिरात भिल्ल बनवासी। मधु सुचि सुंदर स्वादु सुधा-सी॥
भरि भरि परन पुटी रुचि रूरी। कंद मूल फल अंकुर जूरी।
सबहिं देहिं करि बिनय प्रनामा। कहि कहि स्वाद भेद गुननामा॥
देहिं लोग बहु, मोल न लेहीं। फेरत राम दोहाई देहीं॥

और सबसे पुलकित होकर कहते हैं—

तुम्ह प्रिय पाहुन बन पगु धारे। सेवा जोगु न भाग हमारे॥
देव काह हम तुम्हहिं गोसाईं। ईधन पात किरात मिताई॥
यह हमारि अति बड़ि सेवकाई। लेहिं न बासन बसन चोराई॥
हम जड़ जीव जीव धन घाती। कुटिल कुचाली कुमति कुजाती॥
सपनेहुँ धरम बुद्धि कस काऊ। यह रघुनंदन दरस प्रभाऊ॥

उस पुरुष समाज के प्रभाव से चित्रकूट की रमणीयता में पवित्रता भी मिल गई। उस समाज के भीतर नीति, स्नेह, शील, विनय, त्याग आदि के संघर्ष से जो धर्मज्योति फूटी, उससे आसपास का सारा प्रदेश जगमगा उठा—उसकी मधुर स्मृति से आज भी वहाँ की वनस्थली परम पवित्र है। चित्रकूट की उस सभा की कारंवाई क्या थी, धर्म के एक-एक अंग की पूर्ण और मनोहर अभिव्यक्ति थी। रामचरितमानस में वह सभा एक आध्यात्मिक घटना है। धर्म के इतने स्वरूपों की एकसाथ योजना, हृदय की इतनी उदात्त वृत्तियों की एकसाथ उद्भावना तुलसी के ही विशाल 'मानस' में संभव थी। यह संभावना उस समाज के भीतर बहुत से भिन्न भिन्न वर्गों के समावेश द्वारा संघटित की गई है। राजा और प्रजा, गुरु और शिष्य, भाई और भाई, माता और पुत्र, पिता और पुत्री, श्वसुर और जामातृ, सास और बहू, क्षत्रिय और ब्राह्मण, ब्राह्मण और शूद्र, सभ्य और असभ्य के परस्पर व्यवहारों का उपस्थित प्रसंग के धर्मगांभीर्य और भावोत्कर्ष के कारण, अत्यंत मनोहर रूप प्रस्फुटित हुआ। धर्म के उस स्वरूप को देख सब मोहित हो गए—क्या नागरिक या ग्रामीण और क्या जंगली। भारतीय शिष्टता और सभ्यता का चित्र यदि देखना हो तो इस राज समाज में देखिये। कैसी परिष्कृत भाषा में, कैसी प्रवचनपटुता के साथ, प्रस्ताव उपस्थित होते हैं, किस

गंभीरता और शिष्टता के साथ बात का उत्तर दिया जाता है, छोटे बड़े की मर्यादा का किस सरसता के साथ पालन होता है। सबकी इच्छा है कि राम अयोध्या को लौटें; पर उनके स्थान पर भरत वन को जायँ, यह इच्छा भरत को छोड़ शायद ही और किसी के मन में हो। अपनी प्रबल इच्छाओं को लिये हुए लोग सभा में बैठते हैं; पर वहाँ बैठते ही धर्म के स्थिर और गंभीर स्वरूप के सामने उनकी व्यक्तिगत इच्छाओं का कहीं पता नहीं रह जाता। राजा के सत्य पालन से जो गौरव राजा और प्रजा दोनों को प्राप्त होता दिखाई दे रहा है, उसे खंडित देखना वे नहीं चाहते। जनक, वशिष्ट, विश्वामित्र आदि धर्मतत्त्व के पारमर्शी जो कुछ निश्चय कर दें, उसे वे कलेजे पर पत्थर रखकर मानने को तैयार हो जाते हैं।

इस प्रसंग में परिवार और समाज की ऊँची नीची श्रेणियों के बीच कितने संबंधों का उत्कर्ष दिखाई पड़ता है, देखिए—

(१) राजा और प्रजा का संबंध लीजिए। अयोध्या की सारी प्रजा अपना सब काम धंधा छोड़ भरत के पीछे राम के प्रेम में उन्हीं के समान मग्न चली जा रही है और चित्रकूट में राम के दर्शन से आह्लादित होकर चाहती है कि चौदह वर्ष यहीं काट दें।

(२) भरत का अपने बड़े भाई के प्रति जो अलौकिक स्नेह और भक्तिभाव वहाँ से यहाँ तक झलकता है, वह तो सबका आधार ही है।

(३) ऋषि या आचार्य के संमुख प्रगल्भता प्रकट होने के भय से भरत और राम अपना मत तक प्रकट करते सकुचाते हैं।

(४) राम सब माताओं से जिस प्रकार प्रेमभाव से मिले, वह उनकी शिष्टता का ही सूचक नहीं है, उनके अंतःकरण की कोमलता और शुद्धता भी प्रकट करता है।

(५) विवाहिता कन्या को पति की अनुगामिनी देख जनक जो यह हर्ष प्रकट करते हैं—

पुत्रि ! पवित्र किए कुल दोऊ। सुजस धवल जग कह सब कोऊ॥

वह धर्मभाव पर मुग्ध होकर ही।

(६) भरत और राम दोनों जनक को पिता के स्थान पर कहकर सब भार उन्हीं पर छोड़ते हैं।

(७) सीता जी अपने पिता के डेरे पर जाकर माता के पास बैठी हैं। इतने में रात हो जाती है और वे असमंजस में पड़ती हैं—

कहत न सीय सकुचि मन माहीं। इहाँ बसब रजनी भल नाहीं।

पति तपस्वी के वेश में भूशय्या पर रात काटे और पत्नी उससे अलग

राजसी ठाट बाट के बीच रहे, यही असमंजस की बात है।

(८) जब से कौशल्या आदि आई हैं, तब से सीता बराबर उनकी सेवा में लगी रहती है।

(९) ब्राह्मण वर्ग के प्रति राज वर्ग के आदर और संमान का जैसा मनोहर स्वरूप दिखाई पड़ता है, वैसी ही ब्राह्मण वर्ग में राज्य और लोक के हितसाधन की तत्परता झलक रही है।

(१०) केवट के दूर से ऋषि को प्रणाम करने और ऋषि के उसे आलिंगन करने में उभय पक्ष का व्यवहार सौष्ठव प्रकाशित हो रहा है।

(११) वन्य कोल-किरातों के प्रति सबका कैसा मृदुल और सुशील व्यवहार है।

कवि की पूर्ण भावुकता इसमें है कि वह प्रत्येक मानवस्थिति में अपने को डालकर उसके अनुरूप भाव का अनुभव करे। इस शक्ति की परीक्षा का रामचरित से बढ़कर विस्तृत क्षेत्र और कहाँ मिल सकता है। जीवनस्थिति के इतने भेद और कहाँ दिखाई पड़ते हैं! इस क्षेत्र में जो कवि सर्वत्र पूरा उतरता दिखाई पड़ता है, उसकी भावुकता को और कोई नहीं पहुँच सकता। जो केवल दांपत्य रति ही में अपनी भावुकता प्रकट कर सकें, या वीरोत्साह ही का अच्छा चित्रण कर सकें, वे पूर्ण भावुक नहीं कहे जा सकते। पूर्ण भावुक वे ही हैं जो जीवन की प्रत्येक स्थिति के मर्मस्पर्शी अंश का साक्षात्कार कर सकें और उसे श्रोता या पाठक के संमुख अपनी शब्दशक्ति द्वारा प्रत्यक्ष कर सकें। हिंदी के कवियों में इस प्रकार की सर्वांगपूर्ण भावुकता हमारे गोस्वामीजी में ही है जिसके प्रभाव से रामचरित-मानस उत्तरी भारत की सारी जनता के गले का हार हो रहा है। वात्सल्य भाव का अनुभव करके पाठक तुरंत बालक राम लक्ष्मण के प्रवास का उत्साहपूर्ण जीवन देखते हैं जिसके भीतर आत्मालंबन का विकास होता है। फिर आचार्य-विषयक रति का स्वरूप देखते हुए वे जनकपुर में जाकर सीताराम के परम पवित्र दांपत्य भाव के दर्शन करते हैं। इसके उपरांत अयोध्या त्याग के करुण दृश्य के भीतर भाग्य की अस्थिरता का कटु स्वरूप सामने आता है। तदनंतर पथिक वेशधारी राम जानकी के साथ साथ चलकर पाठक ग्रामीण स्त्री पुरुषों के उस विशुद्ध सात्विक प्रेम का अनुभव करते हैं जिसे हम दांपत्य, वात्सल्य आदि कोई विशेषण नहीं दे सकते, पर जो मनुष्यमात्र में स्वाभाविक है।

रमणीय वन पर्वत के बीच एक सुकुमारी राजवधू को साथ लिये दो वीर आत्मावलंबी राजकुमारों को विपत्ति के दिनों को सुख के दिनों में परिवर्तित करते पाकर वे 'वीरभोग्या वसुंधरा' की सत्यता हृदयंगम करते हैं। सीताहरण पर विप्रलंभ शृंगार का माधुर्य देखकर पाठक फिर लंकादहन के अद्भुत, भयानक और वीभत्स दृश्य का निरीक्षण करते हुए राम रावण युद्ध के रौद्र और युद्धवीर तक पहुँचते हैं। शांतरस का पुट तो बीच बीच में बराबर मिलता ही है। हास्य-

रस का पूर्ण समावेश रामचरितमानस के भीतर न करके नारद मोह के प्रसंग में उन्होंने किया है। इस प्रकार काव्य के गूढ़ और उच्च उद्देश्य को समझनेवाले, मानव जीवन के सुख और दुःख दोनों पक्षों के नाना रूपों के मर्मस्पर्शी चित्रण को देखकर, गोस्वामीजी के महत्त्व पर मुग्ध होते हैं; और स्थूल बहिरंग दृष्टि रखनेवाले भी, लक्षण ग्रंथों में गिनाए हुए नव रसों और अलंकारों पर, अपना आह्लाद प्रकट करते हैं।

यहाँ पर कहा जा सकता है कि गोस्वामीजी मनुष्य जीवन की बहुत अधिक परिस्थितियों का जो सन्निवेश कर सके, वह रामचरित की विशेषता के कारण। इतने अधिक प्रकार की मानव दशाओं का सन्निवेश आप से आप हो गया। ठीक है, पर उन सब दशाओं का यथातथ्य चित्रण बिना हृदय की विशालता, भाव-प्रसार की शक्ति, मर्मस्पर्शी स्वरूपों की उद्भावना और शब्दशक्ति की सिद्धि के नहीं हो सकता। मानव प्रकृति के जितने अधिक रूपों के साथ गोस्वामीजी के हृदय का रागात्मक सामंजस्य हम देखते हैं, उतना अधिक हिंदी भाषा के और किसी कवि के हृदय का नहीं। यदि कहीं सौंदर्य है तो प्रफुल्लता, शक्ति है तो प्रणति, शील है तो हर्षपुलक, गुण है तो आदर, पाप है तो घृणा, अत्याचार है तो क्रोध, अलौकिकता है तो विस्मय, पाषंड है तो कुढ़न, शोक है तो करुणा, आनंदोत्सव है तो उल्लास, उपकार है तो कृतज्ञता, महत्त्व है तो दीनता, तुलसीदासजी के हृदय में बिंबप्रतिबिंब भाव से विद्यमान है।

गोस्वामीजी की भावात्मक सत्ता का अधिक विस्तार स्वीकार करते हुए भी यह पूछा जा सकता है कि क्या उनके भावों में पूरी गहराई या तीव्रता भी है? यदि तीव्रता न होती, भावों का पूर्ण उद्रेक उनके वचनों में न होता, तो वे इतने सर्वप्रिय कैसे होते? भावों के साधारण उद्गार से ही सबकी तृप्ति नहीं हो सकती। यह बात अवश्य है कि जो भाव सबसे अधिक प्रकृतिस्थ है, उसकी व्यंजना सबसे अधिक गूढ़ और ठीक है। जो प्रेमभाव अत्यंत उत्कर्ष पर पहुँचा हुआ उन्होंने प्रकट किया है, वह अलौकिक है, अविचल है और अनन्य है। वह घन और चातक का प्रेम है।

एक भरोसो, एक बल, एक आस बिस्वास।
एक राम घनस्याम हित, चातक तुलसीदास।।

अपना उद्देश्य वह आप ही है। उसकी प्यास, उसकी उत्कंठा सदा बनी रहे, इसी में उसकी मर्यादा है; इसी में उसका महत्त्व है—

चातक तुलसी के मते स्वातिहु पियै न पानि।
प्रेम तृषा बाढ़ति भली, घटे घटैगी आनि।।

प्रिय के लाख दुर्व्यवहार से भी वह हटनेवाला नहीं है—

बरषि परुष पाहन पयद पंख करौ टुक टूक।
तुलसी परी न चाहिए चतुर चातकहि चूक॥
उपल बरषि गरजत तरजि, डारत कुलिस कठोर।
चितव कि चातक मेघ तजि कबहुँ दूसरी ओर?

वह मेघ के लोकहितकर स्वरूप के प्रति आप से आप है—वह जगत् के हित को देखकर है—

जीव चराचर जहँ लग है सब को हित मेह।
तुलसी चातक मन बस्यौ घन सों सहज सनेह॥

जगत् में सब अपने सुख के लिए अनेक साधन और यत्न करते हैं और फल-प्राप्ति से सुखी होते हैं। फिर चातक और मेघ का वह प्रेम कैसा है जिसके भीतर न किसी सुख का साधन है, न फल की चाह! यह ऐसा ही कुछ है—

साधन सांसति सब सहत, सबहि सुखद फल लाहु।
तुलसी चातक जलद की, रीझि बूझि बुध काहु॥

चातक को मेघ का जीवों को सुख देना अत्यंत प्रिय लगता है। वह जो बारहों महीने चिल्लाता है, अधिकतर प्रिय के इस सुखदायक मनोहर रूप के दर्शन के लिए, केवल स्वाति की दो बूंदों के लिए नहीं—

जाँचै बारह मास पियै पपीहा स्वाति जल।

उसकी याचना के भीतर जगत् की याचना है, अतः इस याचना से उसका मान है। इस माँगने को वह अपना माँगना नहीं समझता—

नहिं जाचत नहिं संग्रही सीस नाइ नहिं लेइ।
ऐसे मानी माँगनेहि को बारिद बिनु देइ॥

अब इस प्रेम की अनन्यता का स्वरूप देखिए—

चरग चंगुगत चातकहिं नेम प्रेम की पीर।
तुलसी परबस हाड़ पर परिहै पुहमी नीर॥
बध्यो बधिक, पर्यो पुन्यजल, उलटि उठाई चोंच।
तुलसी चातक प्रेमपट मरतहुँ लगी न खोंच॥

चातक का प्रिय लोकसुखदायी है। उसका मेघ सचमुच बड़ा है और सबके लिए बड़ा है। अतः चातक के प्रेम के भीतर महत्त्व की आनंदमयी स्वीकृति छिपी हुई है। इस महत्त्व के संमुख वह जो दीनता प्रकट करता है वह सच्ची दीनता

है, हृदय के भीतर अनुभव की हुई दीनता है, प्रेम की दीनता है। किसी के महत्त्व की सच्ची अनुभूति से उत्पन्न दीनता से भिन्न दीनता को लोभ, भय आदि का बदला हुआ रूप समझिए। जिससे बड़ा चातक और किसी को नहीं समझता, उसे छोड़ यदि और किसी के सामने वह दीनता प्रकट करे तो उसकी दीनता की सचाई में फर्क आ जाय, उसके प्रेम की अनन्यता भंग हो जाय। जो आज एक से कहता है कि 'आपसे न माँगे तो और किससे माँगने जायँगे ?' और कल दूसरे से, वह उस दैन्य तक पहुँच ही नहीं सकता जो भक्ति का अंग है। जिस महत्त्व के प्रति सच्ची दीनता प्रकट की जाती है, उसका कुछ आभास लोक को उस दीनता में दिखाई पड़ता है—

तीन लोक तिहुँ काल जस चातक ही के माथ।
तुलसी जासु न दीनता सुनी दूसरे नाथ॥

इस प्रेम के संबंध में ध्यान देने की बात यह है कि यह समान के प्रति नहीं है, अपने से बड़े या ऊँचे के प्रति है। गोस्वामीजी अपने से बड़े या, छोटे के साथ प्रेम करने को समान के साथ प्रेम करने से अच्छा समझते हैं—

कै लघु कै बड़ मीत भल, सम सनेह दुख सोइ।
तुलसी ज्यों घृत मधु सरिस मिले महाबिष होइ॥

इससे उनका भीतरी अभिप्राय यह है कि छोटे बड़े के संबंध में धर्मभाव अधिक है। यदि प्रिय हमसे छोटा है तो उस पर जो हमारा प्रेम होगा वह दया, दाक्षिण्य, अनुकंपा, क्षमा, साहाय्य इत्यादि वृत्तियों को उभारेगा, यदि प्रिय हमसे बड़ा है तो उसपर आलंबित प्रेम, श्रद्धा संमान, दैन्य, नम्रता, संकोच, कृतज्ञता, आज्ञाकारिता इत्यादि को जाग्रत करेगा। इसमें तो कुछ कहना ही नहीं कि हमारे गोस्वामीजी का प्रेम दूसरे प्रकार का था—वह पूज्यबुद्धिगर्भित होकर भक्ति के रूप में था। उच्चता की जैसी प्राप्ति उच्च को आत्मसमर्पण करने से हो सकती है, वैसी समान को आत्मसमर्पण करने से नहीं। यह तो पहले ही दिखाया जा चुका है कि शील बाबाजी द्वारा निरूपित भक्ति के आलंबन के स्वरूप के—आभ्यंतर स्वरूप के सही—अंतर्गत है। भक्ति और शील की परस्पर स्थिति ठीक उसी प्रकार बिंबप्रतिबिंब भाव से है जिस प्रकार आश्रय और आलंबन की। और आगे चलिए तो आश्रय और आलंबन की परस्पर स्थिति भी ठीक वही मिलती है जो ज्ञाता और ज्ञेय की है। हमें तो ऐसा दिखाई पड़ता है कि जो ज्ञान क्षेत्र में ज्ञाता और ज्ञेय है, वही भाव क्षेत्र में आश्रय और आलंबन है। ज्ञान की जिस चरम सीमा पर जाकर ज्ञाता और ज्ञेय एक हो जाते हैं, भाव की उसी चरम सीमा पर जाकर आश्रय और आलंबन भी एक हो जाते हैं। शील और भक्ति का अभेद देखने का इतना विवेचन बहुत है।

दांपत्य प्रेम का दृश्य भी गोस्वामीजी ने बहुत ही सुंदर दिखाया है, पर बड़ी ही मर्यादा के साथ। नायिकाभेदवाले कवियों का सा या कृष्ण की रासलीला के रसिकों का सा लोकमर्यादा का उल्लंघन उसमें कहीं नहीं है। सीता राम के परम पुनीत प्रणय की जो प्रतिष्ठा उन्होंने मिथिला में की, उसकी परिपक्वता जीवन की भिन्न भिन्न दशाओं के बीच पति पत्नी के संबंध की उच्चता और रमणीयता संघटित करती दिखाई देती है। अभिषेक के राम को बन जाने की आज्ञा मिलती है। आनंदोत्सव का सारा दृश्य करुण दृश्य में परिणत हो जाता है। राम वन जाने को तैयार थे और वन के क्लेश बताते हुए सीता को घर रहने के लिए कहते हैं। इस पर सीता कहती है—

बन दुख नाथ कहे बहुतेरे। भय बिषाद परिताप घनेरे॥
प्रभु वियोग लवलेस समाना। सबमिलि होंहि न कृपानिधाना॥
कुस किसलय साथरी सुहाई। प्रभु सँग मंजु मनोज तुराई॥
कंद मूल फल अमिय अहारू। अवध सौधसत सरिस पहारू॥
मोंहि मग चलत न होइहि हारी। छिनु छिनु चरन सरोज निहारी॥
पाँय पखारि बैठि तरु छाहीं। करिहौं बाउ मुदित मन माहीं॥
बार बार मृदु मूरति जोही। लागिहि ताति बयारि न मोही॥

दुःख की परिस्थिति में सुख की इस कल्पना के भीतर हम जीवनयात्रा में श्रांत पथिक के लिये प्रेम की शीतल सुखद छाया देखते हैं। यह प्रेम मार्ग निराला नहीं है, जीवनयात्रा के मार्ग से अलग होकर जानेवाला नहीं है। यह प्रेम कर्मक्षेत्र से अलग नहीं करता, उसमें बिखरे हुए कांटों पर फूल बिछाता है। राम जानकी को नंगे पाँव चलते देख ग्रामवासी कहते हैं—

जौ जगदीस इन्हहि बन दीन्हा। कसन सुमनमय मारग कीन्हा॥

थोड़ी दूर साथ चलकर उन्होंने जान लिया होगा कि उनका मार्ग 'सुमनमय' ही है। प्रेम के प्रभाव से जंगल में भी मंगल था। सीता को तो सहस्रों अयोध्याओं का सुख वहाँ मिल रहा था—

नाह नेह नित बढ़त बिलोकी। हरषित रहति दिवस जिमि कोकी॥
सिय मन राम चरन अनुरागा। अवध सहस सम बन प्रिय लागा॥
परन कुटी प्रिय प्रियतम संगा। प्रिय परिवार कुरंग बिहंगा॥
सासु ससुरसम मुनितिय मुनिबर। असन अमियसम कंद मूल फर॥

अयोध्या से अधिक सुख का रहस्य क्या है? प्रिय के साथ सहयोग के अधिक अवसर। अयोध्या में सहयोग और सेवा के इतने अवसर कहाँ मिल सकते थे?

जीवनयात्रा की स्वाभाविक आवश्यकताओं की पूर्ति वन में अपने हाथों से करनी पड़ती थी। कुटी छाना, स्थान स्वच्छ करना, जल भर लाना, ईंधन और कंदमूल इकट्ठा करना इत्यादि वहाँ के नित्य जीवन के अंग थे। ऐसे प्राकृतिक जीवन में प्रेम का जो विकास हो सकता है, वह कृत्रिम जीवन में दुर्लभ है। प्रिय के प्रयत्नों में ऐसे ही स्वाभाविक सहयोग की अभिलाषिणी एक ग्रामीण नायिका कहती है—

आगि लागि घर जरिगा, बड़ सुख कीन।
पिय के हाथ घइलवा भरि भरि दीन॥

दूसरा कारण इस सुख का था हृदय का प्रकृति के अनेक रूपों के साथ सामंजस्य, जिसके प्रभाव से 'कुरंग विहंग' अपने परिवार के भीतर जान पड़ते थे। उस जगज्जननी जानकी का हृदय ऐसा न होगा तो और किसका होगा जिसे एक स्थान पर लगाए हुए फूल पौदों को छोड़कर अन्य स्थान पर जाते हुए भी दुःख होता था।

सीताजी द्वारा शृंगार के संचारी भाव 'व्रीड़ा' की व्यंजना के लिए कैसा उपयुक्त अवसर चुना गया है। वन के मार्ग में ग्रामीण स्त्रियाँ राम की ओर लक्ष्य करके सीता से पूछती हैं कि ये तुम्हारे कौन हैं। इस पर सीता—

तिन्हहिं बिलोकि बिलोकति धरनी। दुहुँ, सँकोच सकुचति बर बरनी॥

'बिलोकति धरनी' कितनी स्वाभाविक मुद्रा है! 'दुहुँ सँकोच' द्वारा कवि ने सीता के हृदय की कोमलता और अभिमानशून्यता भी कैसे ढंग से व्यंजित कर दी है। एक तो राम को खुले शब्दों में अपना पति कहने में संकोच; दूसरा संकोच यह समझकर कि यदि इन भोलीभाली स्त्रियों को कोई उत्तर न दिया जायगा तो ये मन में दुखी होंगी और मुझे अभिमानिनी समझेंगी।

इसके आगे सीताजी में शृंगारी चेष्टाओं का विधान भी अत्यंत निपुणता और भावुकता के साथ गोस्वामीजी ने किया है—

बहुरि बदन-विधु अंचल ढाँकी। पिय तन चितै भौंह करि बाँकी॥
खंजन मंजु तिरीछे नैननि। निज पति कहेउ तिन्हहिं सिय नैननि॥

यदि आम रास्ते पर राम के साथ बातचीत करने में ये चेष्टाएँ दिखाई जातीं तो कुलवधू की मर्यादा का भंग होना और कोई विशेष निपुणता की बात न होती, रूढ़ि का अनुसरण मात्र होता। पर बीच में उन स्त्रियों को डाल देने से एक परदा भी खड़ा हो गया और अधिक स्वाभाविकता भी आ गई। सीता में ये चेष्टाएँ अपने साथ राम के संबंध की भावना द्वारा उत्पन्न दिखाई पड़ती हैं।

यदि रामसीता के परस्पर व्यवहार में ये चेष्टाएं दिखाई जातीं तो 'संभोग शृंगार' का खुला वर्णन हो जाता, जो गोस्वामीजी ने कहीं नहीं किया है।

अब प्रश्न यह है कि ये चेष्टाएँ 'अनुभाव' होंगी या विभावांतर्गत 'हाव'। हिंदी के लक्षणग्रंथों में 'हाव' प्रायः 'अनुभाव' के अंतर्गत रखे मिलते हैं। पर यह ठीक नहीं है। 'अनुभाव' के अंतर्गत केवल आश्रय की चेष्टाएँ आ सकती हैं। 'आश्रय' की चेष्टाओं का उद्देश्य किसी भाव की व्यंजना करना होता है। पर 'हावों' का सन्निवेश किसी भाव की व्यंजना कराने के लिए नहीं होता, बल्कि नायिका का मोहक प्रभाव बढ़ाने के लिए अर्थात् उसकी रमणीयता की वृद्धि के लिए होता है। जिसकी रमणीयता या चित्ताकर्षकता का वर्णन या विधान किया जाता है, वह 'आलंबन' होता है। अतः 'हाव' नामक चेष्टाएँ आलंबनगत ही मानी जायँगी और आलंबनगत होने के कारण उनका स्थान 'विभाग' के अंतर्गत ही ठहरता है।

अब विचार करना चाहिए कि सीताजी की उक्त चेष्टाएं 'अनुभाव' होंगी या 'हाव'। लक्षण के अनुसार 'संभोगेच्छा प्रकाशक भ्रूनेत्रादिविकार' ही 'हाव कहलाते हैं। पर सीताजी के विकार इस प्रकार के नहीं हैं। वे विकार राम के साथ अपने संबंध की भावना से उत्पन्न हैं और उनके प्रेम की व्यंजना करते हैं इस प्रकार आश्रय की चेष्टाएँ होने के कारण वे विकार 'अनुभाव' ही होंगे।

सीताहरण होने पर इस प्रेम को हम एक ऐसे मनोहर क्षेत्र का द्वार खोलते हुए पाते हैं जिसमें बल और पराक्रम अपनी परमावस्था को पहुँचकर अनीति और अत्याचार का ध्वंस कर देता है। वन में सीता का बियोग चारपाई पर करवटें बदलवानेवाला प्रेम नहीं है—चार कदम पर मथुरा गए हुए गोपाल के लिए गोपियों को बैठे बैठे रुलानेवाला वियोग नहीं है, झाड़ियों में थोड़ी देर के लिए छिपे हुए कृष्ण के निमित्त राधा की आँखों से आँसुओं की नदी बहानेवाला बियोग नहीं है—यह राम को निर्जन वनों और पहाड़ों में घुमानेवाला, सेना एकत्र करनेवाला, पृथ्वी का भार उतारनेवाला वियोग है। इस वियोग की गंभीरता के सामने सूरदास द्वारा अंकित वियोग अतिशयोक्तिपूर्ण होने पर भी बालक्रीड़ा सा लगता है।

हनुमान् के प्रकट होने के पहले जानकी उद्विग्न होकर कह रही थीं—

पावकमय ससि स्रवत न आगी। मानहुँ मोहिं जानि हतभागी।।
सुनिय बिनय मम बिटप असोका। सत्य नाम करु हरु मम सोका।।
नूतन किसलय अनल समाना। देहि अगिनि जिनि करहि निदाना।।

इतना कहते ही हनुमान् का मुद्रिका गिराना और सीता का उसे अंगार समझकर हाथ में लेना, यह सब तो गोस्वामीजी ने प्रसन्नराघव नाटक से लिया है। हनुमान् को सामने पाकर सीता उसी मर्यादा के साथ अपने वियोगजनित

दुःख की व्यंजना करती हैं जिस मर्यादा के साथ माता पुत्र के सामने कर सकती है। वे पहले 'अनुज सहित' राम का (अकेले राम का नहीं) कुशल पूछती हैं, फिर कहती हैं—

कोमलचित कृपालु रघुराई। कपि, केहि हेतु धरी निठुराई ॥
सहज बानि सेवक सुखदायक। कबहुँक सुरति करत रघुनायक ॥
कबहुँ नयन मम सीतल ताता। होइहिं निरखि स्याम मृदुगाता ॥

प्रिय के कुशलमंगल के हेतु व्यग्रता भारतीय ललनाओं के बियोग का प्रधान लक्षण है। प्रिय सुख में है या दुःख में है, यह संशय विरह में दया या करुण भाव का हलका सा मेल कर देता है, भारत की कुलवधू का विरह आवारा आशिकों माशूकों का विरह नही है, वह जीवन के गांभीर्य को लिए हुए रहता है। यह वह विरह नहीं है जिसमें विरही अपना ही जलना और मरना देखता है, प्रिय मरता है कि जीता है, इससे कोई मतलब नहीं।

पवित्र दांपत्य रति की कैसी मनोहर व्यंजना उन्होंने सीता द्वारा उस समय कराई है जिस समय ग्रामवनिताओं ने मार्ग में राम को दिखाकर उनसे पूछा था कि 'ये तुम्हारे कौन हैं ?'

कोटि मनोज लजावनहारे। सुमुखि कहहु को आहिं तुम्हारे ॥
सुनि सनेहमय मंजुल बानी। सकुचि सीय मन महँ मुसुकानी ॥
तिन्हहिं बिलोकि बिलोकति धरनी। दुहूँ सँकोच सकुचित बर बरनी ॥
सकुचि सप्रेम बालमृगनयनी। बोली मधुर बचन पिकबयनी ॥
सहज सुभाय सुभग तन गोरे। नाम लषन लघु देवर मोरे ॥
बहुरि बदन बिधु अंचल ढाँकी। पिय तन चितै भौंह करि बाँकी ॥
खंजन मंजु तिरीछे नैननि। निज पति कहेउ तिन्हहिं सिय सैननि ॥

कुलवधू की इस अल्प व्यंजना में जो गौरव और माधुर्य है, वह उद्धत प्रेम प्रलाप में कहाँ ?

शोक का चित्रण भी गोस्वामीजी ने अत्यंत हृदयद्रावक पद्धति से किया है। शोक के स्थल तुलसीवर्णित रामचरित में दो हैं—एक तो अयोध्या में राम वन-गमन का प्रसंग और दूसरा लंका में लक्ष्मण को शक्ति लगने का। राम के वन जाने पर दुःख फैला, वह शोक ही माना जाएगा; वह प्रिय का प्रवासजन्य दुःख नहीं। अभिषेक के समय वनवास बड़े दुःख की बात है—

कैकयनंदिनि मंदमति कठिन कुटिलपन कीन्ह।
जेहि रघुनंदन जानकिहिं सुख अवसर दुख दीन्ह ॥

अतः परिजनों और प्रजा का दुःख राम की दुःखदशा समझकर भी था,

केवल राम का अलग होना देखकर नहीं—

राम चलत अति भएउ बिषादू। सनि न जाइ पुर आरतनादू ॥

यह विषाद (जो शोक का संचारी है) और यह आर्तनाद शोकसूचक है। प्रिय के दुःख या पीड़ा पर जो दुःख हो, वह शोक है; प्रिय के कुछ दिनों के लिये वियुक्त होने मात्र का जो दुःख हो, वह विरह है। अतः राम के इस दुःखमय प्रवास पर जो दुःख लोगों को हुआ, यह शोक और वियोग दोनों है।

तुलसी राम बियोग शोक बस समुझत नहिं समुझाए।

में वियोगी और शोकसूचक वाक्य यद्यपि मिले हुए हैं, पर हम चाहें तो उन्हें अलग करके भी देख सकते हैं। शुद्ध वियोग—

जब जब भवन बिलोकति सूनो।
तब तब विकल होति कौशल्या दिन दिन प्रति दुख दूनो।
को अब प्रात कलेऊ माँगत रूठि चलैगो माई?
स्याम तामरस नयन स्रवत जल काहि लेहुं उर लाई[1]?

शोक या करुणा की व्यंजना इस प्रकार के वाक्यों में समझिए—

मृदु मूरति सुकुमार सुभाऊ। ताति बाउ तन लाग न काऊ॥
ते बन बसहिं बिपति सब भाँती। निदरे कोटि कुलिस सहि छाती॥
राम सुना दुख कान न काऊ। जीवन तरु जिमि जोगवइ राऊ॥
ते अब फिरत बिपिन पदचारी। कंद मूल फल फूल अहारी॥

दशरथ के मरण पर यह शोक अपनी पूर्ण दशा पर पहुँच जाता है। उस समय की अयोध्या की दशा के वर्णन में पाठकों को करुणा की ऐसी धारा दिखाई पड़ती है, जिसमें पुरवासियों के साथ वे भी मग्न हो जाते हैं—

लागति अवध भयावनि भारि। मानहुँ कालराति अँधियारी॥
घोर जंतु सम पुर नर नारी। डरपहिं एकहि एक निहारी॥
घर समान, परिजन जनु भूता। सुत हित मीत मनहुँ जमदूता॥
बागन्ह बिटप बेलि कुम्हिलाहीं। सरित सरोवर देखि न जाहीं॥
बिधि कैकयी किरातिनि कीन्हीं। जेहि दव दुसह दसहु दिसि दिन्हीं॥
सहि न सके रघुबर बिरहागी। चले लोग सब ब्याकुल भागी॥

---

१. यद्यपि वनगमन के समय राम इतने बच्चे न थे, पर वात्सल्य दिखाने के लिये गोस्वामीजी ने कौशल्या के मुख से ऐसा ही कहलाया है।

करि बिलाप सब रोवहिं रानी । महाबिपति किमि जाई बखानी ।।
सुनि बिलाप दुखहू दुख लागा। धीरजहू कर धीरज भागा ।।

गोस्वामीजी द्वारा चित्रित राजकुल का यह शोक ऐसा शोक है जिसके भागी केवल पुरवासी ही नहीं, मनुष्य मात्र हो सकते हैं; क्योंकि यह ऐसे आलंबन के प्रति है जिसके थोड़े से दुःख को भी देख मनुष्य कहलानेवाले मात्र न सही तो मनुष्यता रखनेवाले सब करुणाद्र हो सकते हैं।

दूसरा करुण दृश्य लक्ष्मण को शक्ति लगने पर राम का विलाप है। इस विलाप के भीतर शोक की व्यंजना अत्यंत स्वाभाविक रीति से की गई है। उसके प्रवाह में एक क्षण के लिए सारे नियम, व्रत, सारी दृढ़ता बही जाती सी दिखाई देती है—

जौ जनतेउँ बन बंधु बिछोहू। पिता बचन मनतेउँ नहिं ओहू ।।

भाव दशा का तात्पर्य न समझनेवाले, नीति के नाम पर पाषंड धारण करने वाले, इसे चरित्रग्लानि समझेंगे या कहेंगे। पर ऐसे प्रिय बंधु का शोक, जिसने एक क्षण के लिए भी विपत्ति में साथ न छोड़ा, यदि एक क्षण के लिए सब बातों का विचार छुड़ा देनेवाला न होता तो राम के हृदय की वह कोमलता कहाँ दिखाई पड़ती जो भक्तों की आशा का अवलंबन है ? यह कोमलता, यह सहृदयता सब प्रकार के नियमों से परे है। नियमों से निराश होकर, 'कर्मवाद' की कठोरता से घबराकर, परोक्ष 'ज्ञान' और परोक्ष 'शक्ति' मात्र से पूरा पड़ता न देखकर ही तो मनुष्य परोक्ष हृदय की खोज में लगा और अंत में भक्तिमार्ग में जाकर उस परोक्ष हृदय को उसने पाया। भक्त लोगों का ईश्वर अविचल नियमों की समष्टि मात्र नहीं है; वह क्षमा, दया, उदारता इत्यादि का अनंत समुद्र है। लोक में जो कुछ क्षमा, दया, उदारता आदि दिखाई देती है वह उसी समुद्र का एक बिंदु है।

'आत्मग्लानि' का जैसा पवित्र और सच्चा स्वरूप गोस्वामीजी ने दिखाया है, वैसा शायद ही किसी ने कहीं दिखाया हो। आत्मग्लानि का उदय शुद्ध और सात्विक अंतःकरण में ही हो सकता है, अतः भरत से बढ़कर उपयुक्त आश्रय उसके लिए और कहाँ मिल सकता है ? आत्मग्लानि नामक मानसिक शैथिल्य या तो अपनी बुराई का अनुभव आप करने से होता है अथवा किसी बुरे प्रसंग के साथ अपना संबंध लोक में दिखाई पड़ने से उत्पन्न हीनता का अनुभव करने से। भरत जी को ग्लानि थी दूसरे प्रकार की, पर बड़ी सच्ची और बड़ी गहरी थी। जिन राम का उनपर इतना गाढ़ा स्नेह था, जिन्हें वे लोकोत्तर श्रद्धा और भक्ति की दृष्टि से देखते आए, उनके विरोधी वे समझे जायँ, यह दुःख उनके लिए असह्य था। इस दुःख के भार से हलके होने के लिए वे छटपटाने लगे, इस घोर आत्मग्लानि को वे हृदय में न रख सके—

को त्रिभुवन मोहिं सरिस अभागी। गति असि तोरि मातु जेहि लागी ॥
पितु सुरपुर, बन रघुबर केतु। मैं केवल सब अनरथ हेतू ॥
धिग मोहिं भयउँ बेनु बन आगी। दुसह दोह दुख दूखन भागी ॥

वह रह रहकर सोचते हैं कि मैं लाख अपनी सफाई दूं, पर लोक की दृष्टि में निष्कलंक नहीं दिखाई पड़ सकता—

जो पै हौं मातु मते महँ ह्वै हौ।
तौ जननी जग में या मुख की कहाँ कालिमा ध्वैहौं?
क्यौं हौं आज होत सुचि सपथनि? कौन मानिहै साँची?
महिमा मृगी कौन सुकृती की खल बच बिसिषन बाँची?
गहि न जाति रसना काहू की, कहौ जाहि जो सूझै?
दीनबंधु, कारुण्यसिंधु बिनु कौन हिये की बूझै?

कैकेयी को सामने पाकर इस ग्लानि के साथ अमर्ष का संयोग हो जाता है उसकी पवित्रता के सामने माता के प्रति यह अवज्ञा कैसी मनोहर दिखाई पड़ती है—

जो पै कुरुचि रही अति तोही। जनमत काहे न मारेसि मोहीं ॥
पेड़ काटि तैं पालउ सींचा। मीन जियन हित बारि उलीचा ॥
जब तैं कुमति! कुमत जिय ठयऊ। खंड खंड होइ हृदय न गयऊ ॥
बर माँगत मन भई न पीरा। गरि न जीह मुँह परेऊ न कीरा ॥
अस को जीव जंतु जग माँहीं। जेहि रघुनाथ प्रान प्रिय नाहीं ॥
भे अति अहित राम तेउ तोहीं। को तू अहसि? सत्य कहु मोहीं ॥

ऐसे तैं कटु बचन कह्यो, री?
'राम जाहु कानन' कठोर तेरे कैसे धौं हृदय रह्यो री ॥
दिनकर बंस, पिता दसरथ से राम लषन से भाई ॥
जननी! तू जननी तो कहा कहौं? बिधि केहि खोरि न लाई ॥
'हौं लहिहौं सुख राजमातु ह्वै, सुत सिर छत्र धरैगो ॥'
कुल कलंक मल मूल मनोरथ तव बिनु कौन करैगो?
ऐहैं राम सुखी सब ह्वै हैं, ईस अजस मेरो हरिहैं?
तुलसिदास मोको बड़ो सोच, तू जनम कौन बिधि भरि है?

एक बार तो संसार की ओर देखकर भरत जी अयश छूटने से निराश होते हैं; पर फिर उन्हें आशा बंधती है और वे कैकेयी से कहते हैं कि ईश मेरा तो अयश हरेंगे, मैं तो मुंह दिखाने लायक हो जाऊंगा; पर तू अपने दिन कैसे काटेगी?

वे समझते हैं कि राम के आते ही मेरा अयश दूर हो जायगा। उनको विश्वास है कि सारा संसार मुझे दोषी माने, पर सुशीलता की मूर्ति राम मुझे दोषी नहीं मान सकते।

परिहरि राम सीय जग माहीं। कोउ न कहहि मोर मत नाहीं।

राम की सुशीलता पर भरत को इतना अविचल विश्वास है। वह सुशीलता धन्य है जिस पर इतना विश्वास टिक सके; और विश्वास धन्य है जो सुशीलता पर इस अविचल भाव से जमा रहे! भरत की आशा का एक मात्र आधार यही विश्वास है कौशल्या के सामने जिन वाक्यों द्वारा वे अपनी सफाई देते हैं, उनके एक एक शब्द से अंतःकरण की स्वच्छता झलकती है। उनकी शपथ उनकी अंतर्वेदना की व्यंजना है—

जे अघ मातु, पिता सुत मारे। गाव गोठ महिसुर पुर जारे।।
जे अघ तिय बालक बध कीन्हें। मीत महीपति माहुर दीन्हें।।
जे पातक उपपातक अहहीं। करम बचन मन भव कवि कहहीं।।
ते पातक मोहि होहु बिधाता। जौं एहु होइ मोर मत माता!

इस सफाई के सामने हजारों वकीलों की सफाई कुछ नहीं है, इन कसमों के सामने लाखों कसमें कुछ नहीं हैं। यहाँ वह हृदय खोलकर रख दिया गया है जिसकी पवित्रता को देख जो चाहे अपना हृदय निर्मल कर ले।

हास्यरस का एक अच्छा छींटा नारदमोह के प्रसंग में मिलता है। नारदजी बंदर का मुँह लेकर स्वयंवर की सभा में एक राजकन्या को मोहित करने बैठे हैं—

काहु न लखा सो चरित बिसेखा। सो सरूप नृप कन्या देखा।।
मर्कट बदन भंयकर देही। देखत हृदय क्रोध भा तेही।।
जेहि दिसि बैठे नारद फूली। सो दिसि तेहि न बिलोकी भूली।।
पुनि पुनि मुनि उकसहिं अकुलाहीं। देखि दसा हरगन मुसुकाहीं।।

गोस्वामीजी का यह हास भी मर्यादा के साथ है, 'स्मित' हास है, बड़े लोगों का हास है। उसपर भी उद्देश्यगर्भित है, निरा हास ही हास नहीं है। यह मोह और अहंकार छुड़ाने का एक साधन है। इस आलंबन का स्वरूप भी विदूषकों का सा कृत्रिम नहीं है।

हास के अतिरिक्त बालविनोद की सामग्री देखनी हो, तो सुंदर कांड में एक लंबी पूँछ के बंदर को पूँछ में लुक बाँधकर नाचते हुए और राक्षसों के लड़कों को ताली बजाकर कूदते हुए देखिए। थोड़ी देर वहीं ठहरने पर ऐसा भ[illegible] और वीभत्स कांड देखने को मिलेगा, जो भुलाए न भूलेगा।

युद्धवीर के उदाहरणों से तो सारा लंकाकांड भरा पड़ा है। 'उत्साह' नामक भाव की भी व्यंजना अत्यंत उत्कर्ष को पहुँची हुई है और युद्ध के दृश्य का चित्र भी बड़ा ही उग्र और प्रचंड है। वीररस का वर्णन कौशल उन्होंने तीन शैलियों के भीतर दिखाया है—प्राचीन राजपूत काल के चारणों की छप्पयवाली ओजस्विनी शैली के भीतर; इधर के फुटकरिए कवियों की दंडकवाली शैली के भीतर; और अपनी नीज की गीतिकावाली शैली के भीतर।

धनुष चढ़ाने के लिये राम और लक्ष्मण का उत्साह और धनुर्भंग की प्रचंडता का वर्णन भी अत्यंत वीरोल्लासपूर्ण है। धनुर्भंग के इस वर्णन में प्रश्न यह उठता है कि इसमें प्रदर्शित 'उत्साह' का आलंबन क्या है। प्रचलित साहित्य ग्रंथों में देखिए तो युद्धवीर का आलंबन विजेतव्य ही मिलेगा। यह विजेतव्य शत्रु या प्रतिपक्षी ही हुआ करता है। अत: यहाँ विजेतव्य धनुष ही हो सकता है। पर पृथ्वी पर खड़ा हुआ जड़ धनुष मनुष्य के हृदय में उठाने या तोड़ने का उत्साह किस तरह जाग्रत करेगा, यह समझते नहीं बनता है। वह तो पड़ा पड़ा ललकार नहीं रहा है। यदि किसी मनुष्य में इतना साहस और बल है कि वह बड़ी बड़ी चट्टानों को उठा सकता है, तो पहाड़ पर जाकर उसकी क्या दशा होगी ? अत: हमारी समझ में उत्साह का आलंबन कोई विकट या दुष्कर 'कर्म' ही होता है।

गोस्वामीजी को मनुष्य की अंत:प्रकृति की जितनी परख थी उतनी हिंदी के और किसी कवि को नहीं। कैसे अवसर पर मनुष्य के हृदय में स्वभावत: कैसे भाव उठते हैं, इसकी वे बहुत सटीक कल्पना करते थे। राम के अयोध्या लौटने पर जब सुग्रीव और विभीषण ने राम और भरत का मिलना देखा तब उनके चित्त में क्या आया होगा, यह देखिए—

सधन चोर मग मुदित मन धनी गही ज्यों फेंट।
त्यों सुग्रीव विभीषनहि भई भरत की भेंट॥

रास्ते भर तो वे बहुत ही प्रसन्न आए होंगे और राम के साथ रहने के कारण अपने को गौरवशाली—शायद साधु और सज्जन भी समझते रहे होंगे। पर यह महत्व उनका निज का अर्जित नहीं था, केवल राम की कृपा से मिला हुआ था। वे जो उसे अपना अर्जित समझते आ रहे थे, यह उनका भ्रम था। उनका यह भ्रम राम और भरत का मिलना देखकर दूर हो गया। वे ग्लानि से गड़ गए। उनके मन में आया कि एक भाई भरत है और एक हम लोग हैं जिन्होंने अपने भाइयों के साथ ऐसा व्यवहार किया।

कवि लोग अर्थ और वर्णविन्यास के विचार से जिस प्रकार शब्दशोधन करते हैं, उसी प्रकार अधिक मर्मस्पर्शी और प्रभावोत्पादक दृश्य उपस्थित करने के लिये व्यापारशोधन भी करते हैं। बहुत से व्यापारों में जो व्यापार अधिक प्राकृतिक होने के कारण स्वभावत: हृदय को अधिक स्पर्श करनेवाला होता है, भावुक कवि

की दृष्टि उसी पर जाती है। यह चुनाव दो प्रकार से होता है। कहीं तो (१) चुना हुआ व्यापार उपस्थित प्रसंग का व्याप्य व्यापक संबंध होता है और वह व्यापार उपलक्षण मात्र होता है; और कहीं (२) चुना हुआ व्यापार प्रस्तुत व्यापार से सादृश्य रखता है; जैसे अन्योक्ति में। गोस्वामीजी ने दोनों प्रकार के चुनाव में अपनी स्वाभाविक सहृदयता दिखाई है।

(१) प्रथम पद्धति का अवलंबन ऐसी स्थिति को अंकित करने में होता है जिसके अंतर्गत बहुत से व्यापार हो सकते हैं और सब व्यापारों का वाच्य एक सामान्य शब्द हुआ करता है; जैसे अत्याचार, दैन्य, दुःख, सुख इत्यादि। अत्याचार शब्द के अंतर्गत डाँटने डपटने से लेकर मारना, पीटना, जलाना, स्त्री बालकों की हत्या करना, न जाने कितने व्यापार समझे जाते हैं। इसी प्रकार दीन दशा के भीतर खाने पहनने की कमी से लेकर द्वार द्वार फिरना, दाँत निकालकर माँगना, किसी के दरवाजे पर अड़कर बैठना और हटाने से भी न हटना ये सब गोचर दृश्य आते हैं। इन दृश्यों में जो सबसे अधिक मर्मस्पर्शी होता है, भावुक कवि उसी को सबका उपलक्षण बनाकर, स्थिति को हृदयंगम करा देता है। गोस्वामीजी ने अपने दैन्य भाव का चित्रण स्थान स्थान पर इसी पद्धति से किया है। कुछ उदाहरण लीजिए—

कहा न कियो, कहाँ न गयो, सीस काहि न नायो?
हा हा करि दीनता कही, द्वार द्वार बार बार, परी न छार मुँह बायो।
महिमा मान प्रिय प्रान तें तजि, खोलि खलन आगे खिनुखिनु पेटखलायो॥

इसका अर्थ यह नहीं कि तुलसीदासजी सचमुच द्वार द्वार पेट खलाते और डाँट फटकार सुनते फिरते थे।

कहीं राजा राम के द्वार पर खड़े अपनी दीनता का चित्र आप देखते हैं।

राम सों बड़ो है कौन, मो सों कौन छोटो?
राम सों खरो है कौन, मो सों कौन खोटो?

सारी विनयपत्रिका का विषय यही है—राम की बड़ाई और तुलसी की छोटाई। दैन्यभाव जिस उत्कर्ष को गोस्वामीजी में पहुँचा है, उस उत्कर्ष को और किसी भक्त कवि में नहीं। इस भावरहस्य से अनभिज्ञ और इस उपलक्षण पद्धति को न समझनेवाले ऊपर के पदों को देख यदि कहें कि तुलसीदासीजी बड़े भारी मंगन थे, हटाने से जल्दी हटते नहीं थे और खुशामदी भी बड़े भारी थे, तो उनका प्रतिवाद करना समय नष्ट करना ही है। खेद इस बात पर अवश्य होता है कि 'स्वतंत्र आलोचना' का ऐसा स्थूल और भद्दा अर्थ समझनेवाले भी हमारे बीच विद्यमान हैं। एक स्थान पर गोस्वामीजी कहते हैं—

खीझिबे लायक करतब कोटि कोटि कटु,
रीझिबे लायक तुलसी की निलजई।

इसपर यदि कोई कह दे कि तुलसीदासजी बड़े भारी बेहया थे, तो उसकी क्या दवा है?

तुलसीदासजी को जब स्वामी के प्रति अपने प्रेम की अनन्यता की इस प्रकार प्रतीति हो जाती है कि 'जानत जहान मन मेरे हू गुमान बड़ो, मान्यो मैं न दूसरो, न मानत, न मानिहौं' तब प्रेमाधिक्य वे मुँहलगे हो जाते हैं और कभी कभी ऐसी बातें भी कह देते हैं—

हौं अब लौं करतूति तिहारिय चितवत हुतो न रावरे चेते।
अब तुलसी पूतरो बाँधिहैं सहि न जात मोपै परिहास एते॥

पर ऐसी गुस्ताखी कभी नहीं करते कि 'आपने करम भवनिधि पार करौं जौ तो हम करतार, करतार तुम काहे के?'

देखिए, संसार की अशांति का चित्र कैसा मर्मस्पर्शी और प्राकृतिक जीवन-व्यापार उपलक्षण के रूप में चुनकर वे अंकित करते हैं—

डासत ही गई बीति निसा सब कतहुँ न, नाथ! नींद भरि सोयो।

(2) प्रस्तुत व्यापार के स्थान पर उसी के सदृश अप्रस्तुत व्यापार चुनने में भी गोस्वामीजी ने प्रभावोत्पादक प्राकृतिक दृश्यों की परख का पूर्ण परिचय दिया है। प्रेमभाव का उत्कर्ष दिखाने के लिये उन्होंने चातक और मीन को पकड़ा है। 'दोहावली' के भीतर चातक की अन्योक्तियाँ प्रेम भक्तों के हृदय का सर्वस्व हैं। यही चातकता और मीनता वे जीवन भर चाहते रहे—'करुणा-निधान! वरदान तुलसी चहत सीतापति भक्ति सुरसरि नीर मीनता।' अन्योक्ति आदि के लिये भी वे तत्काल हृदय में चुभनेवाला दृश्य लाकर खड़ा कर देते हैं। इससे प्रस्तुत विषय के संबंध में जो भाव उत्पन्न करना इष्ट होता है; वह भाव थोड़ी देर के लिये अवश्य उत्पन्न होता है। प्रासादों में सुख से रहनेवाली सीता वन में कैसे रह सकेगी—

नव रसाल बन बिहरन सीला। सोह कि कोकिल विपिन करीला॥

भारतेंदु हरिश्चंद्र : परिचय

भारतेंदु हरिश्चंद्रजी क्लाइव के चरित्र पर धब्बा डालनेवाले इतिहास-प्रसिद्ध सेठ अमीचंद के घराने में थे। अमीचंद के दोनों पुत्र राय रतनचंद और साह फतहचंद काशी में आ बसे। साहु फतहचंद के पौत्र बाबू हरषचंद, जो काले हरषचंद के नाम से प्रसिद्ध थे, काशी के एक संपत्तिशाली रईस थे। उनके पुत्र बाबू गोपालचंद (उपनाम गिरधरदास) हिंदी के एक बहुत ही प्रौढ़ कवि थे। इन्हीं के पुत्र भारतेंदु हरिश्चंद्रजी हुए जिनका जन्म 9 सितम्बर सन् 1850 ई० को हुआ।

आरंभ ही से इनका स्वभाव चपल और बुद्धि तीव्र थी। कहते हैं कि सात ही वर्ष की अवस्था में इन्होंने एक दोहा बनाया था जिसपर इनके पिता ने इनके होनहार होने की आशा प्रकट की थी। नौ वर्ष की अवस्था में इनके पिताजी का देहावसान हो गया जिससे इनकी प्रकृति में और भी स्वतंत्रता आ गई। कुछ दिनों तक ये राजा शिवप्रसाद से अंग्रेजी पढ़ते रहे, पीछे बनारस के क्वींस कालेज में पढ़ने जाने लगे। पढ़ने में ये बहुत अच्छे थे, पर तीन चार वर्ष पीछे जब अपनी माताजी के साथ जगन्नाथजी की यात्रा से लौटकर आए तब पढ़ने का सिलसिला टूट गया। इसी जगन्नाथजी की यात्रा में बंग साहित्य की नई गति से इनका परिचय हुआ और हिंदी साहित्य को भी नए मार्ग पर लाने का उत्साह इनके मन में उत्पन्न हुआ। साथ ही देशप्रेम और देशहित का भाव भी जगा।

जगन्नाथजी से लौटने पर पहले ये शिक्षा प्रचार के आयोजन में लगे और अपने घर पर ही एक स्कूल खोला जिसमें आसपास के लड़के पढ़ने आने लगे। कुछ दिनों में बढ़ते बढ़ते यह 'चौखंभा स्कूल' हुआ और आज 'हरिश्चंद्र स्कूल' के नाम से काशी के अच्छे हाई स्कूलों में गिना जाता है। शिक्षा प्रचार के उद्योग के साथ ये साहित्य निर्माण में भी लग गए। सन् 1868 ई० में इन्होंने बँगला से अनुवाद करके 'विद्यासुंदर नाटक' प्रकाशित किया और 'कविवचन सुधा' नाम की पत्रिका निकाली। सन् 1873 ई० में 'हरिश्चंद्र मेगज़ीन' बड़ी धूम से निकली, जिसका नाम आठ महीने पीछे 'हरिश्चंद्र-चंद्रिका' हो गया। इसी 'चंद्रिका' से हिंदी के नए युग का प्रवर्त्तन हुआ और कई एक प्रतिभाशाली लेखक साहित्य के इस नए उत्थान में योग देने के लिये खड़े हुए। इसी वर्ष इन्होंने 'पेनी

रीडिंग क्लब' नाम का समाज स्थापित किया जिसमें हिंदी के अच्छे अच्छे लेख और कविताएँ पढ़ी जाती थीं। 'कर्पूरमंजरी' और 'चंद्रावली नाटिका' की रचना तथा 'तदीय समाज' की स्थापना भी इसी समय के लगभग हुई। इस समाज में धर्म और भगवत्प्रेम संबंधी वार्ता हुआ करता थी।

ये जैसे प्रतिभाशाली कवि और लेखक थे वैसे ही उदार और गुणग्राहक थे। ये जब तक रहे, कवियों और लेखकों को हर तरह से—प्रेमपूर्वक, अनुनय विनय से, साधुवाद से, अर्थसाहाय्य से—उत्साहित करते रहे। इनका सारा समय साहित्य चर्चा में ही बीतता था। इनके यहाँ कवियों और लेखकों का दरबार सा लगा रहता था। कोई गुणी, जो अर्थी होकर इनके पास आया, विमुख नहीं फिरा, आशा से कहीं अधिक सफलकाम होकर लौटा। हिंदी के हित के लिए तो इन्होंने रुपया पानी की तरह बहाया। अपनी दशा क्या होगी, इसका तो इन्होंने कभी ख्याल ही नहीं किया। शारीरिक श्रम का अनुमान इसी से हो सकता है कि ३५ वर्ष की आयु पाकर ही इन्होंने इतनी पुस्तकें लिख डालीं। हिंदी की ओर प्रेम उत्पन्न करने के लिए ये जगह जगह अपने इस सिद्धांत की घोषणा करते हुए—

> निज भाषा उन्नति अहै सब उन्नति को मूल।
> बिनु निज भाषा ज्ञान के मिटत न हिय को शूल।।

व्याख्यान भी दिया करते थे। सारांश यह कि हिंदी पर इन्होंने तन, मन धन सब कुछ निछावर किया।

हिंदी साहित्य की नवीन गति के प्रवर्त्तक भारतेंदुजी ही माने जाते हैं। नए ढंग के रूपकों के अतिरिक्त इन्होंने गद्य निबंध; इतिहास (जैसे, काश्मीर कुसुम, बादशाहदर्पण) आदि भी लिखे। बंगभाषा के नई चाल के उपन्यासों को देख अपने जीवन के पिछले काल में उपन्यास लिखने की ओर भी इनकी प्रवृत्ति हो रही थी, पर अचानक अमर लोक का निमंत्रण आ पहुँचा और ३५ वर्ष की अवस्था में ही ६ जनवरी १८८५ को ये इस संसार को छोड़कर चले गए। चले तो गए, पर जब तक हिंदी भाषा और उसका साहित्य रहेगा तब तक इनकी मधुर स्मृति बनी रहेगी।

हिंदी-गद्य-साहित्य का सूत्रपात करनेवाले चार महानुभाव कहे जाते हैं—मुंशी सदासुखलाल, इंशा अल्ला खाँ, लल्लूलाल और सदल मिश्र। ये चारों संवत्

साहित्यिक प्रभाव

१८६० के आसपास विद्यमान थे। सच पूछिए तो ये गद्य के नमूने दिखानेवाले ही रहे; अपनी परंपरा प्रतिष्ठित करने का गौरव इनमें से किसी को भी प्राप्त न हुआ। हिंदी गद्य साहित्य की अखंड परंपरा का प्रवर्त्तन इन चारों लेखकों के ७०–७२ वर्ष पीछे हुआ। विक्रम की बीसवीं शताब्दी का प्रथम चरण समाप्त हो जाने पर जब भारतेंदु ने हिंदी गद्य की भाषा को सुव्यवस्थित [illegible] परिमार्जित करके उसका स्वरू

स्थिर कर दिया तब से गद्य साहित्य की परंपरा लगातार चली। इस दृष्टि से भारतेंदुजी जिस प्रकार वर्त्तमान गद्य भाषा के स्वरूप प्रतिष्ठापक थे, उसी प्रकार वर्त्तमान साहित्य परंपरा के प्रवर्त्तक।

भारतेंदुजी ने जिस प्रकार की हिंदी चलाई उसके रूप का कुछ पूर्व आभास मुंशी सदासुख और पंडित सदल मिश्र की भाषा में ही मिलता है। दोनों की भाषा के नमूने देखिए—

"यद्यपि ऐसे विचार से हमें लोग नास्तिक कहेंगे, हमें इसका डर नहीं। जो बात सत्य है उसे कहना चाहिए, कोई बुरा माने कि भला माने। विद्या इस हेतु पढ़ते हैं कि तात्पर्य उसका सतोवृत्ति है। वह प्राप्त हो और उससे निज स्वरूप में लय हूजिए। इस हेतु नहीं पढ़ते हैं कि चतुराई की बातें कहके लोगों को बहकाइए और फुसलाइए और सत्य छिपाइए।"

मुंशी सदासुख

"कब मैं सुंदर बालक सहित चंद्रावती का मुँह, कि जो बन के रहने से भोर के चंद्रमा सा मलीन हुआ होगा, देखोगी। देखो, यह कर्म का खेल! कहाँ इहाँ नाना भाँति भोग विलास में वो फूलह्न के बिछौने पर सुख से जिसके दिनरात बीतते थे, सो अब जंगल में कंदमूल खा काँटे कुश पर सोकर स्यारों के चहुँदिशि डरावने शब्द सुनि कैसे विपति को काटती होगी?"

सदल मिश्र

पर इस आभास को पाकर भी उस समय साहित्यसेवी गद्य लेखकों की परंपरा नहीं तैयार हुई। इसका उस समय यदि किसी ने लाभ उठाया तो ईसाई मतप्रचारकों ने। संवत् 1866 में सिरामपुर से बाईबिल के कुछ अंश का हिंदी अनुवाद प्रकाशित हुआ और संवत् 1875 तक यह अनुवाद पूरा हो गया। तब से बराबर मिशनरियों की ओर से मतप्रचार की पुस्तकों के अतिरिक्त शिक्षासंबंधिनी पुस्तकें कुछ न कुछ बराबर प्रकाशित होती रहीं। ये पुस्तकें भूगोल, इतिहास, रसायन, जंतु विवरण आदि भिन्न भिन्न विषयों पर होती थीं। आगरे की 'एजुकेशन सोसाइटी' और मिर्ज़ापुर के 'आरफ़ेन प्रेस' से इस प्रकार की बहुत सी पुस्तकें निकलीं। उनकी भाषा विशुद्ध रहती थी। उनमें फ़ारसी अरबी के शब्द नहीं आने पाते थे। पर उन पुस्तकों की गिनती साहित्य में नहीं हो सकती।

इसके उपरांत राजा लक्ष्मणसिंह और राजा शिवप्रसाद का समय आता है। उस समय अदालती भाषा उर्दू नियत हो चुकी थी और नवशिक्षित लोगों की वही भाषा हो रही थी। इससे जब देशभाषा की पढ़ाई की व्यवस्था हुई और गाँवों और क़सबों में मदरसे खुलने लगे तब भाषा का प्रश्न बड़े विकट रूप में सामने आया। मुसलमान लोग 'भाखा' (संस्कृत मिली हिंदी) से बहुत डरने या चिढ़ने लगे थे। इससे वे हिंदी का विरोध करने में बराबर तत्पर रहते थे। अँगरेज़ अफ़सर भी दो प्रकार की गद्य भाषा प्रचलित होना ठीक नहीं समझते थे।

इसी परिस्थिति में अर्थात् संवत् १६१३ में राजा शिवप्रसाद स्कूलों के इंस्पेक्टर हुए। वे हिंदी को उर्दू से स्वतंत्र रूप में प्रतिष्ठित करना चाहते थे, पर उनके मार्ग में बड़े बड़े विघ्न थे। अंत में उन्होंने ठेठ हिंदी का आश्रय लिया जिसमें अरबी फ़ारसी के प्रचलित शब्द भी रहते थे। उन्होंने 'राजा भोज का सपना', 'वीरसिंह का वृत्तांत' आदि कई छोटी पुस्तकें इस प्रकार की भाषा में आप तो लिखीं ही, पंडित श्रीलाल, पंडित वंशीधर आदि अपने अनेक मित्रों से भी लिखाईं। पर पीछे शिक्षा विभाग के अधिकारियों की प्रवृत्ति उर्दू की ही ओर अधिक देख 'इतिहास तिमिर नाशक' आदि में राजा साहब ने 'बैतालपचीसी' की भाषा का अनुकरण किया, जो बिलकुल उर्दू है। अपने इस बदलते हुए सिद्धांत का निरूपण उन्होंने 'भाषा का इतिहास' नामक एक लेख में किया जिसमें लिखा कि "हम लोगों को जहाँ तक बन पड़े चुनने में उन शब्दों को लेना चाहिए जो आमफ़हम और ख़ास पसंद हों।"

राजा शिवप्रसाद के उर्दू की ओर एकबारगी झुक पड़ने के पहले ही राजा लक्ष्मणसिंह अपने 'शकुंतला नाटक' द्वारा संवत् १६१६ में थोड़ी संस्कृत मिली ठेठ और विशुद्ध हिंदी सामने रख चुके थे जिसमें अरबी फ़ारसी के शब्द नहीं थे। उसका कुछ अंश राजा शिवप्रसाद ने अपने 'गुटका' में सम्मिलित किया था। पीछे जब वे उर्दू की ओर झुके तब राजा लक्ष्मणसिंह ने अपने 'रघुवंश' के अनुवाद के प्राक्कथन में भाषा के संबंध में अपना मत इस प्रकार प्रकट किया--

"हमारे मत में हिंदी और उर्दू दो बोली न्यारी न्यारी हैं। हिंदी इस देश के हिंदू बोलते हैं और उर्दू यहाँ के मुसलमानों और पारसी पढ़े हुए हिंदुओं की बोलचाल है। हिंदी में संस्कृत के पद बहुत आते हैं; उर्दू में अरबी पारसी के। परंतु कुछ अवश्य नहीं है कि अरबी पारसी के शब्दों के बिना हिंदी न बोली जाय और न हम उस भाषा को हिंदी कहते हैं जिसमें अरबी पारसी के शब्द भरे हों।"

ऊपर के विवरण से स्पष्ट है कि जिस समय राजा लक्ष्मणसिंह और राजा शिवप्रसाद मैदान में आए थे उस समय खींचतान बनी थी; भाषा के स्वरूप को स्थिरता नहीं प्राप्त हुई थी। वह भाषा का प्रस्ताव काल था। प्रवर्त्तन काल का आरम्भ भारतेंदु की कुछ रचनाओं के निकल जाने के उपरांत संवत् १६३० के लगभग हुआ। यद्यपि इसके पहले 'विद्यासुंदर' (संवत् १६२५) तथा और कई नाटक भारतेंदुजी लिख चुके थे, पर वर्त्तमान हिंदी गद्य के उदय का समय उन्होंने 'हरिश्चंद्र मैगज़ीन' के निकलने पर, अर्थात् संवत् १६३० से, माना है।

भारतेंदु की भाषा में ऐसी क्या विशेषता पाई गई कि उसका इतना चलन उन्हीं के सामने हो गया, इसका थोड़ा विचार कर लेना चाहिए। संवत् १८६० में खड़ी बोली के गद्य का सूत्रपात करनेवालों में मुंशी सदासुख और सदल मिश्र ने ही व्यवहार योग्य चलती भाषा का नमूना तैयार किया था। पर इन दोनों की रचनाओं में सफाई नहीं थी। बहुत कुछ कूड़ा करकट भरा था। मुंशी

सदासुख भगवद्भक्त पुरुष थे और पंडितों और साधुसंतों के सत्संग में रहा करते थे। इससे उनके 'सुखसागर' की भाषा में बहुत कुछ पंडिताऊपन है। उनकी खड़ी बोली उस ढंग की है जिस ढंग की संस्कृत के विद्वान् पंडित काशी, प्रयाग आदि पूरब के नगरों में बोलते थे और अब भी बोलते हैं। यद्यपि मुंशीजी खास दिल्ली के रहनेवाले थे और उर्दू के अच्छे कवि और लेखक थे; पर हिंदी गद्य के लिए उन्होंने पंडितों की बोली ही ग्रहण की। 'स्वभाव करके वे दैत्य कहलाए', 'उसे दुख होयगा', 'बहकावनेवाले बहुत हैं' इस प्रकार के प्रयोग उन्होंने बहुत किए हैं। रहे सदल मिश्र; उनकी भाषा में पूरबीपन बहुत अधिक है। 'जो' के स्थान पर 'जौन', 'माँ' के स्थान पर 'मतारी', यहाँ के स्थान पर 'इहाँ', 'देखूँगी' के स्थान पर 'देखौंगी' ऐसे शब्द बराबर मिलते हैं। इसके अतिरिक्त ब्रजभाषा या काव्यभाषा के ऐसे ऐसे प्रयोग जैसे 'फूलन्ह के' 'चहुँदिशि' 'सुनि' भी लगे रह गए हैं।

पहले कहा जा चुका है कि लल्लूलाल और राजा शिवप्रसाद के बीच जो ५० वर्ष का अंतर पड़ता है उसमें ईसाइयों के प्रबंध से शिक्षासंबंधिनी विविध विषयों की पुस्तकें निकलती रहीं। इनकी भाषा अरबी फारसी के शब्दों से रहित तो अवश्य रहती थी, पर वाक्य रचना ऊटपटाँग और शब्द विन्यास विलक्षण होता था। इतना इन पुस्तकों से अवश्य हुआ कि खड़ी बोली गद्य का स्वतंत्र हिंदी रूप लोगों के सामने से हटने नहीं पाया। यही कारण है कि राजा शिवप्रसाद और लक्ष्मणसिंह के मैदान में आने के पहले ही साफ सुथरी हिंदी लिखनेवाले कुछ लेखक तैयार हो गए थे। सन् १८५२ (संवत् १९०८-१९०९) से 'बुद्धिप्रकाश' नाम का एक पत्र आगरा से छपकर प्रकाशित होने लगा था जिसमें समाचारों के अतिरिक्त स्त्री शिक्षा आदि विषयों पर कुछ निबंध भी रहते थे। इस पत्र की भाषा विशुद्ध होने पर भी सदासुख और सदल मिश्र की भाषा से बहुत परिमार्जित है : नमूना देखिए—

"स्त्रियों में संतोष, नम्रता और प्रीत यह सब गुण कर्ता ने उत्पन्न किए हैं। केवल विद्या ही की न्यूनता है जो यह भी हो तो स्त्रियाँ अपने सारे ऋण से चुक सकती हैं और लड़कों को सिखाना, पढ़ाना जैसा उनसे बन सकता है पुरुषों से नहीं हो सकता। यह काम उन्हीं का है कि शिक्षा के कारण बाल्यावस्था में लड़कों को भूल चूक से बचावें और सरल सरल विद्या उन्हें सिखावें।"

स्त्रियों की शिक्षा के विषय

उद्धृत अंश में विराम चिह्नों का जैसा अभाव है वैसा ही सारे लेख में है। एक में न जुड़ सकनेवाले वाक्य भी बराबर 'और' लगाकर यहाँ से वहाँ तक जुड़ते चले गए हैं। राजा शिवप्रसाद और राजा लक्ष्मणसिंह की लिखावट में भी यह दोष कुछ न कुछ बना रहा।

राजा शिवप्रसाद के गद्य में अधिक खटकनेवाली बात थी उर्दूपन जो दिन

दिन बढ़ता गया। इसी प्रकार राजा लक्ष्मणसिंह के गद्य में खटकनेवाली बात थी आगरे की बोलचाल का पुट। दूसरी बात यह थी कि विशुद्धता का जो आदर्श लेकर राजा लक्ष्मणसिंह चले थे वह एक चलती व्यावहारिक भाषा के उपयुक्त न था। जो फारसी अरबी के शब्द लोगों की ज़बान पर नाचा करते थे उन्हें एकदम छोड़ देना भाषा की संचित शक्ति को घटाना था। हँसी मज़ाक के लिए कुछ अरबी फारसी के चलते शब्द कभी कभी कितना अच्छा काम देते हैं, यह हम लोग बराबर देखते हैं।

ऊपर लिखी त्रुटियों को ध्यान में रखते हुए जब हम भारतेंदु की भाषा पर विचार करने बैठते हैं तब इस बात का समझना कुछ सुगम हो जाता है कि उन्होंने हिंदी गद्य का क्या संस्कार किया। उनकी भाषा में न तो लल्लूलाल का व्रजभाषापन आने पाया, न मुंशी सदासुख का पंडिताऊपन, न सदल मिश्र का पूरबीपन, न राजा शिवप्रसाद का उर्दूपन, और न लक्ष्मणसिंह का ख़ालिसपन और आगरापन। इतने 'पनों' से एक साथ पीछा छुड़ाना भाषा के संबंध में बहुत ही परिष्कृत रुचि का परिचय देता है। संस्कृत शब्दों के आने पर भी भाषा का सुबोध बना रहना, फ़ारसी अरबी के शब्द आने पर भी साथ साथ उर्दूपन न आना, हिंदी की स्वतंत्र सत्ता का प्रमाण था। उनका भाषा संस्कार शब्दों की काट छाँट तक ही नहीं रहा। वाक्य विन्यास में भी सफ़ाई लाए। उनकी लिखावट में एक साथ जुड़ सकनेवाले वाक्य एक में गुँथे हुए प्रायः नहीं पाए जाते। तात्पर्य के उपयुक्त संयोजक अव्ययों का व्यवहार जैसा इन्होंने चलाया वैसा इनके पहले न था। विराम की परख भी इन्हें राजा लक्ष्मणसिंह और राजा शिवप्रसाद से अच्छी थी।

यह तो हुई भाषा की रूप-प्रतिष्ठा की बात। इससे भी बढ़कर काम उन्होंने हिंदी साहित्य को एक नए मार्ग पर खड़ा करके किया। वे साहित्य के नए युग के प्रवर्त्तक हुए। यद्यपि देश में नए नए विचारों और भावनाओं का संचार हो गया था, पर हिंदी उनसे दूर थी। लोगों की अभिरुचि बदल चली थी, पर हमारे साहित्य पर उसका कोई प्रभाव नहीं दिखाई पड़ता था। शिक्षित लोगों के विचारों और व्यापारों ने तो दूसरा मार्ग पकड़ लिया था, पर उनका साहित्य उसी पुराने मार्ग पर था। ये लोग समय के साथ आप तो कुछ आगे बढ़ आए थे, पर जल्दी में अपने साहित्य को साथ न ले सके थे। उसका साथ छूट गया था और वह उनके विचारक्षेत्र और कार्यक्षेत्र दोनों से अलग पड़ गया था। प्रायः सभी सभ्य जातियों का साहित्य उनके विचारों और व्यापारों से लगा हुआ चलता है। यह नहीं कि उनकी चिंताओं और कार्यों का प्रवाह एक ओर जा रहा हो और उनके साहित्य का प्रवाह दूसरी ओर।[1]

---

१. इन सब बातों का पूरा विवेचन मैं 'हरिश्चंद्र-समीक्षा' नामक एक लेख में कर चुका हूँ जो आज से १४-१५ वर्ष पहले 'नागरी-प्रचारिणी पत्रिका' भाग १४-१५ संख्या १० में छपा है।

फिर यह विचित्र घटना यहाँ कैसे हुई ? बात यह थी कि जिन लोगों के मन में नई शिक्षा के प्रभाव से नए विचार उत्पन्न हो रहे थे, जो अपनी आँखों काल की रीति देख रहे थे और देश की आवश्यकताओं को समझ रहे थे, उनमें अधिकांश तो ऐसे थे जिनका कई कारणों से—विशेषत: उर्दू के बीच में पड़ जाने से—हिंदी साहित्य से लगाव छूट सा गया था और शेष—जिनमें नवीन भावों की कुछ प्रेरणा और विचारों की कुछ स्फूर्ति थी—ऐसे थे जिन्हें हिंदी साहित्य का क्षेत्र इतना परिमित दिखाई देता था कि नए नए विचारों को सन्निविष्ट करने के लिए स्थान ही नहीं सूझता था। उस समय एक ऐसे सामंजस्यपटु, साहसी और प्रतिभासंपन्न पुरुष की आवश्यकता थी जो कौशल से इन बढ़ते हुए विचारों का मेल देश के परंपरागत साहित्य से करा देता। ऐसे ही पुरुष के रूप में बाबू हरिश्चंद्र साहित्यक्षेत्र में उतरे। उन्होंने हमारे जीवन के साथ हमारे साहित्य को फिर से लगा दिया। बड़े भारी विच्छेद से उन्होंने हमें बचाया।

वे सिद्ध वाणी के अत्यंत सरस हृदय कवि थे। इससे एक ओर तो उनकी लेखनी से शृंगाररस के ऐसे रसपूर्ण और मर्मस्पर्शी कवित्तसवैये निकलते थे कि उनके जीवनकाल में ही इधर उधर लोगों के मुँह से सुनाई पड़ने लगे थे और दूसरी ओर स्वदेश प्रेम से भरे हुए उनके लेख और कविताएँ चारों ओर देश के मंगल का मंत्र सा फूँकती थीं। अपनी सर्वतोमुखी प्रतिभा के बल से एक ओर तो वे पद्माकर और द्विजदेव की परंपरा में दिखाई पड़ते थे, दूसरी ओर बंगदेश के मधुसूदनदत्त और हेमचंद्र की श्रेणी में; एक ओर तो राधाकृष्ण की भक्ति में झूमते हुए नई 'भक्तमाला' गूँथते दिखाई देते थे, दूसरी ओर टीकाधारी बगला भगतों की हँसी उड़ाते तथा स्त्री शिक्षा, समाज सुधार आदि पर व्याख्यान देते पाए जाते थे। प्राचीन और नवीन का यही सुंदर सामंजस्य भारतेंदु की कला का विशेष माधुर्य है। साहित्य के एक नवीन युग के आदि में प्रवर्त्तक के रूप में खड़े होकर उन्होंने यह भी प्रदर्शित किया कि नए नए या बाहरी भावों को पचाकर इस ढंग से मिलना चाहिए कि वे अपने ही साहित्य के विकसित अंग से लगें। प्राचीन और नवीन के उस संधिकाल में जैसी शीतल और मृदुल कला का संचार अपेक्षित था वैसी ही शीतल और मृदुल कला के साथ भारतेंदु का उदय हुआ, इसमें संदेह नहीं।

भारतेंदु ने जिस समय कलम उठाई उस समय हिंदी साहित्य में भक्ति, शृंगार आदि की पुराने ढंग की कविताएँ ही होती चली आ रही थीं। गद्य का मैदान एक तरह से खाली ही था। बीच बीच में साधारण शिक्षासंबंधिनी कुछ पुस्तकें अवश्य निकल जाती थीं, पर देशकाल के अनुकूल साहित्य निर्माण का कोई विस्तृत प्रयत्न तब तक नहीं हुआ था। बंगदेश में ऐसे नए ढंग के नाटकों और उपन्यासों का सूत्रपात हो चुका था जिनमें देश और समाज की नई रुचि और भावना का प्रतिबिंब आने लगा था। पर हिंदीसाहित्य अपने पुराने रास्ते पर

ही पड़ा था। बंगदेश की इस नवीन साहित्यिक प्रगति से परिचित होते ही वे नूतन पद्धति पर साहित्य निर्माण में लग गए। संवत् १९२५ में उन्होंने 'विद्या-सुंदर' नाटक का बँगला से अनुवाद किया। इस अनुवाद में ही उन्होंने हिंदी गद्य के बहुत ही सुडौल रूप का आभास दिया। इसी वर्ष उन्होंने 'कविवचनसुधा' नाम की एक पत्रिका निकाली जिसमें पहले पुराने कवियों की कविताएँ छपा करती थीं, पर पीछे गद्य लेख भी रहने लगे। संवत् १९३० में उन्होंने 'हरिश्चंद्र मैगज़ीन' नाम की मासिक पत्रिका निकाली जिसका नाम आठ संख्याओं के उपरांत 'हरिश्चंद्र चंद्रिका' हो गया। हिंदी गद्य का ठीक परिष्कृत रूप पहले पहल इसी चंद्रिका में प्रकट हुआ। जिस प्यारी हिंदी को देश ने अपनी वाणी की विभूति समझा उसका दर्शन इस पत्रिका में हुआ। स्वयं भारतेंदु ने नई सुधरी हुई हिंदी का उदय इसी समय से माना है। उन्होंने 'कालचक्र' नाम की अपनी पुस्तक में नोट किया है कि "हिंदी नई चाल में ढली सन् १८७३ ई०"।

अपनी 'चंद्रिका' द्वारा भारतेंदु ने छोटे छोटे गद्य निबंधों का आयोजन किया। वे अपने ही निबंधों से उस पत्रिका को भरना नहीं चाहते थे। रुचि-वैचित्र्य के अनुसार वे अनेक प्रकार की शैलियों का विकास देखा चाहते थे। उसमें प्रकाशित उनका लिखा 'पाँचवें पैगंबर', मुंशी ज्वालाप्रसाद का 'कलिराज की सभा', बाबू तोताराम का 'अद्भुत अपूर्व स्वप्न', मुंशी कमला प्रसाद का 'रेल का विकट खेल' आदि लेख बहुत दिनों तक लोग बड़े चाव से पढ़ते थे। उपाध्याय पंडित बदरीनारायण चौधरी जब अपनी 'आनंदकादंबिनी' में अपने ही लेख दे चले तब भारतेंदुजी ने एक दिन उनसे कहा कि "जनाब! यह किताब नहीं है जो आप अकेले ही इरक़ाम फ़रमाया करते हैं, यह अख़बार है, इसमें हर तरह के लेखकों के लेख चाहिए, यह भी अवश्य नहीं कि सब बड़े भारी लिक्खाड़ हों।" कहने की आवश्यकता नहीं कि भारतेंदु की चलाई हुई इस साहित्यिक 'निबंध' परंपरा का पालन पंडित बालकृष्ण भट्ट, पंडित प्रताप नारायण मिश्र, उपाध्याय पंडित बदरीनारायण चौधरी आदि उनके कई सहयोगी कुछ दिनों तक करते रहे। परंतु खेद है कि वह परंपरा खंडित हो गई और हिंदी साहित्य में उच्च तात्पर्यपूर्ण निबंधों का अभाव अभी तक बना ही है।

भारतेंदुजी की गद्यरचना के भीतर प्रधान स्थान नाटकों का दिखाई पड़ता है। गद्य की शैली आदि का विवेचन करनेवाले पाश्चात्य ग्रंथों में विचार के लिए नाटकों की उक्तियाँ नहीं ली जातीं; प्रायः निबंध ही लिए जाते हैं। इसके दो कारण ध्यान में आते हैं। एक तो यह कि निबंध में लेखक के अपने भाव और विचार होते हैं या आजकल की नई बोली में उसके "व्यक्तित्व की छाप लगी होती है।" दूसरा यह कि संश्लिष्ट विचारधारा व्यक्त करने की शक्ति की परीक्षा निबंधों में ही हो सकती है। पर कला की दृष्टि से विचारात्मक गद्य के अतिरिक्त भावात्मक गद्य का भी बहुत कुछ मूल्य है और जिस प्रकार अपने व्यक्तिगत भावों

और विचारों के अभिव्यक्त करने में किसी लेखक की क्षमता का विचार हो सकता है, उसी प्रकार भिन्न भिन्न प्रकृतिवाले प्राणियों के भावों और विचारों को शब्दों में ठीक ठीक उतारने में भी। नाटकीय गद्य भी लेखकों की बड़ी भारी कसौटी है। उसकी सफलता भाषा पर विस्तृत अधिकार सूचित करती है। इसके अतिरिक्त नाटककार अपने व्यक्तिगत भावों और विचारों की व्यंजना भी तो कभी कभी किसी पात्र के मुँह से कराते ही हैं।

नाटकीय गद्य में बहुत लंबे लंबे और उलझे हुए वाक्य नहीं होने चाहिएँ। पात्रों के भाषण में वाक्य उतने ही बड़े होने चाहिएँ जितने सुनने के साथ ही समझे जा सकें। इस बात का ध्यान बाबू हरिश्चंद्र के सब नाटकों में रखा गया है। हाँ, कहीं कहीं लंबी वक्तृताएँ अवश्य हैं जो नाट्यकला के आधुनिक झुकाव के अनुकूल नहीं। भारतेंदु की भाषा के संबंध में पहले विचार कर आये हैं। यहाँ पर इतना ही और कहने की ज़रूरत है कि भारतेंदु और उनके समसामयिक लेखकों का ध्यान व्याकरण के नियमों पर उतना स्थिर नहीं हुआ था, इससे 'दीवार बनाया', 'आज्ञा किया,' 'भेंड़ बेचा', ऐसे व्याकरण विरुद्ध प्रयोग कहीं कहीं मिल जाते हैं जिन्हें चाहे तो 'पूरबीपन' भी कह सकते हैं। खड़ी बोली को दिल्लीवाली कसौटी पर कसते हैं तो भारतेंदु की भाषा में कहीं कहीं 'पूरबीपन' की कुछ झाईं मिल जाती है—पर बहुत कम।

कामायनी

किसी एक विशाल भावना को रूप देने की ओर भी अंत में प्रसादजी ने ध्यान दिया, जिसका परिणाम है 'कामायनी'। इसमें उन्होंने अपने प्रिय 'आनंद' की प्रतिष्ठा दार्शनिकता के ऊपरी आभास के साथ कल्पना की मधुमती भूमिका बनाकर की है। यह 'आनंदवाद' वल्लभाचार्य के 'कार्य' या आनंद के ढंग का न होकर, तांत्रिकों और योगियों की अंतर्भूमि पद्धति पर है। प्राचीन जलप्लावन के उपरांत मनु द्वारा मानवी सृष्टि के पुनर्विधान का आख्यान लेकर इस प्रबंध काव्य की रचना हुई है। काव्य का आधार है मनु का पहले श्रद्धा को फिर इड़ा को पत्नीरूप में ग्रहण करना तथा इड़ा को बंदिनी या सर्वथा अधीन बनाने का प्रयत्न करने पर देवताओं का उन पर कोप करना। 'रूपक' की भावना के अनुसार श्रद्धा विश्वाससमन्वित रागात्मिका वृत्ति है और इड़ा व्यवसायात्मिका बुद्धि। कवि ने श्रद्धा को मृदुता, प्रेम और करुणा का प्रवर्तन करनेवाली और सच्चे आनंद तक पहुँचानेवाली चित्रित किया है। इड़ा या बुद्धि अनेक प्रकार के वर्गीकरण और व्यवस्थाओं में प्रवृत्त करती हुई कर्मों में उलझानेवाली चित्रित की गई है।

कथा इस प्रकार चलती है। जलप्रलय के बाद मनु की नाव हिमवान् की चोटी पर लगती है और मनु वहाँ चिंताग्रस्त बैठे हैं। मनु पिछली सृष्टि की बातें और आगे की दशा सोचते सोचते शिथिल और निराश हो जाते हैं। यह चिंता 'बुद्धि, मति या मनीषा' का ही एक रूप कही गई है जिससे आरंभ में ही 'बुद्धिवाद' के विरोध का किंचित आभास मिल जाता है। धीरे धीरे आशा का रमणीय उदय होता है और श्रद्धा से मनु की भेंट होती हैं। श्रद्धा के साथ मनु शांतिसुखपूर्वक कुछ दिन रहते हैं। पर पूर्वसंस्कारवश कर्म की ओर फिर मनु की प्रवृत्ति होती है। आसुरी प्रेरणा से पशुहिंसापूर्ण काम्य यज्ञ करने लगते हैं जिससे श्रद्धा को विरक्ति होती है। वह यह देखकर दुखी होती है कि मनु अपने ही सुख की भावना में मग्न होते जा रहे हैं, उनके हृदय में सुख के, सब प्राणियों में, प्रसार का लक्ष्य नहीं जम रहा है जिससे मानवता का नूतन विकास होता। मनु चाहते हैं कि श्रद्धा का सारा सद्भाव, सारा प्रेम, एकमात्र उन्हीं पर स्थिर रहे, तनिक भी इधर उधर बँटने न पाए। इससे जब वे देखते हैं कि श्रद्धा पशुओं के

बच्चों को प्रेम से पुचकारती है और अपनी गर्भस्थ संतति की सुखक्रीड़ा का आयोजन करती है। तब उनके मन में ईर्ष्या होती है और उसे हिमालय की उसी गुफा में छोड़कर वे अपनी सुखवासना लिए हुए चल देते हैं।

मनु उजड़े हुए सारस्वत प्रदेश में उतरते हैं जहाँ कभी श्रद्धा से हीन होकर सुर और असुर लड़े थे, इंद्र की विजय हुई थी। वे खिन्न होकर सोचते हैं कि क्यों मैं भी उन्हीं के समान श्रद्धाहीन हो रहा हूँ। इसी बीच में अंतरिक्ष से 'काम' की अभिशापभरी वाणी सुनाई पड़ती है कि—

मनु ! तुम श्रद्धा को गए भूल।
उस पूर्ण आत्म विश्वासमयी को उड़ा दिया था समझ तूल।
तुम भूल गए पुरुषत्व मोह में, कुछ सत्ता है नारी की।
समरसता है संबंध बनी अधिकार और अधिकारी की।

× × ×

यह अभिनव मानव प्रजा सृष्टि।
द्वयता में लगी निरंतर ही वर्णों की करती रहे वृष्टि।
अनजान समस्याएँ ही गढ़ती, रचती हो अपनी ही विनष्टि।
कोलाहल कलह अनंत चले, एकता नष्ट हो, बढ़े भेद।
अभिलषित वस्तु तो दूर रहे, हाँ मिले अनिच्छित दुखद खेद।

...त होना है। मनु अपने सामने एक सुंदरी खड़ी पाते हैं—

बिखरी अलकें ज्यों तर्कजाल।
वह विश्वमुकुट सा उज्ज्वलतम शशिखंड सदृश स्पष्ट भाल।
गुंजरित मधुप से मुकुल सदृश वह आनन जिसमें भरा गान।
वक्षस्थल पर एकत्र धरे संसृति के सब विज्ञान ज्ञान।
था एक हाथ में कर्मकलश वसुधा जीवन रस सार लिए।
दूसरा विचारों के नभ को था मधुर अभय अवलंब दिए।

यह इड़ा (बुद्धि) थी। इसके साथ मनु सारस्वत प्रदेश की राजधानी में रह गए। मनु के मन में जब जगत् और उसके नियामक के संबंध में जिज्ञासा उठती है और उससे कुछ सहाय पाने का विचार आता है तब इड़ा कहती है—

हाँ ! तुम ही हो अपने सहाय।
जो बुद्धि कहे उसको न मानकर फिर किसकी नर शरण जाय ?
यह प्रकृति परम रमणीय अखिल ऐश्वर्यभरी शोधकविहीन।
तुम उसका पटल खोलने में परिकर कसकर बन कर्मलीन।

सबका नियमन शासन करते बस बढ़ा चलो अपनी क्षमता।
तुम जड़ता को चैतन्य करो, विज्ञान सहज साधन उपाय।

मनु वहाँ इड़ा के साथ रहकर प्रजा के शासन की पूरी व्यवस्था करते हैं। नगर की श्रीवृद्धि होती है। प्रकृति बुद्धिबल से वश में की जाती है। खेती धूमधाम से होने लगती है। अनेक प्रकार के उद्योगधंधे खड़े होते हैं। धातुओं के नए नए अस्त्रशस्त्र बनते हैं। मनु अनेक प्रकार के नियम प्रचलित करके, जनता का वर्णों या वर्गों में विभाग करके, लोक का संचालन करते हैं। 'अहं' का भाव जोर पकड़ता है। वे अपने को स्वतंत्र नियामक और प्रजापति मानकर सब नियमों से परे रखना चाहते हैं। इड़ा उन्हें नियमों के पालन के लिए सलाह देती है, पर वे नहीं मानते। इड़ा खिन्न होकर जाना चाहती है, पर मनु अपना अधिकार जताते हुए उसे पकड़ रखते हैं। पकड़ते ही द्वार गिर पड़ता है। प्रजा जो दुर्व्यवहारों से क्षुब्ध होकर राजभवन घेरे थी, भीतर घुस पड़ती है। देवशक्तियाँ भी कुपित हो उठती हैं। शिव का तीसरा नेत्र खुल जाता है। प्रजा का रोष बढ़ता है। मनु युद्ध करते हैं और मूर्छित होकर गिर पड़ते हैं।

उधर श्रद्धा इसी प्रकार के विप्लव का भयंकर स्वप्न देखकर अपने कुमार को लेकर मनु को ढूंढती वहाँ पहुंचती है। मनु उसे देखकर क्षोभ और पश्चात्ताप से भर जाते हैं। फिर उन सुंदर दिनों को याद करते हैं जब श्रद्धा के मिलने से उनका जीवन सुंदर और प्रफुल्ल हो गया था; जो जगत् पीड़ा और हलचल से व्यथित था वही विश्वास से पूर्ण, शांत, उज्जवल और मंगलमय बन गया था। मनु उससे चटपट अपने को वहाँ से निकाल ले चलने को कहते हैं। जब रात हुई तब मनु उठकर चुपचाप वहाँ से न जाने कहाँ चल दिए। उनके चले जाने पर श्रद्धा और इड़ा की बातचीत होती है और इड़ा अपनी बाँधी हुई अधिकार व्यवस्था के इस भयंकर परिणाम को देख अपना साहस छूटने की बात कहती है—

श्रम भाग वर्ग बन गया जिन्हें
अपने बल का है

... ...

अधिकार न सीमा में रहते,
पावस निर्झर से वे बहते

... ...

सब पिए मत्त लालसा घूंट।
मेरा साहस अब गया छूट।।

इस पर

श्रद्धा बोली—

वनविषय ध्वांत
सिर चढ़ी रही पाया न हृदय, तू विकल कर रही है अभिनय।
सुख दुःख का मधुमय धूप छाँह, तूने छोड़ी यह सरल राह।
चेतनता का भौतिक विभाग—कर, जग को बांट दिया विराग।
चिति का स्वरूप यह नित्य जगत्, यह रूप बदलता है शत शत।
कण विरह मिलनमय नृत्य निरत, उल्लासपूर्ण आनंद सतत ।।

अंत में श्रद्धा अपने कुमार को इड़ा के हाथों में सौंप मनु को ढूँढने निकलीं और उन्हें उसने सरस्वतीपट पर एक गुफा में पाया। मनु उस समय आँखें बंद किए चित् शक्ति का अंतर्नाद सुन रहे थे, ज्योतिर्मय पुरुष का आभास पा रहे थे, अखिल विश्व के बीच नटराज का नृत्य देख रहे थे। श्रद्धा को देखते ही वे हत-चेत पुकार उठे कि 'श्रद्धे ! उन चरणों तक ले चल।' श्रद्धा आगे आगे और मनु पीछे पीछे हिमालय पर चढ़ते चले जाते हैं। यहाँ तक कि वे ऐसे महादेश में अपने को पाते हैं जहाँ वे निराधार ठहरे जान पड़ते हैं। भूमंडल की रेखा का कहीं पता नहीं। यहाँ अब कवि पूरे रहस्यदर्शी का बाना धारण करता है और मनु के भीतर एक नई चेतना (इस चेतना से भिन्न) का उदय बतलाता है। अब मनु को त्रिदिक् (थ्री डाइमेंशंस) विश्व और त्रिभुवन के प्रतिनिधि तीन अलग अलग आलोक-बिंदु दिखाई पड़ते हैं जो 'इच्छा', 'ज्ञान' और 'क्रिया' के केंद्र से हैं। श्रद्धा एक एक का रहस्य समझती है।

पहले 'इच्छा' का मधु, मादकता और अँगड़ाईवाला माया राज्य है जो रागारुण उषा के कंदुक सा सुंदर है और जिसमें शब्द, स्पर्श, रूप, रस और गंध की पारदर्शिनी पुतलियाँ रंगबिरंगी तितलियों के समान नाच रही हैं। यहाँ चल-चित्रों की संसृतिछाया चारों ओर घूम रही है और आलोकबिंदु को घेरकर बैठी हुई माया मुस्करा रही है। यहाँ चिर वसंत का उद्गम भी है और एक ओर पत-झड़ भी अर्थात् सुख और दुःख एक सूत्र में बँधे हैं। यहीं पर मनोमय विश्व रागारुण चेतनता की उपासना कर रहा है।

फिर 'कर्म' का श्यामल लोक सामने आता है जो धुएं सा धुँधला है, जहाँ क्षण भर विश्राम नहीं है, सतत संघर्ष और विफलता का कोलाहल रहता है, आकांक्षा की तीव्र पिपासा बनी रहती है, भाव राष्ट्र के नियमदंड बने हुए हैं, सारा समाज मतवाला हो रहा है।

सबके पीछे 'ज्ञानक्षेत्र' आता है जहाँ सदा बुद्धिचक्र चलता रहता है, सुख दुःख से उदासीनता रहती है। यहाँ के निरंकुश अणु तर्कयुक्ति से अस्ति नास्ति का भेद करते रहते हैं और निस्संग होकर भी मोक्ष से संबंध जोड़े रहते हैं। यहाँ केवल प्राप्य (मोक्ष या छुटकारा भर) मिलता है, तृप्ति (आनंद) नहीं; जीवन-रस अछूता छोड़ा रहता है जिसमें बहुत सा इकट्ठा होकर एक साथ मिले। इससे तृषा दिखाई देती है।

अंत में इन तीनों ज्योतिर्मय बिंदुओं को दिखाकर श्रद्धा कहती है कि यही त्रिपुर है जिसमें इच्छा, कर्म और ज्ञान एक दूसरे से अलग अपने केंद्र आप ही बने हुए हैं। इनका परस्पर न मिलना ही जीवन की असली विडंबना है। ज्ञान अलग पड़ा है, कर्म अलग। अत: इच्छा पूरी कैसे हो सकती है? यह कहकर श्रद्धा मुस्कराती है जिससे ज्योति की एक रेखा तीनों में दौड़ जाती है और चट तीनों एक में मिलकर प्रज्वलित हो उठते हैं और सारे विश्व में शृंग और डमरू का निनाद फैल जाता है। उस अनाहत नाद में मनु लीन हो जाते हैं।

इस रहस्य को पार करने पर फिर आनंदभूमि दिखाई गई है। वहाँ इड़ा भी कुमार (मानव) को लिए अंत में पहुँचती है और देखती है कि पुरुष पुरातन प्रकृति से मिला हुआ अपनी ही शक्ति से लहरें मारता हुआ आनंदसागर सा उमड़ रहा है। यह सब देख इड़ा श्रद्धा के प्रति अपनी कृतज्ञता प्रकट करती हुई कहती है कि 'मैं अब समझ गई कि मुझमें कुछ भी समझ नहीं थी। व्यर्थ लोगों को भुलाया करती थी; यही मेरा काम था।' फिर मनु कैलास की ओर दिखाकर उस आनंदलोक का वर्णन करते हैं जहाँ पापताप कुछ भी नहीं है; सब समरस है और 'अभेद में भेद' वाले प्रसिद्ध सिद्धांत का कथन करके कहते हैं—

अपने दुख सुख से पुलकित यह मूर्त्त विश्व सचराचर
चिति का विराट वपु मंगल यह सत्य सतत चिर सुंदर।

अंत में प्रसादजी वहीं प्रकृति से सारे सुख, भोग, कांति, दीप्ति की सामग्री जुटाकर लीन हो जाते हैं—वे ही वल्लरियाँ, पराग, मधु, मकरंद, अप्सराएँ बनी हुई रश्मियाँ।

यह काव्य बड़ी विशद कल्पनाओं और मार्मिक उक्तियों से पूर्ण है। इसका विचारात्मक आधार या अर्थभूमि केवल इतनी ही है कि श्रद्धा या विश्वासमयी रागात्मिका वृत्ति ही मनुष्य को इस जीवन में शांतिमय आनंद का अनुभव और चारों ओर प्रसार करती हुई कल्याणमार्ग पर ले चलती है और उस निर्विशेष आनंदधाम तक पहुँचाती है। इड़ा या बुद्धि मनुष्य को सदा चंचल रखती, अनेक प्रकार के तर्कवितर्क और निर्मम कर्मजाल में फँसाए रहती और तृप्ति या संतोष के आनंद से दूर रखती है। अंत में पहुँचकर कवि ने इच्छा, कर्म और ज्ञान के सामंजस्य पर, तीनों के मेल पर ज़ोर दिया है। एक दूसरे से अलग रहने पर ही जीवन में विषमता आती है।

जिस समन्वय का पक्ष कवि ने अंत में सामने रखा है उसका निर्वाह रहस्यवाद की प्रवृत्ति के कारण काव्य के भीतर नहीं होने पाया है। पहले कवि ने कर्म को बुद्धि या ज्ञान की प्रवृत्ति के रूप में दिखाया, फिर अंत में कर्म और ज्ञान के बिंदुओं को अलग अलग रखा। पीछे आया हुआ ज्ञान भी बुद्धिव्यवसायात्मक ज्ञान ही है (योगियों या रहस्यवादियों का परज्ञान नहीं) यह बात 'सदा चलता है

बुद्धिचक्र से स्पष्ट है। जहाँ 'रागारुण कंदुक-सा, भावमयी प्रतिभा का मंदिर' इच्छाबिंदु मिलता है वहाँ इच्छा रागात्मिका वृत्ति के अंतर्गत है; अतः रतिकाम उत्पन्न श्रद्धा की ही प्रवृत्ति ठहरती है। पर श्रद्धा उससे अलग क्या तीनों बिंदुओं से परे रखी गई है।

रहस्यवाद की परंपरा में चेतना से असंतोष की रूढ़ि चली आ रही है। प्रसादजी काव्य के आरंभ में ही 'चिंता' के अंतर्गत कहते हैं—

मनु का मन था बिकल हो उठा संवेदन से खाकर चोट।
संवेदन! जीवन जगती को जो कटुता से देता घोंट।
संवेदन का और हृदय का यह संघर्ष न हो सकता।
फिर अभाव असफलताओं की गाथा कौन कहाँ बकता।

इन पंक्तियों में तो 'संवदन' बोध वृत्ति के अर्थ में व्यवहृत जान पड़ता है, क्योंकि सुखदुःखात्मक अनुभूति के अर्थ में लें तो हृदय के साथ उसका संघर्ष कैसा? बोध के एकदेशीय अर्थ में भी यदि हम 'संवेदन' को लें तो भी उसे भावभूमि से खारिज नहीं कर सकते। प्रत्येक 'भाव' का प्रथम अवयव विषय बोध ही होता है। स्वप्नदशा में भी, जिसका रहस्यक्षेत्र में बड़ा माहात्म्य है, यह विषयबोध रहता है। श्रद्धा जिस करुणा, दया आदि की प्रवर्तिका कही गई है, उसमें दूसरों की पीड़ा का बोध मिला रहता है।

आगे चलकर यह 'संवेदन' शब्द अपने वास्तविक या अवास्तविक दुःख पर कष्टानुभव के अर्थ में आया है। मनु की बिगड़ी हुई प्रजा उनसे कहती है—

हम संवेदनशील हो चले, यही मिला सुख।
कष्ट समझने लगे बनाकर निज कृत्रिम दुख॥

मतलब यह कि अपनी किसी स्थिति को लेकर दुःख का अनुभव करना ही संवेदन है। दुःख को पास न फटकने देना, अपनी मौज में—मधुमकरंद में—मस्त रहना ही वांछनीय स्थिति है। असंतोष से उत्पन्न अवास्तविक कष्टकल्पना के दुःखानुभव के अर्थ में ही इस शब्द को जकड़ रखना भी व्यर्थ प्रयास कहा जायगा। श्रद्धा जिस करुणा, दया आदि की प्रवृतिका कही गई है, वह दूसरों की पीड़ा का संवेदन ही तो है। दूसरों के दुःख का अपना दुःख हो जाना ही तो करुणा है। परदुःखानुभव अपनी ही सत्ता का प्रसार तो सूचित करता है। चाहे जिस अर्थ में लें, संवेदन का तिरस्कार कोई अर्थ नहीं रखता।

संवेदन, चेतना, जागरण आदि के परिहार की जो बीच बीच में अभिलाषा है उसे रहस्यवाद का तकाजा समझना चाहिए। ग्रंथ के अंत में जो हृदय, बुद्धि और कर्म के मेल या सामंजस्य का पक्ष रखा गया है वह तो बहुत समीचीन है। उसे हम गोस्वामी तुलसीदास में, उनके भक्तिमार्ग की सबसे बड़ी विशेषता के

रूप में, दिखा चुके हैं। अपने कई निबंधों में हम जगत् की वर्तमान अशांति और अव्यवस्था का कारण इसी सामंजस्य का अभाव कह चुके हैं। पर इस सामंजस्य का स्वर हम 'कामायनी' में और कहीं नहीं पाते हैं। श्रद्धा जब कुमार को लेकर प्रजाविद्रोह के उपरांत सारस्वत नगर में पहुँचती है तब 'इड़ा' से कहता है कि 'सिर चढ़ी रही पाया न हृदय'। क्या श्रद्धा के संबंध में नहीं कहा जा सकता था कि 'रस पगी रही पाई न बुद्धि'? जब दोनों अलग अलग सत्ताएँ करके रखी गई हैं तब एक को दूसरी से शून्य कहना, और दूसरी को पहली से शून्य न कहना, गड़बड़ में डालता है। पर श्रद्धा में किसी प्रकार की कमी की भावना कवि की ऐकांतिक मधुर भावना के अनुकूल न थी।

बुद्धि की विगर्हणा द्वारा 'बुद्धिवाद' के विरुद्ध उस आधुनिक आंदोलन का आभास भी कवि को इष्ट जान पड़ता है जिसके प्रवर्तक अनातोले फ्रांस ने कहा है कि 'बुद्धि के द्वारा सत्य को छोड़कर और सब कुछ सिद्ध हो सकता है। बुद्धि पर मनुष्य को विश्वास नहीं होता। बुद्धि या तर्क का सहारा तो लोग अपनी भलीबुरी प्रवृत्तियों को ठीक प्रमाणित करने के लिये लेते हैं।'

विज्ञान द्वारा सुखसाधनों की वृद्धि के साथ विलासिता और लोभ की असीम वृद्धि तथा यंत्रों के परिचालन से जनता के बीच फैली हुई घोर अशक्तता, दरिद्रता आदि के कारण वर्तमान जगत् की जो विषम स्थिति हो रही है उसका थोड़ा आभास मनु की विद्रोही प्रजा के इन वचनों द्वारा दिया गया है—

> **प्रकृति शक्ति तुमने यंत्रों से सबकी छीनी।**
> **शोषण कर जीवनी बना दी जर्जर झीनी ।।**

वर्गहीन समाज की साम्यवादी पुकार की भी दबी सी गूंज दो तीन जगह है। 'विद्युत कण (इलेक्ट्रांस) मिले झलकते से' में विज्ञान की भी झलक है।

यदि मधुचर्या का अतिरेक और रहस्य की प्रवृत्ति बाधक न होती तो इस काव्य के भीतर मानवता की योजना शायद अधिक पूर्ण और सुव्यवस्थित रूप में चित्रित होती। कर्म को कवि ने या तो काम्ययज्ञों के बीच दिखाया है अथवा उद्योगधंधों या शासनविधानों के बीच। श्रद्धा के मंगलमय योग से किस प्रकार कर्म धर्म का रूप धारण करता है, यह भावना कवि से दूर ही रही। इस भव्य और विशाल भावना के भीतर उग्र और प्रचंड भाव भी लोक के मंगलविधान के अंग हो जाते हैं। श्रद्धा धर्म का संबंध अत्यंत प्राचीन काल से प्रतिष्ठित है। महाभारत में श्रद्धा धर्म की पत्नी कही गई है। हृदय के आधे पक्ष को अलग रखने से केवल कोमल भावों की शीतल छाया के भीतर आनंद का स्वप्न देखा जा सकता है; व्यक्त जगत् के बीच उसका आविर्भाव और अवस्थान नहीं दिखाया जा सकता।

यदि हम इस विशाद काव्य की अंतर्योजना पर ध्यान न दें, समष्टि रूप में कोई समन्वित प्रभाव न ढूंढ़ें, श्रद्धा, काम, लज्जा, इड़ा इत्यादि को अलग अलग

लें तो हमारे सामने बड़ी ही रमणीय चित्रमयी कल्पना, अभिव्यंजना की अत्यंत मनोरम पद्धति आती है। इन वृत्तियों की आभ्यंतर प्रेरणाओं और बाह्य प्रवृत्तियों को बड़ी मार्मिकता से परखकर इनके स्वरूपों की निराकार उद्भावना की गई है। स्थान स्थान पर प्रकृति की मधुर, भव्य और आकर्षक विभूतियों की योजना का तो कहना ही क्या है! प्रकृति के ध्वंसकारी भाषण रूप वेग का भी अत्यंत व्यापक परिधि के बीच चित्रण हुआ है। इस प्रकार प्रसादजी प्रबंधक्षेत्र में भी छायावाद की चित्र प्रधान और लाक्षणिक शैली की सफलता की आशा बँधा गए हैं।

हिंदी निबंध और शुक्ल जी

हिंदी में निबंध भारतेंदु युग की देन है। भारतेंदु ने हिंदी में परिनिष्ठित गद्य का प्रवर्त्तन किया और सही अर्थों में वे हिंदी में निबंध के प्रवर्त्तक भी हैं। उस युग के प्रारम्भ में लेख या प्रबंध ही अधिक लिखे गए, निबंध कम। शास्त्रीय दृष्टि से लेख ऐसी गद्य रचना है जिसमें किसी वस्तु या विषय पर निर्वैयक्तिक ढंग से विचार व्यक्त किए गए हों। प्रबंध का मूल अर्थ संदर्भ या ग्रंथ रचना है। काव्य में इसका प्रयोग स्थायी रूप से इस देश में होता चला आया है। भारतेंदु युग में इस शब्द का प्रयोग गद्य के साथ जुड़ गया। गद्य में किसी विषय या वस्तु के सभी अंगों तथा उससे संबंधित सभी पक्षों पर व्यापक विचार, वर्णन या चिंतन की भाषाभिव्यक्ति प्रबंध है। हिंदी में अब 'थीसिस' के पर्याय के रूप में भी प्रबंध का प्रयोग हो रहा है। गद्य के प्रारम्भिक युग में निबंध शब्द का प्रयोग 'कंपोज़ीशन' (रचना) के पर्याय रूप में हुआ क्योंकि उस युग में उस गद्य-रचना को निबंध माना जाता था जिसमें किसी विषय या वस्तु के संबंध में—उसके रूप, स्वरूप, गुण, धर्म आदि के संबंध में—लेखक वर्णन करता था।

अब निबंध शब्द का प्रयोग पुराने अर्थ से भिन्न 'एसे' के पर्याय रूप में होता है। 'एसे' का लैटिन मूल है 'एग्जीजीयम' जिसका कोशिक अर्थ है—निश्चय-पूर्वक परीक्षण। 'प्रयास,' 'प्रयत्न' और 'परीक्षण' भी कोशों में दिए गए 'एसे' के अर्थ हैं। 'एसे' या निबंध ऐसी गद्यात्मक अभिव्यक्ति है जिसमें लेखक एक विषय या वस्तु या तत्त्व या घटना या दृश्य अथवा उनके अंग या अंश आदि पर निजी शैली में वैयक्तिक या निर्वैयक्तिक (व्यक्तिगत या तटस्थ ढंग से) भाव या विचार प्रकट करता है और उसमें उसके व्यक्तित्व की भी अभिव्यंजना होती है।

गद्य की इस विधा का उदय विज्ञान के सूत्र की भाँति सर्वत्र एक ही ढंग या पद्धति पर नहीं हुआ है। यूरोप के विभिन्न देशों में इसका प्रस्फुटीकरण अलग अलग स्वतंत्र रूप से हुआ है। एक सीमा तक अंग्रेजी प्रभाव के कारण इसका उदय

इस देश में पहले बंगला और मराठी में हुआ, कुछ बाद में हिंदी में। उनकी अपनी छटा है और हिंदी में निबंधों के विकास की अपनी परंपरा। औद्योगीकरण के समानांतर गद्य का और विशेषकर निबंध का विकास होता है। ज्यों ज्यों औद्योगिक विकास की गति हिंदी क्षेत्र में बढ़ती गयी त्यों त्यों निबंध साहित्य की श्रीवृद्धि नाना रूपों, रंगों और परिधानों में होने लगी।

निबंध अब भी अपने विकास के क्रम में है। इसलिए उसे किसी एक परिभाषा के बंधन में बाँधना और उसका स्थायी वर्गीकरण करना संभव नहीं है। इसलिए उसके संबंध में दी गई परिभाषाएँ सर्वमान्य नहीं हुईं और उसकी अतिमान्य परिभाषाओं में भी नित नूतन रची जा रही रचनाओं के आधार पर संशोधन एवं परिवर्द्धन होता जा रहा है। यही स्थिति वर्गीकरण की भी है। निबंधों का विषयगत, भावगत एवं शैलीगत वर्गीकरण विद्वान करते चले आ रहे हैं और अधिकांश में लोग उसका वर्गीकरण भावात्मक, विचारात्मक, वर्णनात्मक तथा कथात्मक रूपों में करते हैं। इस वर्गीकरण के अन्तर्गत निबंध के सभी प्रकार किसी न किसी रूप में अन्तर्भूत हो जाते हैं। निबंध के वर्गीकरण का एक सहज तरीका यह भी हो सकता है कि इसके केवल दो वर्ग किए जाएँ—ललित (साहित्यिक) निबंध तथा अन्य निबंध।

अनुभूति प्रवणता एवं रसात्मक भाव बोध वाले ऐसे निबंध जो सर्जनात्मक साहित्य की कोटि में आते हैं और जिनका इधर प्रचलन बढ़ा ही नहीं है, समादृत भी हुए हैं, ललित निबंध की कोटि में आते हैं। अन्य के अन्तर्गत तथ्यात्मक, वस्तुपरक, वर्णनात्मक, शास्त्रीय एवं वैज्ञानिक आदि निबंधों के उपवर्ग हो सकते हैं। ललित या साहित्यिक निबंध लेखक के दृष्टिपथ का पता बताते हैं और संबद्ध तथ्य तथा तत्व पर जीवन की प्रयोगशाला में लेखक द्वारा किए गए प्रयोगों की प्रभा की छाप रसात्मक रूप से पाठक के हृदय पर छोड़ने का यत्न करते हैं। यद्यपि मुक्त विचारों की अभिव्यक्ति के लिए लेखक गद्य की इस विधा में स्वतंत्र है तो भी इस मुक्ति के साथ मर्यादा, संयम एवं रचना प्रक्रिया के ज्ञान का बंधन होता है। इसलिए निबंध लेखक का उत्तरदायित्व अन्य विधा के रचनाकारों की अपेक्षा अधिक गंभीर होता है। प्राय: ये सभी बातें सभी वर्गों के निबंधों के लिए लागू होती हैं।

सामान्यतया हिंदी निबंध का अध्ययन चार कालों—भारतेंदु युग, द्विवेदी युग, शुक्ल युग और शुक्लोत्तर युग—में किया जाता है।

भारतेंदु युग प्रवर्तक गद्य लेखक थे। उन्होंने साहित्य और समाज में एक विराट् आंदोलन खड़ा किया और साहित्य के क्षेत्र में उन्हें अद्वितीय सफलता भी अपने युग में मिली। यद्यपि वे संपन्न परिवार में उत्पन्न हुए थे, सुखभोग के समग्र साधन उनके आश्रित थे तो भी लोक मे व्याप्त सामाजिक, सांस्कृतिक और राजनीतिक पीड़ा से वे मर्माहत थे। उनकी मार्मिक युगवाणी में प्रसार की क्षमता थी, क्योंकि उसमें लोकमंगल का विधान था। उन्होंने स्वत: अकेले साहित्य

रचना कर समाज के हित का व्रत लेकर मौन रहना स्वीकार नहीं किया, अपितु अपने सदृश समाज की चिंता से व्याकुल आदर्श व्यक्तियों का—ऐसे व्यक्तियों का जो विद्या के धनी और प्रतिभा से संपन्न थे—मेला लगा दिया। सबने समाज, साहित्य, संस्कृति को नई आशा और नया विश्वास अपने अपने ढंग से देने का यत्न किया। उनके सभी मित्र विद्वान् थे, गुणी थे और थे अपने आदर्शों पर चलने वाले विदग्ध स्रष्टा। निस्वार्थ आंदोलनों के मूल में स्वार्थ की नहीं, आदर्श की एकता हुआ करती है। इस भाँति उन्होंने निर्माताओं के इतने बड़े मंडल का संगठन किया जैसा पहले हिंदी में न तो हुआ था और न बाद में ही संभव हुआ। मंडल तथा युग के प्रमुख लोगों में बालकृष्ण भट्ट, दामोदर शास्त्री सप्रे, काशीनाथ, राव कृष्णदेव शरणसिंह, लाला श्रीनिवास दास, मोहन लाल विष्णु लाल पंड्या, कार्तिक प्रसाद खत्री, केशवराम भट्ट, बदरीनारायण चौधरी 'प्रेमघन,' ठाकुर जगमोहन सिंह, प्रतापनारायण मिश्र, अंबिकादत्त व्यास, रामकृष्ण वर्मा, महामहोपाध्याय पं० सुधाकर द्विवेदी, गोस्वामी राधाचरण जी, लाला सीताराम, राधाकृष्ण दास तथा कालीशंकर व्यास आदि के नाम उल्लेख्य हैं।

इस युग के सभी निबंधकारों ने या तो स्वयं पत्र-पत्रिकाएं निकालीं या उनसे किसी न किसी रूप में संबद्ध रहे और उनके माध्यम से साहित्य को समृद्ध करते रहे। यद्यपि काव्य के क्षेत्र में ये प्रायः परंपरा और रूढ़िवादी थे तो भी गद्य के क्षेत्र में उन्होंने नवजीवन का संचार किया। भारतेंदु-मंडल के अधिकांश साहित्यकारों ने लेख प्रस्तुत किए। ये लेख संबद्ध पत्र पत्रिकाओं के माध्यम से ही आए तथा इस युग के श्रेष्ठ निबंधकार बालकृष्ण भट्ट और प्रतापनारायण मिश्र के अधिकांश निबंध क्रमशः 'हिंदी प्रदीप' और 'ब्राह्मण' में ही प्रकाशित हुए। निबंध के ही क्षेत्र में 'आनंद कादंबिनी' तथा 'नागरी नीरद' के माध्यम से बदरीनारायण चौधरी 'प्रेमघन' प्रकट हुए।

उस युग में विविध विषयों पर विविध शैलियों में निबंध लिखे गए जिन्हें ललित और वर्णनात्मक कह सकते हैं। ललित निबंध साहित्यिक वर्ग के अन्तर्गत आते हैं, दूसरे वर्ग के निबंधों को तथ्यनिरूपक एवं वैज्ञानिक निबंध की संज्ञा दी जा सकती है। इस युग के निबंधकारों ने जिन अनेक विषयों पर लेखनी उठाई है वे निम्नांकित वर्गों में विभक्त किए जा सकते हैं—ऐतिहासिक रचनाएँ—जिनमें जाति, व्यक्ति, पुरातत्व तथा स्थान का इतिहास प्रस्तुत किया गया है। इनमें धार्मिक, राजनीतिक, सांस्कृतिक तथा सामाजिक व्यक्तियों, स्थानों और प्रलेखों का इतिवृत्त, चरित तथा इतिहास रहता है। धार्मिक रचनाएँ—इनमें कर्मकांड, संप्रदाय, खंडन मंडन, धर्मपरिचय तथा प्रचारात्मक निबंध आते हैं। सामाजिक रचनाएँ—यथा व्यंग्य, हास्य, कानून, यात्रावर्णन, व्रत, त्योहार आदि। भावों की अभिव्यक्ति साहित्यिक प्रणाली से करने के लिए जो विषय उपयुक्त

जँचे, चाहे वे ऋतुवर्णन हों, भाव हों, या साहित्यिक विषय हों—सब पर निबंध लिखे गए। इन विषयों में काशी से लेकर कन्नौज तक और कश्मीर से इंडियन म्यूजियम तक तथा माघ स्नान-विधि से लेकर जातीय संगीत तक के विषय हैं। ये निबंध वर्णनात्मक, परिचयात्मक तथा भावप्रवण—तीनों प्रकार के हैं।

जहाँ तक भाषा का प्रश्न है, पाँच प्रकार के प्रयोग मिलते हैं—संस्कृत बहुल शैली, फारसी शब्द बहुल शैली, तत्सम प्रधान मिश्रित शैली, बोलचाल की भाषा शैली और शुद्ध हिंदी। हिंदी के अन्तर्गत ऐसी शैली आती है जिसमें व्यवहार के शब्द आते हैं चाहे वे संस्कृत के शब्द हों, फारसी के हों या देशज। शुद्ध हिंदी की शैली ही बहुत अच्छी मानी गई और उसके बाद वह शैली जिसमें संस्कृत के अत्यधिक तत्सम शब्द नहीं हैं। इस युग में शैलीगत प्रयोग भी बहुत व्यापक पैमाने पर हुआ। जहाँ एक ओर सामान्य परिचयात्मक तथा बासी होने वाली अखबारी शैली के दर्शन इस युग में होंगे, वहीं इस शैली में कहीं कहीं शुद्ध मिठास और सहज माधुर्य के दर्शन भी होंगे। इतना ही नहीं, तत्सम शब्दबहुल, कवित्वपूर्ण, मूर्तिविधायिनी शैली के दर्शन जहाँ एक ओर होंगे वहाँ दूसरी ओर तद्भव प्रधान प्रसादगुण संपन्न सरस शैली के दर्शन भी होंगे। एक ओर जहाँ व्यंग्य का तेज और तीखापन मुहावरों के रथ पर सवार होकर चोट करता आगे बढ़ता हुआ दीखेगा वहाँ [illegible] और सहज प्रवाहमय स्वारस्य के भी दर्शन उस युग के निबंधों में होंगे। एक ओर जहाँ नाटक का विवेचन मिलेगा, दूसरी ओर रसायन जैसे विषयों पर भी निबंध मिलेंगे। इन निबंधकारों का मार्ग गद्य प्रणयन में यद्यपि एक सा ही है तो भी उनके व्यक्तित्व का प्रखर तेज जहाँ उनके विशिष्ट निबंधों की आत्मा की आभा के रूप में प्रकटा है वहीं उनका मौलिक चिंतन, अध्ययन की निजी उपलब्धि तथा जीवन के प्रति दृष्टिकोण का निजत्व भी भास्वर होता है।

भारतेंदु जी के तिरोहित होने पर हिंदी जगत् का नेतृत्व द्विवेदी जी ने किया। प्राय: भारतेंदु युग के लेखक द्विवेदी युग में लिखते रहे परन्तु भाषा के परिष्कार पर विशेष बल दिया जाने लगा। द्विवेदी जी ने 'सरस्वती' के माध्यम से भाषा के परिष्करण का बीड़ा उठाया तथा भाषा के तत्सम रूप को अधिक महत्त्व दिया। इस युग में भाषा की प्रौढ़ता के साथ निबंध के विषयों का क्षेत्र भी व्यापक हुआ। स्वयं द्विवेदी जी ने अनेक निबंध लिखे। इस युग के निबंधकारों में द्विवेदी जी के अतिरिक्त बालकृष्ण भट्ट, बालमुकुंद गुप्त, श्यामसुन्दर दास तथा सरदार पूर्णसिंह आदि उल्लेख्य हैं। शुक्ल जी स्वयं द्विवेदी युग की उपज हैं और इस युग की विशेष उपलब्धियों का श्रेय शुक्ल जी को ही है। इस दृष्टि से निबंध के क्षेत्र में भारतेंदु युग के पश्चात् शुक्ल युग ही महनीय माना जाता है।

शुक्ल जी निबंध में विषय की गंभीरता को अन्तर्भेदी दृष्टि से देखते हैं; साथ ही उनमें गंभीर मर्यादित आत्म व्यंजना भी है। विषय और आत्म व्यंजना की शुक्ल जी की यह यौगिक शक्ति हिंदी निबंधों को नये धरातल पर प्रतिष्ठित

करती है और उन्हें ऐसे प्रौढ़ निबंध साहित्य-स्रष्टा के रूप में उपस्थित करती है जो उन्हें इस क्षेत्र में नये युग का विधायक बनाती है—ऐसा विधायक जो अपने क्षेत्र में सर्वोच्च है।

आचार्य रामचंद्र शुक्ल के निबंध आधुनिक हिंदी साहित्य में वही गौरव रखते हैं जो गौरव प्रसाद के नाटक और काव्य का तथा प्रेमचंद जी के कथा साहित्य का है। शुक्ल जी हिंदी में विचारात्मक निबंध साहित्य के अनन्य स्रष्टा हैं। वे मनोवैज्ञानिक नहीं, शुद्ध साहित्यिक निबंधकार हैं, भले ही उन्होंने मनोविकारों पर निबंध लिखे हैं। उन्होंने प्रायः उन्हीं मनोविकारों को अपने निबंध का विषय बनाया है जो विभिन्न रसों के स्थायी या संचारी भाव हैं—यथा करुणा, क्रोध, उत्साह, लोभ और प्रीति, श्रद्धा भक्ति, आदि आदि।

मनोवैज्ञानिक निबंध मूलतः शास्त्रीय निबंध होते हैं जिनमें ज्ञान की क्रमबद्धता रहती है और प्रयोग या उपलब्धि के लिए सहज ढंग से उसमें स्थान रहता है; जीवन के प्रयोग में उपलब्ध अनुभूति एवं स्रष्टा के व्यक्तित्व की प्रभा का नैसर्गिक योग उनमें नहीं होता। वैज्ञानिक निबंध अपने वैशिष्ट्य के कारण एकांगी होते हैं जबकि उन्हीं विषयों पर लिखे गए साहित्यिक निबंध अनेकांगी या सर्वांगी होते हैं। जीवन में निबंधकार को, साहित्य, समाज, संस्कृति, ज्ञान और विज्ञान से जो कुछ भी उपलब्ध होता है और जो उसके दृष्टिपथ में कूट कूट कर भर जाता है वह सबका सब एक रस होकर साहित्यिक निबंधकार को दृष्टिपथ प्रदान करता है। ऐसे निबंध विचारों की शृंखला में रहते हुए भी किसी एक ज्ञान या विज्ञान के अंग या उपांग नहीं होते अपितु चिंतन की नयी उत्तेजना के प्रसारक बनते हैं। यही मान्यता शुक्ल जी की भी निबंधों के संबंध में है।[1]

सफल निबंध लेखन में भाषा की संपूर्ण शक्ति का प्रयोग संक्षेप में अपने भावों को चुस्त और दुरुस्त ढंग से प्रकट करने के लिए किया जाता है ताकि निबंध में अभिव्यक्त विचारों का सुचारु गुंफन पाठक की बुद्धि को उत्तेजित कर नयी विचार सरणि की सर्जना के लिए द्वार खोले।[2] भाषा-विधान के साथ अर्थ गरिमा का ऐसा समयोग निबंध की चारुता और श्रेष्ठता के लिए आवश्यक है जो भावुक को चिंतन की नयी सर्जनात्मक दिशा दे सके।[3] शुक्ल जी के निबंध इसी कोटि के हैं और सफल निबंध की कसौटी भी यही है।

शुक्ल जी के निबंधों को कालक्रम की दृष्टि से दो वर्गों में बाँटा जा सकता है—प्रारंभिक निबंध और प्रौढ़ निबंध। उनके जीवन के आरंभ में जिन साहित्यिक

---

१. निबंध।

२. पाठक की बुद्धि उत्तेजित होकर किसी नयी विचार-पद्धति पर दौड़ पड़े।—हिंदी साहित्य का इतिहास, पृ० ५७६।

३. पाठकों को मानसिक श्रमसाध्य नूतन उपलब्धि के रूप में जान पड़े।—हिंदी साहित्य का इतिहास, पृ० ६७२।

प्रवृत्तियों का बीज दीखता है, उसका पल्लवन, पुष्पन एवं फलन उत्तरोत्तर होता गया है, चाहे वह सर्जनात्मक साहित्य का क्षेत्र हो, आलोचना का या निबंध का। उनके प्रारंभिक निबंधों के अन्तर्गत साहित्य, मित्रता, कविता क्या है ? राधाकृष्ण दास की जीवनी, भारतेंदु हरिश्चंद्र, फ्रेडरिक पिंकौट, प्राचीन भारतवासियों का पहिरावा, महाराजा कनिष्क का स्तूप, बुद्धदेव की हड्डियाँ, आदि-आदि आते हैं। इन निबंधों के अतिरिक्त वैज्ञानिक दृष्टि से लिखी गयी विश्वप्रपंच की भूमिका भी है। इन प्रारंभिक निबंधों में उनके भविष्य की साहित्य सर्जना की नींव है और वे तत्त्व भी हैं जो आगे जाकर अपनी पूर्णता पर पहुँचते हैं।

शुक्ल जी के निबंधों का वर्गीकरण विषय के अनुसार इस प्रकार किया जा सकता है—

(१) साहित्येतर निबंध। (२) साहित्यिक निबंध।

साहित्येतर निबंधों के अन्तर्गत पुरातत्व, इतिहास, विज्ञान आदि विविध विषयों के निबंध आएँगे जिनका मूल्य उनकी ज्ञान संपदा और दृष्टि के कारण हैं। वे वाङ्मय की संपत्ति हैं।

उनके साहित्यिक निबंधों का वर्गीकरण इस रूप में किया जा सकता है—

(१) वैचारिक निबंध।

(२) सैद्धांतिक निबंध।

(३) व्यावहारिक निबंध।

यद्यपि उनके सभी निबंध विचार प्रधान हैं और उनमें लेखक की भावुकता भी है तो भी उपर्युक्त वर्गीकरण का कारण यह है कि जहाँ उनके मनोविकारों वाले निबंधों में विचारों की प्रधानता है, वहाँ सिद्धांत निरूपक निबंधों में साहित्य शास्त्र-विषयक मूल्यों पर वैज्ञानिक पद्धति से सिद्धांतों की मान्यता स्थापित की गयी है तथा व्यावहारिक निबंधों में कृति एवं कृतिकार को उक्त सिद्धांतों पर आँकने का यत्न किया गया है।

शुक्ल जी का व्यक्तित्व गंभीर था। उनकी गंभीरता के भीतर विनोद-प्रियता अन्तःसलिला की भाँति बहती थी। उन्होंने केवल प्राचीन का गूढ़ अध्ययन मनन और चिंतन मात्र ही नहीं किया था अपितु नवीन से नवीन के अन्तःस्तल में गोता लगाकर उसे देख परख कर अपनाने का यत्न किया था—जो इस धरती की परंपरा के अनुरूप हो और जिसका उपयोग और प्रयोग साहित्य के भावी प्रवाह को नवजीवन दे सके। उन्होंने अपने अस्तित्व, विकास और अभ्युदय के लिए न केवल व्यक्तिगत जीवन में संघर्ष किया था अपितु प्रतिष्ठित विद्वन्मंडली एवं श्रेष्ठ साहित्यकारों के बीच रह अपने मौलिक कर्तृत्व एवं अन्यतम साहित्यिक प्रतिदान का हिंदी साहित्य में मानदण्ड स्थापित किया था। लोकजीवन की जय के साहित्य के वे ऐसे सशक्त समर्थक एवं भाव प्रतिष्ठापक थे जिन्होंने भारतेंदु युग तथा समसामयिक गद्य को निबंध के क्षेत्र में नयी युग विधायिनी शक्ति दी। इसके मूल में

उनका अजेय व्यक्तित्व था जो दृढ़ होते हुए भी भावुक था, गंभीर होते हुए भी विनोदप्रिय था और अतीतप्रिय होते हुए भी नवोन्मेषशाली था। प्रकृति के वे उपासक और लोकजीवन के वे आराधक थे। उनके ऐसे व्यक्तित्व का बाँकपन ही उनके कृतित्व के मूल में है।

शुक्ल जी सहज सिद्धांतवादी अध्ययनशील चिंतक एवं मर्यादाशील भावुक निबंधकार थे।[1] उनकी कसौटी लोकमंगल मूलक शील, शक्ति और सौन्दर्य है और इसे ही उन्होंने साहित्य का सनातन मानदंड अपने पूरे कृतित्व में माना है। वे प्रकृति और अतीत के प्रति भावुक थे। उनकी यह भावुकता भी उनके साहित्य में सर्वत्र व्याप्त है। वे रसवादी थे तो भी साहित्य के नये सिद्धांतों और मान्यताओं की उपेक्षा करने वाले नहीं थे। वे मान्य भारतीय साहित्य सिद्धांतों के साथ उनका सामंजस्य कर प्राचीन तत्त्वों में नयी उद्‌भावना करने वाले मौलिक आचार्य भी थे।

वे अपनी मान्यताओं के आधार पर ही कृति और कृतिकार को उसके देश और काल के संदर्भ में आँकते थे और जो जैसा लगता था उसका उसी रूप में अपनी गरिमा के अनुरूप प्रकट करते थे। जो नहीं भाया उसकी चुटकी ली. व्यग्य किया पर सब कुछ साहित्य की रसात्मक पद्धति पर।

शुक्ल जी की भाषाशैली असाधारण है क्योंकि उनकी विचारधारा गहन है। विचारधारा को उसी गुरुता के साथ अभिव्यक्ति न मिलने के कारण निबंध निर्जीव से लगते हैं।[2] शुक्ल जी के निबंध इस कांचन सौरभ योग से मंडित हैं, इसीलिए जीवंत हैं। विचार एवं भाव को अभिव्यक्ति देने में उनकी शैली सम धरातल पर है। यह संयोग साहित्य में शब्द और अर्थ की यौगिक सिद्धि है।

हिन्दी गद्य में इनके पूर्व तक जितनी गद्य की शैलियाँ प्रचलित एवं स्पृहणीय थीं—चाहे वे विश्लेषणात्मक हों, भावात्मक हों, आलंकारिक हों या सामान्य व्यावहारिक हों—सबका यथा आवश्यक सटीक, स्पष्ट और प्रौढ़ दर्शन उनकी गद्य शैली में मिलता है। गद्य का ऐसा सश्लिष्ट, निखरा हुआ रूप इनके किसी भी पूर्ववर्ती लेखक में इतनी विधायिनी गरिमा के साथ परिलक्षित नहीं होता।

शुक्ल जी ने अपने निबंधों में आगमन[3] एवं निगमन[4] दोनों शैलियों का व्यवहार किया है। शुक्ल जी मूलत. विचारात्मक निबंधों के स्रष्टा हैं। चिंतक या विचारशील व्यक्ति मनन द्वारा एक निष्कर्ष पर पहुँचता है। वही निष्कर्ष उसकी

---

१. चिंतामणि, भाग १। निवेदन।

२. निबंध।

३. कर्म सौंदर्य के उपासक ही सच्चे उत्साही कहलाते हैं।—उत्साह, पृ० ५४।
यही विश्वकामना श्रद्धा की प्रेरणा का मूल है।—श्रद्धा भक्ति, पृ० ३७।

४. यदि गद्य कवियों या लेखकों की कसौटी है तो निबंध गद्य की कसौटी है।
—निबंध, पृ० ११।

उपलब्धि होती है। उपलब्धि को वह आगे रखता है और फिर उसकी सत्यता की स्थापना और सिद्धि करता है। जिसे अपने चिंतन पर संकल्पात्मक आस्था है, वह सूक्ष्मरूप में आरम्भ में ही अपनी बात कहना चाहता है। शुक्ल जी के निबंधों में इसीलिए निगमन शैली अधिकांश स्थलों पर मिलेगी। इसे समास शैली भी कहते हैं। उन्होंने अपने विचारों को स्पष्ट करने के लिए तुलनात्मक शैली का भी सहारा लिया है जैसे श्रद्धा भक्ति तथा लोभ और प्रीति में। जहाँ उन्होंने आगमन शैली को अपनाया है और गूढ़ विवेचन किया है वहाँ कहीं कहीं बात को सूत्रवत कहने के लिए सारांश को भी—अर्थात् सारांश यह कि, कहने का तात्पर्य यह है कि, कहकर—एक-दो वाक्यों में वे दे देते हैं।[1]

पूरे निबंध में विचार शृंखला को सुसम्बद्ध रखने के लिए पैराग्राफों आदि का संगठन वे इस भाँति करते हैं कि एक पैराग्राफ में एक ही विचारखंड आए और पूर्वापर सम्बन्ध इस भांति बना रहे कि सम्पूर्ण निबंध में विचार मणिमाला की भाँति शृंखलाबद्ध रहें।

भाषा के सम्बन्ध में शुक्ल जी अत्यन्त सजग थे। विषय के अनुसार भाषा का उन्होंने गठन किया है। तीन प्रकार की भाषा का दर्शन उनकी रचनाओं में होता है—संस्कृत गर्भित तत्सम प्रधान सामासिक भाषा, उर्दू और मुहावरा तथा लोकोक्ति मिश्रित तद्भव लसित व्यावहारिक भाषा और इन दोनों के मध्य की भाषा। जहाँ प्रकृति और भावुकता की बात आती हैं वहाँ शुक्ल जी का कवि हृदय उमड़ पड़ता है और संस्कृत बहुल भाषा शैली को ग्रहण करता है। विषय के सरलीकरण तथा व्यंग्य विनोद के लिए उर्दू मिश्रित भाषा को और अन्यत्र सर्वत्र मध्यवर्ती भाषा को अपनाता है। शुक्ल जी की सामान्य भाषा यही है। उनकी भाषा में सर्वत्र चुस्ती है और उसका गठन पूर्ण एवं प्रभावशाली है। उनकी सामान्य भाषाशैली मध्यवर्ती तत्सम शब्दों वाला है। उनके निबंधों में इसका प्रयोग व्यापक रूप से हुआ है। विषय को स्पष्ट और रोचक बनाने के लिए अन्तर्कथाओं का उपयोग भी वे नहीं भूलते।

शब्द की शक्ति का उन्हें अपार ज्ञान था इसलिए शब्द चयन में संस्कृत, उर्दू-फारसी से ही नहीं, प्रचलित लोकभाषाओं से भी उन्होंने शब्दचयन किया है। वे लोकोक्ति और मुहावरे को शक्ति और प्रामाणिकता प्रदान करते हैं। इनका

दुःख के वर्ग में जो स्थान भय का है, वही स्थान आनंदवर्ग में भय का है।

—उत्साह, पृ० १५

दंड कोप का ही एक विधान है।—क्रोध, पृ० २७

क्रोध बैर का अचार या मुरब्बा है।—क्रोध, पृ० २८

'भाव' ही कर्म के मूल प्रवर्तक और 'शील' के संपादक हैं।—भाव, पृ० ६०

१. कहने का तात्पर्य केवल इतना ही है कि चेतना सृष्टि के भीतर क्रोध का विधान इसीलिए है।—क्रोध, पृ० २३

सदुपयोग यथास्थान और यथा आवश्यक शुक्ल जी ने किया है। वे सफल कोश-कार थे इसलिए जहाँ नवीन पारिभाषिक शब्दों की हिन्दी में वे सटीक रचना करते हुए मिलते हैं, वहीं प्राचीन विस्मृत शब्दों की पुनःस्थापना भी करते मिलते हैं। इन सब तत्त्वों के कारण उनकी भाषा परिष्कृत, सारगर्भित, सुसंगठित, स्पष्ट और विषय के प्रतिपादन में पूर्ण सक्षम है।

अपने उक्त गुण धर्म के कारण आचार्य रामचंद्र शुक्ल विचारात्मक निबंधों के क्षेत्र में अद्वितीय सम्मान के अधिकारी हैं।

वे मर्यादा में विश्वास करने वाले, गुरु गम्भीर व्यक्ति थे इसलिए उनके निबंध विचारों से लेकर अभिव्यक्ति तक पूर्ण मर्यादित हैं; उनमें पूर्ण ओज और व्यापक उदात्तता है। ये निबंध उनके गरिमाशाली व्यक्तित्व की अभिव्यंजना से शक्ति संवलित हैं और हिंदी निबंध-साहित्य की आत्मा हैं।

शुक्ल जी ने हिंदी निबंध साहित्य में प्राण-प्रतिष्ठा ही नहीं की, भाव, भाषा, विचार और शैली—सभी दृष्टियों से उसे विश्व साहित्य में प्रतिष्ठित करने का महनीय और गौरवपूर्ण कार्य भी किया। इस क्षेत्र में शुक्ल जी का योगदान अप्रतिम और अद्वितीय है तथा निबंधकार के रूप में उनका कीर्त्ति स्तम्भ आज भी अजेय है।

परिशिष्ट : २

आचार्य रामचंद्र शुक्ल
जीवन सूत्र एवं कृतियाँ

जीवन सूत्र

जन्म— आश्विन पूर्णिमा, संवत् १९४१।

जन्म स्थान— अगोना (सरयू तट पर), डाकघर कलवारी, जिला बस्ती।

पितृ-परिचय— फारसी, अरबी तथा उर्दू ज्ञाता पं० चंद्रबली शुक्ल। क्वींस कालेज, वाराणसी से एंट्रेंस पास। हिन्दू समाज में प्रचलित तत्कालीन मुस्लिम सभ्यता और संस्कृति के पोषक, सुपरवाइजर कानूनगो, इटावा (सन् १८८७), राठ (हमीरपुर, सन् १८९१), सदर कानूनगो, मिर्जापुर (सन् १८९३), दो शादियाँ, पहली शादी से शुक्लजी का जन्म। माता का १८९३ में ही बाल्यकाल में निधन। पितामही के संरक्षण में ही बाल्यकाल बीता। मृत्यु—१९१८।

कुल— सरयूपारीण गर्गगोत्री ब्राह्मण परिवार।

शिक्षा— राठ में घर पर पं० गंगाप्रसाद से विद्यारम्भ। साढ़े आठ वर्ष की अवस्था में विद्यालय में प्रवेश और साढ़े दस वर्ष की अवस्था में वहीं से कक्षा चार पास की। प्रारम्भ में अंग्रेजी, उर्दू और फारसी का अध्ययन। फिर ऐंग्लो संस्कृत जुबिली स्कूल, मिर्जापुर से सन् १८९८ में उर्दू और अंग्रेजी से मिडिल उत्तीर्ण। लन्दन मिशन स्कूल, मिर्जापुर से सन् १९०१ में स्कूल फाइनल परीक्षा। इंटर में—कायस्थ पाठशाला प्रयाग में अध्ययन पर अधूरी पढ़ाई छोड़ मिर्जापुर वापस आ गए। १९०२ में मुख्तारी की परीक्षा देना चाहते थे पर विमाता से कलह के कारण परिवार लेकर अगोना (बस्ती) जाना पड़ा।

विवाह— १८९६ में रामफल पाण्डे, नवाबगंज वाराणसी की पुत्री से विवाह।

सन्तान— केशवचंद्र शुक्ल (जन्म सन् १९०१), दुर्गावती (१९०३), गोकुलचंद शुक्ल (१९०५), (अल्पायु पुत्र—१९०६), विद्यावती (१९०८), लीलावती (१९१०), कलावती (१९१२)।

वृत्ति— 'आनंद कादंबिनी' का सम्पादन (१९०३), साथ ही लिपिक की कलेक्टरी में शिक्षा। विंढम कलेक्टर ने इनकी मानचित्र बनाने की कला से प्रसन्न हो नायब तहसीलदारी (१९०४), दी। पर उन्होंने जुलाई, १९०४ मे लन्दन मिशन स्कूल में ड्राइंग टीचरी आरम्भ की। सन् १९०८ में हिन्दी शब्द-सागर में सहायक सम्पादक। साथ ही साथ साहित्य के फरमायशी (अनुवाद आदि का) काम जिससे धनार्जन हो सके। 'नागरी प्रचारिणी सभा' पत्रिका का सम्पादन। १९२१ से काशी हिन्दू विश्वविद्यालय में हिन्दी अध्यापक। सन् १९२४ में दो महीने अलवर नरेश सवाई जयसिंह के हिन्दी-सचिव, पुनः काशी विश्वविद्यालय में। सन् १९३७ से श्री श्यामसुन्दर दास की पद-निवृत्ति पर हिन्दी विभागाध्यक्ष, काशी हिन्दू विश्वविद्यालय।

मृत्यु— २ फरवरी, सन् १९४१ में काशी में हुई।

कृतियाँ

अनुवाद—कल्पना का आनन्द—(एसेज़ आन इमेजिनेशन—एडसिन, 'नागरी प्रचारिणी पत्रिका', भाग–९—१९०५)।

मेगस्थनीज़ कालीन भारत—(मेगस्थनीज़ इंडिका, श्वानबक, १८९७)।

साहित्य—(मौलिक छायानुवाद—द आइडिया आफ ए यूनिवर्सिटी, जान हेनरी न्यू मैन के लेखों में से एक 'लिटरेचर', 'सरस्वती,' जून, १९०४ में प्रकाशित)।

राज्य प्रबन्ध शिक्षा—(राजा सर टी० माधवराव की पुस्तक 'माइनर हिंट्स' का अनुवाद, नागरी प्रचारिणी सभा से १९१३ में प्रकाशित)।

आदर्श जीवन—('प्लेन लिविंग, हाई थिंकिंग' का अनुवाद, नागरी प्रचारिणी सभा से १९१४ में प्रकाशित)।

विश्व प्रपंच—(जोजफ मेकबैक के 'रिडल आफ द यूनिवर्स' का अनुवाद, नागरी प्रचारिणी सभा से सन् १९२० में प्रकाशित, एक सारगर्भ मौलिक भूमिका के

साथ जो उनकी लेखनी की प्रौढ़ता का परिचायक है)।

शशांक—(राखाल दास वंद्योपाध्याय कृत उपन्यास का अनुवाद, नागरी प्रचारिणी सभा से सन् १९२२ ई० में प्रकाशित)।

बुद्धचरित—(एडविन आर्नल्ड की कविता 'लाइट आफ एशिया' का पद्यात्मक अनुवाद, 'काव्य-भाषा' शीर्षक मौलिक भूमिका के साथ, नागरी प्रचारिणी सभा से सन् १९२२ में प्रकाशित)।

प्राचीन भारत का एक शक राजा—(अंग्रेजी से अनूदित, नागरी प्रचारिणी सभा, जुलाई, १९१०)

सृष्टि विस्तार पर प्राचीन मत (नागरी प्र० पत्रिका, जनवरी १९१२)

ईथर की भँवर और संसार की उत्पत्ति (,, ,, मार्च, १९१२)

निद्रा रहस्य (,, ,, जुलाई, १९१२)

प्राणतत्व (,, ,, सितंबर, १९१२)

आकाश का नीला रंग (,, ,, जून, १९१९)

उपरोक्त पाँच लेख विश्व प्रपंच के अंश हैं।

भारत में हूण (नागरी प्रचारिणी सभा, पत्रिका, अगस्त, १९१९)

कविता—

मधुस्रोत (समस्त मौलिक कविताओं का संग्रह, नागरी प्रचारिणी सभा से सन् १९७१ में प्रकाशित।)

कहानी—

ग्यारह वर्ष का समय (सरस्वती, सितंबर, १९०३)

टिप्पणी, लेख, प्रबंध निबंध, जीवन-चरित—

भाषा का विस्तार (आनंद कादंबिनी, सन् १८९९)

प्राचीन भारतवासियों का पहनावा (सरस्वती, दिसंबर, १९०२)

हुएन सांग (सरस्वती, जुलाई-सितंबर, १९०४)

बाबू काशीप्रसाद खत्री (सरस्वती, नवंबर-दिसंबर, १९०६)

शब्द विस्तार (आनंद कादंबिनी, १९०७)

अपनी भाषा पर विचार (नागरी प्रचारिणी पत्रिका, अप्रैल, १९१९)

पारसीकों का इतिहास (,, ,, ,, १९०७)

फ्रेडरिक पिंकौट (सरस्वती, जनवरी, १९०८)

उपन्यास (नागरी प्रचारिणी पत्रिका, जुलाई, सितंबर, १९२०)

भाषा की शक्ति (,, जनवरी, १९१२)

प्राचीन पारस का संक्षिप्त इतिहास (,, ,, १९२०)

भारतेंदु हरिश्चंद्र (,, ,, १९२८)

हिंदी और हिंदुस्तानी (नागरी प्रचारिणी पत्रिका, जनवरी, १९२८)
सभ्यता के आवरण और कविता (सुधा, १९२०)
कविता की परख (हिंदी गद्य चंद्रिका, १९३८)
महाराज कनिष्क (नागरी प्रचारिणी, पत्रिका, सितंबर, १९०९)
बुद्धदेव की हड्डियाँ (,, ,, अक्टूबर, १९०९)
उत्तरी ध्रुव (,, ,, ,, ,,)
हेली का पुच्छल तारा (,, ,, ,,)
उर्दू राष्ट्र भाषा (,, ,, दिसंबर, ,,)
भाषा की उन्नति तथा हमारा ढंग (,, ,, जनवरी, १९१०)
जापानी खोज (,, ,, फरवरी, ,,)
भारतीय शिल्पकला (,, ,, ,, ,,)
उर्दू साहित्य संमेलन (,, ,, मार्च, ,,)
भाटा खंडहर ,, ,, ,, ,,)
मान्य भाषा (,, ,, ,, ,,)
हिंदी साहित्य संमेलन (,, ,, अप्रैल, मई, ,,)
'पैसा' अखबार का आक्षेप (,, ,, ,, ,,)
बंगाल में उर्दू (,, ,, जून, ,,)
भारतेंदु हरिश्चंद्र और हिंदी (,, ,, ,, ,,)
एक लिपि विस्तार कॉफ्रेंस (,, ,, जनवरी, १९११)
हिंदी में लिंग नियम (,, ,, अप्रैल ,,)
'शेष स्मृतियाँ' की प्रवेशिका (,, मई ,,)

श्री राधाकृष्ण दास की जीवनी—(सन् १९०८-१९१३, प्रकाशन नागरी प्रचारिणी सभा)।

गोस्वामी तुलसीदास—(सन् १९२३ में तुलसी-ग्रंथावली की भूमिका के रूप में प्रकाशित, फिर तुलसीदास के जीवनखंड के अंश को त्याग और कुछ नए अंश जोड़कर सन् १९३३ में नागरी प्रचारिणी सभा से अलग से पुस्तकाकार प्रकाशित)।

जायसी ग्रंथावली की भूमिका—(जायसी ग्रंथावली के साथ सर्वप्रथम १९२० में प्रकाशित, पुनः सन् १९३१ में परिवर्द्धन, संशोधन के साथ नागरी प्रचारिणी सभा से ही प्रकाशित। अब जायसी ग्रथावली मात्र में ही उपलब्ध)।

हिंदी साहित्य का इतिहास—(१९२३ से आयोजन, १९२८ नागरी प्रचारिणी सभा पत्रिका, भाग ९, में कुछ प्रारंभिक अंशों का प्रकाशन, फिर जनवरी, १९२९ में हिंदी-साहित्य के विकास शीर्षक से शब्दसागर की प्रस्तावना के रूप में प्रकाशित। पुनः आषाढ़ कृष्ण ५, १९८६

वि० (१९२९) में संशोधित हो, सभा से ही हिंदी-साहित्य का इतिहास नाम से स्वतंत्र पुस्तकाकार प्रकाशित। १९४० में वर्त्तमान संवर्द्धित, संशोधित संस्करण का प्रकाशन सभा से ही)।

भाव या मनोविकार	(नागरी प्रचारिणी, पत्रिका, फरवरी, १९१५)
उत्साह	(” ” ” ”)
श्रद्धा भक्ति	(” ” ” ”)
करुणा	(” ” दिसंबर, १९१८)
लज्जा और ग्लानि	(” ” ” ”)
लोभ और प्रीति (पहले लोभ और प्रेम शीर्षक से)	” फरवरी-मार्च, १९१९)
घृणा	(” ” जुलाई १९१२)
ईर्ष्या	(” ” ” ”)
भय और क्रोध	(” ” ” ”)
काव्य में प्राकृतिक दृश्य	(माधुरी, सन् १९२२)
गोस्वामी तुलसीदास और लोक धर्म	(” १९२३)
साधारणीकरण	(द्विवेदी अभिनंदन ग्रंथ, १९३३)
व्यक्ति वैचित्र्यवाद	(” ” ”)

विचार वीथी—(मनोविकार संबंधी समस्त लेख तथा कविता क्या है? भारतेंदु हरिश्चंद्र, तुलसी का भक्ति मार्ग निबंधों का १९३० में प्रकाशित संकलन)।

चिंतामणि, भाग १—(इंडियन प्रेस प्रयाग से सन् १९३९ में प्रकाशित निबंध संग्रह। विचार वीथी में मानस की धर्म भूमि, काव्य में लोक मंगल की साधनावस्था, साधरणीकरण और काव्य वैचित्र्यवाद तथा रसात्मक बोध के विविध रूप, नये निबंधों का बढ़ाकर प्रकाशित।)

सूरदास—सं० पं० विश्वनाथ प्रसाद मिश्र—(मृत्यु के उपरांत अप्रकाशित निबंधों तथा पुर्नप्रकाशित अंशों को विविध ग्रंथों से संपादित कर प्रकाशित। अब सभा से प्रकाशित)।

चिंतामणि, भाग २–संपादक पं० विश्वनाथ प्रसाद मिश्र—(काव्य में प्राकृतिक दृश्य, माधुरी में प्रकाशित काव्य में रहस्यवाद १९२९ में साहित्य भूषण कार्यालय, काशी से अलग पुस्तकाकार प्रकाशित) काव्य में अभिव्यंजनावाद (१९३५ में हिंदी साहित्य संमेलन के साहित्य परिषद् के अध्यक्ष पद से दिया गया भाषण, अब नागरी प्रचारिणी सभा से प्रकाशित) सर्वप्रथम संवत् २००२ वि० में प्रकाशित।)

त्रिवेणी—सूर, तुलसी, जायसी के शुक्ल जी के तीन निबंधों का सभा के लिए कृष्णानंद द्वारा पूर्व प्रकाशित प्रबंधों के अंश का संकलन।

रस-मीमांसा—संपादक पं० विश्वनाथ प्रसाद मिश्र (शुक्ल जी के सन् १९२२ से

1940 तक काव्य शास्त्र विषयक विचारों आदि का (प्रकाशित एवं अप्रकाशित दोनों से) संपादन कर सभा से 1949 में प्रकाशन)।

संपादित ग्रंथ—

तुलसी ग्रंथावली 3 भाग—(लाला भगवानदीन तथा ब्रजरत्न दास के साथ संपादित यह ग्रंथ 1923 में प्रकाशित हुआ)।

जायसी ग्रंथावली—(नागरी प्रचारिणी सभा से 1924 में प्रकाशित)।

भ्रमर-गीत सार—(सूरदास के भ्रमर-गीत के 403 पदों का शुद्ध पाठ, अर्थ, टिप्पण, भूमिकासहित सन् 1925 में साहित्य सेवा सदन, वाराणसी से प्रकाशित)।

वीरसिंहदेव चरित्र—(केशवदास कृत ग्रंथ के 14वें प्रकाशन का संपादन मात्र। सभा से 1926 में प्रकाशित)।

हिंदी शब्दसागर—(संपादक मंडल के प्रमुख सदस्य)।

भारतेंदु-संग्रह—(सन् 1928)

कहा जाता है कि उन्होंने बहुत से प्रहसन लिखे पर वे उपलब्ध नहीं हैं। उनके प्राप्त समस्त अप्रकाशित लेखों का संकलन सभा से प्रकाशित होने वाला है।